महाभारत

और

विश्वभारत

notionpress
.com

महाभारत
और
विश्वभारत

लव कुश सिंह "विश्वमानव"

सत्यकाशी पीठ
पांचवां और अन्तिम शंकराचार्य पीठ

Notion Press

Old No. 38, New No. 6
McNichols Road, Chetpet
Chennai - 600 031

First Published by Notion Press 2020

ISBN 978-16-36060-15-6

समर्पण

यह पुस्तक समर्पित है -

उन सभी खोजी आत्माओं को,

जो सत्य की ज्योति को अपने भीतर

और संसार के हर कोने में जलाना चाहते हैं।

भारतीय संविधान के धारा-51 (ए)

नागरिक का मौलिक कर्तव्य के अनुसार

01. संविधान के प्रति प्रतिबद्धता, इसके आदर्शों, धाराओं, राष्ट्रीय ध्वज व राष्ट्रीय गान का आदर करना।
02. स्वतंत्रता के लिए संघर्ष हेतु प्रेरित करने वाले सुआदर्शों का अनुकरण करना व उन्हें चिरस्थायी बनाना।
03. भारत की सर्वोच्चता, एकता और अखण्डता की रक्षा करना तथा समर्थन करना।
04. जब भी आवश्यकता पड़े देश की रक्षा करना व राष्ट्रीय सेवाओं हेतु समर्पित होना।
05. समाज में भाई-चारें की भावना का विस्तार करना, मातृत्व भाव, धार्मिक, भाषायिक, क्षेत्रीय विभिन्नताओं में एकता कायम करना तथा नारी सम्मान आदि का ध्यान देना।
06. अपने मिश्रित संस्कृति का मूल्यांकन करना उसको स्थायित्व देना और इसकी परम्परा को कायम रखना।
07. प्राकृतिक सम्पदा की रक्षा करना जिसमें जलवायु, जंगल, झील, नदियां, जंगली जीवों व समस्त जीवों के प्रति दया का भाव सम्मिलित है।
08. वैज्ञानिक भावना को प्रोत्साहित करना, मानवीय भावनाओं के स्वरूप की परख करते रहना।
09. जन सम्पत्ति की सुरक्षा करना और हिंसा आदि का परित्याग करना।
10. व्यक्तिगत, सामूहिक गतिविधियों के प्रत्येक क्षेत्र में सर्वोच्चता हासिल करना, जिससे राष्ट्र शतत उत्थान, प्रयत्न व प्राप्ति की ओर अग्रसर होता रहे।
11. जो कि माता-पिता या अभिभावक हो, वे अपने 6 साल से 14 साल के बच्चों को शिक्षा या अन्य ऐसे सुअवसरों का लाभ उन्हें मुहैया करावें।

मूल जीवन मंत्र

"हे प्रभु, तेरे प्यार में बस दो ही बातें है। एक तो अपना कल्याण करूँ, दूसरा तुझ जैसा बन सबका कल्याण करूँ"

विषय- सूची

कितना छोटा और कितना बड़ा?
एक ही शास्त्र-साहित्य के विभिन्न नाम
विश्वव्यापी स्थापना का स्पष्ट मार्ग
सम्बन्धित स्थान?
विश्वभारत
कर्म वेदान्त और -विकास दर्शन
कर्मवेद: प्रथम, अन्तिम तथा पंचमवेद

भाग-5: चौथा युग: कलियुग

समाज रचना और व्यापार का आधार
सृष्टि, ईश्वरीय समाज और व्यापार
सार्वभौम सत्य-सिद्धान्त के अनुसार काल, युग बोध एवं अवतार

भाग-6: पाँचवाँयुग: सत्ययुग/स्वर्णयुग

"सम्पूर्ण मानक" का विकास भारतीय आध्यात्म-दर्शन का मूल और अन्तिम लक्ष्य

भाग-7: परिवर्तन

सीधी समझ
नये भारत में, नये मनुष्य के उदय के लिए
व्यवस्था के परिवर्तन या सत्यीकरण का पहला प्रारूप और उसकी कार्य विधि
वे शब्द जिसके बिना युग परिवर्तन सम्भव नहीं

भाग-8: केन्द्र या मध्य (भारत) में पांचवां और अन्तिम सत्यकाशी पीठ

सत्यकाशी पीठ: स्थान
सत्यकाशी पीठ: इतिहास और उद्देश्य
पाँचवाँ और अंतिम शंकराचार्य पीठ: इसकी विशेषता

भाग-9: सत्यकाशी पीठ के कार्य

धारा-उद्धार: धर्म की पुनर्स्थापना
मनुष्य चेतना का रूपांतरण
साधना, दीक्षा और आध्यात्मिक अनुष्ठान
वैश्विक कार्य: मानवता के लिए संदेश
शिव-तत्व और कल्कि-तत्व का मिलन
"सार्वभौम सत्य-सिद्धान्त" पर आधारित "युग परिवर्तन श्रृंखला" के नवयुग के शास्त्र-साहित्य

मुख पृष्ठ की व्याख्या

यह आवरण दो शक्तिशाली युगों-**प्राचीन महाभारत** और **आधुनिक विश्वभारत**-को एक ही दृष्टि-रेखा में जोड़कर दिखाता है। बायीं ओर दिखाई देता है महाभारत का वह दिव्य, आलोकित दृश्य जिसमें रथ पर स्थित योद्धाओं की छाया मानव-इतिहास के सबसे बड़े धर्मसंघर्ष और धर्मस्थापना का प्रतीक बनकर उभरती है। पृष्ठभूमि में फैला ब्रह्मांडीय आकाश यह बताता है कि महाभारत केवल एक युद्ध नहीं था, बल्कि समय, सत्य और चेतना की एक महान गति थी। नीचे उपस्थित विशाल जनसमुदाय दर्शाता है कि यह संघर्ष केवल राजवंशों का नहीं, बल्कि सम्पूर्ण मानवता के धर्म और कर्तव्य का था।

दायीं ओर इसके विपरीत एक आधुनिक, विकसित और समन्वित **विश्वभारत** को दर्शाया गया है-जहाँ पृथ्वी के चारों ओर मानव-शृंखला विश्व-एकात्मता का संकेत देती है। धरती का चित्रण बताता है कि भविष्य का भारत केवल भूगोल नहीं, बल्कि विश्व-मानवता का केंद्र बनकर उभरता है। इसके चारों ओर आधुनिक शहर, विज्ञान, तकनीक, उद्योग, ऊर्जा, जल–संसाधन और वैश्विक सभ्यता के विविध प्रतीक दिखाई देते हैं, जो यह संदेश देते हैं कि महाभारत का वैदिक धर्म आज के वैज्ञानिक और सार्वभौमिक समाज में "विश्वधर्म" और "विश्वभारत" के रूप में रूपांतरित हो रहा है।

दोनों दृश्यों के ठीक मध्य की अभिव्यक्ति यह बताती है कि युग बदल गया है, परंतु **धर्म, कर्तव्य, सत्य और मानव–एकता का मूल संदेश आज भी वही है**-केवल उसके प्रकट होने का रूप विस्तृत होकर विश्वमानव तक पहुँच गया है।

सबसे नीचे अंकित **"सत्यकाशी पीठ - पाँचवां और अंतिम शंकराचार्य पीठ"** इस बात की घोषणा है कि यह ग्रंथ केवल ऐतिहासिक या प्रतीकात्मक नहीं, बल्कि धर्म, समाज, विज्ञान और विश्व-एकता के भविष्य की दिशा को स्थापित करने वाला आध्यात्मिक–दार्शनिक प्रयास है।

भूमिका

"महाभारत और विश्वभारत" वह दर्पण है जिसमें मानव सभ्यता अपने अतीत, वर्तमान और भविष्य - तीनों को एक साथ देख सकती है। महाभारत केवल एक युद्ध नहीं था; वह मानव-धर्म, कर्तव्य, न्याय, नेतृत्व, चेतना और समाज-व्यवस्था की अंतिम परीक्षा थी - और उसी परीक्षा की अग्नि से वह ज्ञान निकला जिसने हज़ारों वर्षों तक भारत ही नहीं, मानवता को दिशा दी। इस ग्रंथ में महाभारत को एक ऐतिहासिक आख्यान नहीं, बल्कि एक "मानक मानव-शास्त्र" के रूप में प्रस्तुत किया गया है - एक ऐसा शास्त्र जिसमें जीवन के हर क्षेत्र, हर संघर्ष, हर निर्णय और हर मूल्य का पूर्ण परीक्षण हुआ।

आज का "विश्वभारत" उसी विचारधारा का पुनर्जन्म है, जहाँ महाभारत का धर्म आधुनिक विज्ञान, लोकतंत्र, वैश्विक समाज, आर्थिक नीतियों, शिक्षा, चरित्र निर्माण, नीति-विज्ञान और "विश्वशास्त्र" के माध्यम से एक व्यापक वैश्विक ढाँचा बनाता है। यह ग्रंथ बताता है कि जैसे प्राचीन भारत में धर्म का अर्थ समन्वय, सत्य, कर्तव्य, लोक-कल्याण और समाज-एकता था, वैसे ही आज विश्वसभ्यता को धर्म को फिर से "मानवता का विज्ञान" बनाना होगा, न कि केवल किसी संप्रदाय की सम्पत्ति। इसी से "विश्वभारत" की कल्पना जन्म लेती है - जहाँ महाभारत का "धर्मराज्य" आधुनिक युग में "व्यवस्था सत्यीकरण", "मानव-केन्द्रित विज्ञान", "राजऋषि परंपरा", "नैतिक लोकतंत्र", "शिक्षा-सुधार", "मानव-एकता" और "वैश्विक नागरिकता" में बदल जाता है।

इस पुस्तक में बार-बार स्पष्ट किया गया है कि आज की दुनिया में समस्या युद्ध की नहीं, *अज्ञान* की है; शत्रु किसी दूसरे देश में नहीं, बल्कि मनुष्य की भ्रमित समझ में बैठा है। इसलिए "विश्वभारत" का उद्देश्य किसी नए शासन, पंथ या विधान की स्थापना नहीं, बल्कि मनुष्य को इतना व्यापक बना देना है कि वह स्वयं को केवल परिवार, जाति, संप्रदाय या राष्ट्र तक सीमित न रखे, बल्कि मानवता के समष्टिगत हित को अपना धर्म माने।

महाभारत कहता है कि नेतृत्व वही कर सकता है जो साधक हो - और आज "राजनीति का आध्यात्मिकीकरण" इसी का आधुनिक रूप है, जहाँ शासक शक्ति नहीं, *कर्तव्य* से संचालित होगा। इस पुस्तक में प्रस्तुत "विश्वशास्त्र" बताता है कि व्यवस्था परिवर्तन से अधिक आवश्यक "व्यवस्था सत्यीकरण" है - क्योंकि अव्यवस्था का मूल अज्ञान है, और ज्ञान का अभाव समाज को बार-बार महाभारत की ओर धकेलता है। इसलिए इस ग्रंथ में "मतदाता-शिक्षा", "ज्ञान-आधारित लोकतंत्र", "विज्ञान–आध्यात्मिक समन्वय", "विश्व–नागरिकता", "राजऋषि आदर्श", "चरित्र-निर्मित शिक्षा" और "समाज के लिए विज्ञान" जैसे विचार विश्वभारत के आधार स्तंभ बनते हैं। यह भी कहा गया है कि महाभारत की सबसे बड़ी सीख यह है कि बिना ज्ञान, बिना नीति और बिना विवेक के शक्ति विनाश का स्रोत बन जाती है; और यही स्थिति आज की राजनीतिक और

सामाजिक दुनिया में सबसे बड़ा संकट है। इसलिए विश्वभारत का लक्ष्य शक्ति को धर्म से, राजनीति को नैतिकता से, विज्ञान को चेतना से, और समाज को मानवीयता से जोड़ना है।

महाभारत ने मनुष्य को युद्ध के बीच भी धर्म चुनना सिखाया; विश्वभारत मनुष्य को विकास के बीच भी सत्य, कर्तव्य और वैश्विक कल्याण का पथ चुनना सिखाता है।

यह ग्रंथ एक नये विश्व-युग की घोषणा है - जहाँ भारत का आध्यात्मिक संदेश विश्व का सामाजिक, वैज्ञानिक और नैतिक मार्गदर्शन बन जाता है; जहाँ मानवता जाति, धर्म, राष्ट्र, वर्ग, भाषा, राजनीति और विचारों की सीमाओं से आगे बढ़कर एक "विश्व-समाज" बनाती है; और जहाँ मनुष्य स्वयं को केवल पृथ्वी का नागरिक नहीं, बल्कि "विश्वमानव" के रूप में पहचानता है। "महाभारत और विश्वभारत" इसलिए केवल अतीत की व्याख्या नहीं, बल्कि भविष्य की रचना है; यह धर्म का विस्तार नहीं, धर्म का पुनर्जन्म है; यह इतिहास का अध्ययन नहीं, इतिहास का अगला अध्याय है - वह अध्याय जिसमें महाभारत का धर्म, विश्व का धर्म बन जाता है, और भारत का आत्मदर्शन विश्वजगत का पथदर्शन।

✍ ***लव कुश सिंह "विश्वमानव"***

एक शोधक, चिंतक और मार्गदर्शक, जिन्होंने अपना जीवन *मानवता, आत्मा और नव-सृष्टि* के अध्ययन एवं लेखन को समर्पित किया है।

- प्रमुख ग्रंथ: *विश्वशास्त्र*
- दृष्टि: *नव-मनुष्य और नव-संसार का निर्माण*

ऋषि

मुनि, योगी, सन्त अथवा कवि का दूसरा नाम ऋषि है। "ऋषि" शब्द की व्युत्पत्ति ऋक्ष (रीक्ष) है क्योंकि वह भी मुनि के भाँति पर्वत गुफा में व्यतीत करता है। सप्तर्षि आकाश में है और हमारे कपाल में भी। ऋषि आकाश, अन्तरिक्ष और शरीर तीनों में होते हैं।

वेदों के रचयिता ऋषि

ऋग्वेद में लगभग एक हजार सूक्त हैं, लगभग दस हजार मन्त्र हैं। चारों वेदों में करीब बीस हजार हैं और इन मन्त्रों के रचयिता कवियों को हम ऋषि कहते हैं। बाकी तीन वेदों के मन्त्रों की तरह ऋग्वेद के मन्त्रों की रचना में भी अनेकानेक ऋषियों का योगदान रहा है। पर इनमें भी सात ऋषि ऐसे हैं जिनके कुलों में मन्त्र रचयिता ऋषियों की एक लम्बी परम्परा रही। ये कुल परंपरा ऋग्वेद के सूक्त दस मंडलों में संग्रहित हैं और इनमें दो से सात यानी छह मंडल ऐसे हैं जिन्हें हम परम्परा से वंशमंडल कहते हैं क्योंकि इनमें छह ऋषिकुलों के ऋषियों के मन्त्र इकट्ठा कर दिए गए हैं।

आकाश में सात तारों का एक मंडल नजर आता है उन्हें सप्तर्षियों का मंडल कहा जाता है। उक्त मंडल के तारों के नाम भारत के महान सात संतों के आधार पर ही रखे गए हैं। वेदों में उक्त मंडल की स्थिति, गति, दूरी और विस्तार की विस्तृत चर्चा मिलती है।

प्रत्येक मनवंतर में सात-सात ऋषि हुए हैं। वे सात ऋषि जिन्होंने इस देश को इतना कुछ दे डाला कि कृतज्ञ देश ने इन्हें आकाश के तारामंडल में बिठाकर एक ऐसा अमरत्व दे दिया कि सप्तर्षि शब्द सुनते ही हमारी कल्पना आकाश के तारामंडलों पर टिक जाती है। पुराणों में सप्त ऋषि के नाम पर भिन्न-भिन्न नामावली मिलती है। विष्णु पुराण अनुसार इस मन्वन्तर के सप्तऋषि इस प्रकार है-

वशिष्ठकाश्यपो यात्रिर्जमदग्निस्सगौत।
विश्वामित्रभारद्वजौ सप्त सप्तर्षयोभवन्।।

अर्थात् सातवें मन्वन्तर में सप्तऋषि इस प्रकार हैं-वशिष्ठ, कश्यप, अत्रि, जमदग्नि, गौतम, विश्वामित्र और भारद्वाज।

इसके अलावा पुराणों की अन्य नामावली इस प्रकार है-ये क्रमशः केतु, पुलह, पुलस्त्य, अत्रि, अंगिरा, वशिष्ट तथा मारीचि है।

महाभारत में सप्तर्षियों की दो नामावलियां मिलती हैं। एक नामावली में कश्यप, अत्रि, भारद्वाज, विश्वामित्र, गौतम, जमदग्नि और वशिष्ठ के नाम आते हैं तो दूसरी नामावली में पांच नाम बदल जाते हैं। कश्यप और

वशिष्ठ वहीं रहते हैं पर बाकी के बदले मरीचि, अंगिरस, पुलस्त्य, पुलह और क्रतु नाम आ जाते हैं। कुछ पुराणों में कश्यप और मरीचि को एक माना गया है तो कहीं कश्यप और कण्व को पर्यायवाची माना गया है। यहां प्रस्तुत है वैदिक नामावली अनुसार सप्तऋषियों का परिचय।

वेदों का अध्ययन करने पर जिन सात ऋषियों या ऋषि कुल के नामों का पता चलता है वे नाम क्रमशः इस प्रकार है-1. वशिष्ठ, 2. विश्वामित्र, 3. कण्व, 4. भारद्वाज, 5. अत्रि, 6. वामदेव और 7. शौनक। यहां प्रस्तुत है वैवस्तवत मनु के काल में जन्में सात महान ऋषियों का संक्षिप्त परिचय।

1. **वशिष्ठ-** राजा दशरथ के कुलगुरु ऋषि वशिष्ठ को कौन नहीं जानता। ये दशरथ के चारों पुत्रों के गुरु थे। वशिष्ठ के कहने पर दशरथ ने अपने चारों पुत्रों को ऋषि विश्वामित्र के साथ आश्रम में राक्षसों का वध करने के लिए भेज दिया था। कामधेनु गाय के लिए वशिष्ठ और विश्वामित्र में युद्ध भी हुआ था। वशिष्ठ ने राजसत्ता पर अंकुश का विचार दिया तो उन्हीं के कुल के मैत्रावरूण वशिष्ठ ने सरस्वती नदी के किनारे सौ सूक्त एक साथ रचकर नया इतिहास बनाया। वशिष्ठ ऋषि ऋग्वेद के मंत्रद्रष्टा और गायत्री मंत्र के महान साधक वशिष्ठ सप्तऋषियों में से एक थे। उनकी पत्नी अरुंधती वैदिक कर्मों में उनकी सहभागी थीं।
2. **विश्वामित्र-** ऋषि होने के पूर्व विश्वामित्र राजा थे और ऋषि वशिष्ठ से कामधेनु गाय को हड़पने के लिए उन्होंने युद्ध किया था, लेकिन वे हार गए। इस हार ने ही उन्हें घोर तपस्या के लिए प्रेरित किया। विश्वामित्र की तपस्या और मेनका द्वारा उनकी तपस्या भंग करने की कथा जगत प्रसिद्ध है। विश्वामित्र ने अपनी तपस्या के बल पर त्रिशंकु को सशरीर स्वर्ग भेज दिया था। इस तरह ऋषि विश्वामित्र के असंख्य किस्से हैं। माना जाता है कि हरिद्वार में आज जहां शांतिकुंज हैं उसी स्थान पर विश्वामित्र ने घोर तपस्या करके इंद्र से रुष्ठ होकर एक अलग ही स्वर्ग लोक की रचना कर दी थी। विश्वामित्र ने इस देश को ऋचा बनाने की विद्या दी और गायत्री मन्त्र की रचना की जो भारत के हृदय में और जिह्वा पर हजारों सालों से आज तक अनवरत निवास कर रहा है। विश्वामित्र ऋषि गायत्री मंत्र का ज्ञान देने वाले विश्वामित्र वेदमंत्रों के सर्वप्रथम द्रष्टा माने जाते हैं। आयुर्वेदाचार्य सुश्रुत इनके पुत्र थे। विश्वामित्र की परंपरा पर चलने वाले ऋषियों ने उनके नाम को धारण किया। यह परंपरा अन्य ऋषियों के साथ भी चलती रही।
3. **कण्व-** माना जाता है इस देश के सबसे महत्वपूर्ण यज्ञ सोमयज्ञ को कण्वों ने व्यवस्थित किया। कण्व वैदिक काल के ऋषि थे। इन्हीं के आश्रम में हस्तिनापुर के राजा दुष्यंत की पत्नी शकुंतला एवं उनके पुत्र भरत का पालन-पोषण हुआ था।
4. **भारद्वाज-** वैदिक ऋषियों में भारद्वाज-ऋषि का उच्च स्थान है। भारद्वाज के पिता बृहस्पति और माता ममता थीं। भारद्वाज ऋषि राम के पूर्व हुए थे, लेकिन एक उल्लेख अनुसार उनकी लंबी आयु का पता चलता है कि वनवास के समय श्रीराम इनके आश्रम में गए थे, जो ऐतिहासिक दृष्टि से त्रेता-द्वापर का सन्धिकाल था। माना जाता है कि भारद्वाजों में से एक भारद्वाज विदथ ने दुष्यन्त पुत्र भरत का उत्तराधिकारी बन राजकाज करते हुए मन्त्र रचना जारी रखी। ऋषि भारद्वाज के पुत्रों में 10 ऋषि ऋग्वेद के मन्त्रद्रष्टा हैं और एक पुत्री जिसका नाम "रात्रि" था, वह भी रात्रि सूक्त की मन्त्रद्रष्टा मानी गई हैं। ऋग्वेद के छठें मण्डल के द्रष्टा भारद्वाज ऋषि हैं। इस मण्डल में भारद्वाज के 765 मन्त्र हैं। अथर्ववेद में भी भारद्वाज के 23 मन्त्र मिलते हैं। "भारद्वाज-स्मृति" एवं "भारद्वाज-संहिता" के रचनाकार भी ऋषि भारद्वाज ही थे। ऋषि भारद्वाज ने "यन्त्र-सर्वस्व" नामक बृहद् ग्रन्थ की रचना की थी। इस ग्रन्थ का कुछ भाग स्वामी ब्रह्ममुनि ने "विमान-शास्त्र" के नाम से प्रकाशित कराया है। इस ग्रन्थ में उच्च और निम्न स्तर पर विचरने वाले विमानों के लिए विविध धातुओं के निर्माण का वर्णन मिलता है। भारद्वाज ऋषि बृहस्पति के पुत्र भारद्वाज ने "यंत्र सर्वस्व" नामक ग्रंथ की रचना की थी, जिसमें विमानों के निर्माण, प्रयोग एवं संचालन के संबंध में विस्तारपूर्वक वर्णन है। ये आयुर्वेद के ऋषि थे तथा धन्वंतरि इनके शिष्य थे।
5. **अत्रि-** ऋग्वेद के पंचम मण्डल के द्रष्टा महर्षि अत्रि ब्रह्मा के पुत्र, सोम के पिता और कर्दम प्रजापति व देवहूति की पुत्री अनुसूया के पति थे। अत्रि जब बाहर गए थे तब त्रिदेव अनसूया के घर ब्राह्मण के भेष में भिक्षा मांगने

लगे और अनुसूया से कहा कि जब आप अपने संपूर्ण वस्त्र उतार देंगी तभी हम भिक्षा स्वीकार करेंगे, तब अनुसूया ने अपने सतित्व के बल पर उक्त तीनों देवों को अबोध बालक बनाकर उन्हें भिक्षा दी। माता अनुसूया ने देवी सीता को पतिव्रत का उपदेश दिया था। अत्रि ऋषि ने इस देश में कृषि के विकास में पृथु और ऋषभ की तरह योगदान दिया था। अत्रि लोग ही सिन्धु पार करके पारस (आज का ईरान) चले गए थे, जहां उन्होंने यज्ञ का प्रचार किया। अत्रियों के कारण ही अग्निपूजकों के धर्म पारसी धर्म का सूत्रपात हुआ। अत्रि ऋषि का आश्रम चित्रकूट में था। मान्यता है कि अत्रि-दम्पति की तपस्या और त्रिदेवों की प्रसन्नता के फलस्वरूप विष्णु के अंश से महायोगी दत्तात्रेय, ब्रह्मा के अंश से चन्द्रमा तथा शंकर के अंश से महामुनि दुर्वासा महर्षि, अत्रि एवं देवी अनुसूया के पुत्र रूप में जन्मे। ऋषि अत्रि पर अश्विनीकुमारों की भी कृपा थी।

6. **वामदेव-** वामदेव ने इस देश को सामगान (अर्थात् संगीत) दिया। वामदेव ऋग्वेद के चतुर्थ मंडल के सूत्रद्रष्टा, गौतम ऋषि के पुत्र तथा जन्मत्रयी के तत्ववेत्ता माने जाते हैं।
7. **शौनक-** शौनक ने दस हजार विद्यार्थियों के गुरुकुल को चलाकर कुलपति का विलक्षण सम्मान हासिल किया और किसी भी ऋषि ने ऐसा सम्मान पहली बार हासिल नहीं किया। वैदिक आचार्य और ऋषि शौनक ऋषि के पुत्र थे।

इसके अलावा मान्यता हैं कि अगस्त्य, कश्यप, अष्टावक्र, याज्ञवल्क्य, कात्यायन, ऐतरेय, कपिल, जेमिनी, गौतम आदि सभी ऋषि उक्त सात ऋषियों के कुल के होने के कारण इन्हें भी वही दर्जा प्राप्त है।

1. **अंगिरा ऋषि-** ऋग्वेद के प्रसिद्ध ऋषि अंगिरा ब्रह्मा के पुत्र थे। उनके पुत्र बृहस्पति देवताओं के गुरु थे। ऋग्वेद के अनुसार, ऋषि अंगिरा ने सर्वप्रथम अग्नि उत्पन्न की थी।
2. **कश्यप ऋषि-** मारीच ऋषि के पुत्र और आर्य नरेश दक्ष की 13 कन्याओं के पति थे। स्कंद पुराण के केदारखंड के अनुसार, इनसे देव, असुर और नागों की उत्पत्ति हुई।
3. **जमदग्नि ऋषि-** भृगुपुत्र यमदग्नि ने गोवंश की रक्षा पर ऋग्वेद के 16 मंत्रों की रचना की है। केदारखंड के अनुसार, वे आयुर्वेद और चिकित्सा शास्त्र के भी विद्वान थे।
4. **अत्रि ऋषि-** सप्तर्षियों में एक ऋषि अत्रि ऋग्वेद के पांचवें मंडल के अधिकांश सूत्रों के ऋषि थे। वे चंद्रवंश के प्रवर्तक थे। महर्षि अत्रि आयुर्वेद के आचार्य भी थे।
5. **अपाला ऋषि-** अत्रि एवं अनुसुइया के द्वारा अपाला एवं पुनर्वसु का जन्म हुआ। अपाला द्वारा ऋग्वेद के सूक्त की रचना की गई। पुनर्वसु भी आयुर्वेद के प्रसिद्ध आचार्य हुए।
6. **नर और नारायण ऋषि-** ऋग्वेद के मंत्र द्रष्टा, ये ऋषि धर्म और मातामूर्ति देवी के पुत्र थे। नर और नारायण दोनों भागवत धर्म तथा नारायण धर्म के मूल प्रवर्तक थे।
7. **पराशर ऋषि-** ऋषि वशिष्ठ के पुत्र पराशर कहलाए, जो पिता के साथ हिमालय में वेदमंत्रों के द्रष्टा बने। ये महर्षि व्यास के पिता थे।

वेद

वेद शब्द संस्कृत भाषा के "विद्" धतु से बना है जिसका अर्थ है-जाना, ज्ञान इत्यादि। वेद सनातन-हिन्दू धर्म के प्राचीन पवित्र ग्रन्थों का नाम है। वेदों को श्रुति भी कहा जाता है क्योंकि पहले मुद्रण की व्यवस्था न होने से इनको एक-दूसरे से सुन-सुनकर याद रखा गया। इस प्रकार वेद प्राचीन भारत के वैदिक काल की वाचिक/श्रुति अर्थात् श्रवण परम्परा की अनुपम कृति है, जो पीढ़ी दर पीढ़ी पिछले चार-पाँच हजार वर्षों से चली आ रही है। वेद परिश्रमपूर्वक अभ्यास द्वारा संरक्षणीय है, इस कारण इसका नाम "आम्नाय" भी है। वेद ही सनातन-हिन्दू धर्म के सर्वोच्च और सर्वोपरि धर्मग्रन्थ हैं।

वेदों का महत्व

1. भारतीय संस्कृति के मूल वेद हैं। ये हमारे सबसे पुराने धर्म-ग्रन्थ हैं और सनातन-हिन्दू धर्म का मुख्य आधार हैं।
2. न केवल धार्मिक किन्तु ऐतिहासिक दृष्टि से भी वेदों का असाधारण महत्व है। वैदिक युग के आर्यों की संस्कृति और सभ्यता जानने का एकमात्र साधन यही है।
3. मानव-जाति और विशेषतः आर्य जाति ने अपने शैशव में धर्म और समाज का किस प्रकार विकास किया इसका ज्ञान वेदों से ही मिलता है।
4. विश्व के ज्ञान इतिहास में इनसे प्राचीनतम कोई पुस्तक नहीं है।
5. आर्य भाषाओं का मूलस्वरूप निर्धारित करने में वैदिक भाषा बहुत अधिक सहायक सिद्ध हुई है।

प्रारम्भ में ऋक्, यजुः और सामः, इन तीन शब्द शैलियों की संग्रहात्मक एक विशिष्ट अध्ययनीय शब्द राशि ही वेद कहलाती थी। विश्व में शब्द प्रयोग की तीन शैलियाँ होती है, जो पद्य (कविता), गद्य और गानरूप से प्रसिद्ध हैं। पद्य में अक्षर संख्या तथा पाद एवं विराम का निश्चित नियम होता है। अतः निश्चित अक्षर संख्या तथा पाद एवं विराम वाले वेद मन्त्रों की संज्ञा "ऋक्" है। जिन मन्त्रों में छन्द के नियमानुसार अक्षर संख्या तथा पाद एवं विराम ऋषिदृष्ट नहीं हैं, वे गद्यात्मक मन्त्र "यजुः" कहलाते हैं। और जितने मन्त्र गानात्मक हैं, वे मन्त्र "साम" कहलाते हैं। इन तीन प्रकार की शब्द प्रकाशन शैलियों के आधार पर ही शास्त्र एवं लोक में वेद के लिए "त्रयी" शब्द का भी व्यवहार किया जाता है।

द्वापरयुग की समाप्ति के पूर्व वेदों के चार विभाग अलग-अलग नहीं थे। द्वापर युग की समाप्ति के समय श्रीकृष्णद्वैपायन वेदव्यास जी ने यज्ञानुष्ठान के उपयोग को दृष्टिगत उस एक वेद के चार विभाग 1. ऋग्वेद 2. यजुर्वेद 3. सामवेद 4. अथर्ववेद कर दिये और इन चारो विभागों की शिक्षा चार शिष्यों को दी। पैल, वैशम्पायन, जैमिनि और सुमन्तु नामक इन चार शिष्यों ने शाकल आदि अपने भिन्न-भिन्न शिष्यों को पढ़ाया। इन शिष्यों के द्वारा अपने-अपने अधीत वेदों के प्रचार व संरक्षण के कारण वे शाखाएँ उन्हीं के नाम से प्रसिद्ध हो रही हैं।

वेद की संहिताओं में मंत्राक्षरों में खड़ी तथा आड़ी रेखाऐं लगाकर उनके उच्च, मध्यम या मन्द संगीतमय स्वर उच्चारण करने के संकेत किये गये हैं। इनको उदात्त, अनुदात्त और स्वारित के नाम से अभिगित किया गया है। ये स्वर बहुत प्राचीन समय से प्रचलित हैं और महामुनि पतंजलि ने अपने महाभाष्य में इनके मुख्य-मुख्य नियमों का समावेश किया है।

वेद के असल मन्त्र माग को संहिता कहते हैं। वेदों का प्रधान लक्ष्य आध्यात्मिक ज्ञान देना ही है। अतः वेद में कर्मकाण्ड और ज्ञान काण्ड, इन दोनों विषयों का सर्वांगीण निरूपण किया गया है। वेदों का प्रारम्भिक भाग कर्मकाण्ड है और वह ज्ञानकाण्ड वाले भाग से अधिक है। जिन अधिकारी वैदिक विद्वानों को यज्ञ कराने का यजमान द्वारा अधिकार प्राप्त होता है, उनको "ऋत्विक" कहते हैं। श्रौतयज्ञ में इन ऋत्विकों के चार गण-होतृवर्ग, अध्वर्युवर्ग, उद्रातृवर्ग और ब्रह्मवर्ग हैं। इन चारों गणों के उपयोगी मन्त्रों के संग्रह के अनुसार वेद चार हुए।

1.ऋग्वेद

इसमें देवताओं का आह्वान करने के लिए मन्त्र हैं। यही सर्वप्रथम वेद है। यह वेद मुख्यतः ऋषि-मुनियों के लिए होता है। इसमें "ऋक्" संज्ञक (पद्यबद्ध) मन्त्रों की अधिकता के कारण इसका नाम ऋग्वेद हुआ। इसमें होतृवर्ग के लिए उपयोगी गद्यात्मक (यजुः) स्वरूप के भी कुछ मन्त्र है।

ऋग्वेद सनातन धर्म अथवा हिन्दू धर्म को स्रोत है। जिसमें देवताओं की स्तुति की गयी है। इसमें देवताओं का यज्ञ में आह्वान करने के लिए मन्त्र हैं। यही सर्वप्रथम वेद है। ऋग्वेद को दुनिया के सभी इतिहासकार हिन्द-यूरोपीय भाषा परिवार की सबसे पहली रचना मानते हैं। ये दुनिया के सर्वप्रथम ग्रन्थों में से एक है। वेद मन्त्रों के समूह को सूक्त कहा जाता है जिसमें एकदैवत्य तथा एकार्थ का ही प्रतिपादन रहता है। ऋग्वेद की जिन 21 शाखाओं का वर्णन मिलता है उनमें से चरणव्यूह ग्रन्थ के अनुसार 5 ही प्रमुख हैं, वे हैं-1. शाकल, 2. वाश्कल, 3. आश्वलायन, 4. शांखायन और 5. माण्डूकायन। ऋग्वेद में ऋचाओं का बाहुल्य होने के कारण इसे ज्ञान का वेद कहा जाता है। ऋग्वेद में ही मृत्युनिवारक त्रयम्बक मंत्र या मृत्युजंय मन्त्र (7.59.12) वर्णित है। ऋग्विधान के अनुसार इस मन्त्र के जप के साथ विधिवत व्रत तथा हवन करने से दीर्घ आयु प्राप्त होती है तथा मृत्यु दूर होकर सब प्रकार का सुख प्राप्त होता है। विश्वविख्यात गायत्री मन्त्र (3.62.10) भी इसी में वर्णित है। ऋग्वेद में अनेक प्रकार के लोकोपयोगी सूक्त, तत्वज्ञान सूक्त, संस्कार सूक्त उदाहरणार्थ रोग निवारक सूक्त (10.137.1-7), श्री सूक्त या लक्ष्मी सूक्त, तत्वज्ञान के नारदीय सूक्त (10.129.1-7) तथा हिरण्यगर्भ सूक्त (10.121.1-10) और विवाह आदि के सूक्त (10.85.1-47) वर्णित है। जिनमें ज्ञान-विज्ञान का चरमोत्कर्ष दिखलाई देता है। ऋग्वेद के कुछ प्रमुख बातें ये है-यह सबसे प्राचीनतम वेद माना जाता है। ऋग्वेद के कई सूक्त में विभिन्न वैदिक देवताओं की स्तुति करने वाले मन्त्र हैं। यद्यपि ऋग्वेद में अन्य प्रकार के सूक्त भी हैं परन्तु देवताओं की स्तुति करने वाले स्तोतों की प्रधानता है। ऋग्वेद में कुल 10 मण्डल हैं और उनमें 1028 सूक्त हैं तथा कुल 10580 ऋचाएँ हैं। इन मण्डलों में कुछ छोटे और कुछ बड़े हैं।

2.सामवेद

इसमें यज्ञ में गाने के लिए संगीतमय मन्त्र हैं। यह वेद मुख्यतः गन्धर्व लोगों के लिए होता है। इसमें गायन पद्धति के निश्चित मन्त्र होने के कारण इसका नाम सामवेद है जो उद्गातृवर्ग के उपयोगी हैं।

सामवेद की अधिकतम ऋचाएँ ऋग्वेद से ही ली गयीं हैं। यह वेद गीत-संगीत प्रधान है। प्राचीन आर्यों द्वारा साम-गान किया जाता था। सामवेद चारों वेदों में आकार की दृष्टि से सबसे छोटा है फिर भी इसकी प्रतिष्ठा सर्वाधिक है। सामवेद यद्यपि छोटा है परन्तु एक तरह से यह सभी वेदों का सार रूप है और सभी वेदों के चुने हुए अंश इसमें शामिल किये गये हैं। सामवेद संहिता के दो भाग है-आर्चिक और गान। पुराणों में जो विवरण मिलता है उससे सामवेद की एक सहस्त्र शाखाओं के होने की जानकारी मिलती है। वर्तमान में प्रपंच हृदय, दिव्यावदान, चरणव्युह तथा जैमिनि गृहसूत्र को देखने पर 13 शाखाओं का पता चलता है। इन 13 में से 3 आचार्यों की शाखाएँ मिलती हैं-1. कौमुथीय, 2. राणायनीय और 3. जैमिनीय। सामवेद का महत्व इसी से पता चलता है कि गीता में कहा गया है कि-वेदानां सामवेदोस्मि (अध्याय-10, श्लोक-22)। महाभारत में गीता के अतिरिक्त अनुशासन पर्व में भी सामवेद की महत्ता को दर्शाया गया है-सामवेदश्च वेदानां यजुशां शतरूद्रीयम् (अध्याय-14, श्लोक-323)। सामवेद में ऐसे मन्त्र मिलते हैं जिनसे यह प्रमाणित होता है कि वैदिक ऋषियों को ऐसे वैज्ञानिक सत्यों का ज्ञान था जिनकी जानकारी आधुनिक वैज्ञानिकों को सहस्त्राब्दियों बाद प्राप्त हो सकी है। उदाहरणार्थ, इन्द्र ने पृथ्वी को घुमाते हुए रखा है (सामवेद, ऐन्द्र काण्ड, मन्त्र 121), चन्द्र के मण्डल में सूर्य की किरणें विलीन हो कर उसे प्रकाशित करती हैं (सामवेद, ऐन्द्र काण्ड, मंन्त्र 147)। साम मन्त्र क्रमांक 27 का भाषार्थ है-यह अग्नि द्यूलोक से पृथ्वी तक संव्याप्त जीवों तक का पालनकर्ता है। यह जल को रूप एवं गति देने में समर्थ है। अग्नि पुराण के अनुसार सामवेद के विभिन्न मन्त्रों के विधिवत् जप आदि से रोग व्याधियों से मुक्त एवं बचा जा सकता है। साथ ही कामनाओं की सिद्धि हो सकती है। सामवेद ज्ञानयोग, कर्मयोग और भक्ति योग की त्रिवेणी है। ऋषियों ने विशिष्ट मन्त्रों का संकलन करके गायन की पद्धति विकसित की। आधुनिक विद्वान भी इस तथ्य को स्वीकार करने लगे हैं कि समस्त स्वर, ताल, लय, छन्द, गति, मन्त्र, स्वर-चिकित्सा, राग, नृत्य, मुद्रा, भाव आदि सामवेद से ही निकले हैं। सामवेद के कुछ प्रमुख बातें ये हैं-सामवेद से तात्पर्य है कि वह ग्रन्थ जिसके मन्त्र गाये जा सकते हैं और जो संगीतमय हों। यज्ञ अनुष्ठान और हवन के समय ये मन्त्र गाये जाते हैं। सामवेद में मूल रूप से 99 मन्त्र हैं और शेष ऋग्वेद से लिये गये हैं। इसमें यज्ञानुष्ठान के उद्गातृवर्ग के उपयोगी मन्त्रों का संकलन है। इसका नाम सामवेद इसलिए पड़ा है कि इसमें गायन पद्धति के निश्चित मन्त्र ही हैं। इसके अधिकांश मन्त्र ऋग्वेद में उपलब्ध होते हैं, कुछ मन्त्र स्वतन्त्र भी हैं। सामवेद में ऋग्वेद की कुछ ऋचाएँ आकलित है। वेद के उद्गाता, गायन करने वाले जो कि सागम (साम गान करने वाले) कहलाते थे, उन्होंने वेदगान में केवल तीन स्वरों के प्रयोग का उल्लेख किया है जो उदात्त, अनुदात्त तथा स्वरित कहलाते हैं। सामगान व्यावहारिक संगीत था, उसका विस्तृत विवरण उपलब्ध नहीं है। वैदिक काल में बहुविध वाद्य यंत्रों का उल्लेख मिलता है जिनमें से तंतु वाद्यों में कन्नड़ वीणा, कर्करी और वीणा। घन वाद्य यंत्र के अन्तर्गत दुंदुभि और आडंबर। वनस्पति तथा सुशिर यंत्र के अन्तर्गत तुरभ और नादि। बंकुरा आदि यंत्र विशेष उल्लेखनीय हैं।

3.यजुर्वेद

इसमें यज्ञ की असल प्रक्रिया के लिए गद्य मन्त्र हैं। यह वेद मुख्यतः क्षत्रियों के लिए होता है। इसमें गद्यात्मक मन्त्रों की अधिकता के कारण इसका नाम यजुर्वेद है। इसमें कुछ पद्यबद्ध मन्त्र भी हैं, जो अध्वर्युवर्ग के उपयोगी है। यजुर्वेद के दो विभाग हैं-शुक्लयजुर्वेद और कृष्णयजुर्वेद।

यजुर्वेद, यजुस और वेद। ये हिन्दू धर्म के चार पवित्रतम प्रमुख ग्रन्थों में से एक है। इसमें यज्ञ के असल प्रक्रिया के लिए गद्य और पद्य मन्त्र है। यज्ञ में कहे जाने वाले गद्यात्मक मन्त्रों को "यजुस" कहा जाता है। यजुर्वेद के

पद्यात्मक मन्त्र ऋग्वेद या अथर्ववेद से लिए गये हैं। इनमें स्वतन्त्र पद्यात्मक मन्त्र बहुत कम हैं। इस वेद में अधिकांशतः यज्ञों और हवनों के नियम और विधान हैं। अतः यह ग्रन्थ कर्मकाण्ड प्रधान है। जहाँ ऋग्वेद की रचना सप्तसिन्धु क्षेत्र में हुई थी, वहीं यजुर्वेद की रचना कुरूक्षेत्र के प्रदेश में हुई। कुछ लोगों के मतानुसार इसका रचना काल 1400 से 1000 ईसापूर्व माना जाता है। यजुर्वेद की संहिताएँ लगभग अन्तिम रची गयी संहिताएँ थीं जो ईसा पूर्व द्वितीय सहस्त्राब्दि से प्रथम सहस्त्राब्दि के आरम्भिक सदियों में लिखी गई थीं। इस ग्रन्थ से आर्यों के सामाजिक और धार्मिक जीवन पर प्रकाश पड़ता है। उनके समय की वर्ण व्यवस्था तथा वर्णाश्रम की झाँकी भी इसमें है। यजुर्वेद संहिता में वैदिक काल के धर्म के कर्मकाण्ड आयेजन हेतु यज्ञ करने के लिए मन्त्रों का संग्रह है। यजुर्वेद में दो शाखा है-दक्षिण भारत में प्रचलित कृष्ण यजुर्वेद और उत्तर भारत में प्रचलित शुक्ल यजुर्वेद शाखा। इनमें कर्मकाण्ड के यज्ञों अग्हिोत्र, अश्वमेघ, वाजपेय, सोम, राजसूय, अग्निचयन का विवरण है। यजुर्वेद, वेद का एक ऐसा प्रभाग है जो आज भी जन-जीवन में अपना स्थान किसी न किसी रूप में बनाये हुए है। संस्कारों एवं यज्ञीय कर्मकाण्डों के अधिकांश मन्त्र यजुर्वेद के ही है। यजुर्वेदाध्यायी परम्परा में दो सम्प्रदाय-ब्रह्म सम्प्रदाय अथवा कृष्ण यजुर्वेद और आदित्य सम्प्रदाय अथवा शुक्ल यजुर्वेद ही प्रमुख हैं। वर्तमान में कृष्ण यजुर्वेद की शाखा में 4 संहिताएँ-तैत्तिरीय, मैत्रायणी, कठ और कपिष्ठल कठ ही उपलब्ध हैं। शुक्ल यजुर्वेद की शाखाओं में दो प्रधान संहिताएँ 1. मध्यदिन संहिता और 2. काण्व संहिता ही वर्तमान में उपलब्ध हैं। आजकल प्रायः उपलब्ध होने वाला यजुर्वेद मध्यदिन संहिता ही है। इसमें 40 अध्याय, 1975 कण्डिकाएँ तथा 3988 मन्त्र हैं। विश्वविख्यात गायत्री मन्त्र (36.3) तथा महामृत्युजंय मन्त्र (3.60) इसमें भी है।

4.अथर्ववेद

इसमें जादू, चमत्कार, आरोग्य, यज्ञ के लिए मन्त्र हैं। यह वेद मुख्यतः व्यपारियों के लिए होता है। इसमें पद्यात्मक मन्त्रों के साथ कुछ गद्यात्मक मन्त्र भी उपलब्ध हैं। इस वेद का नामकरण अन्य वेदों की भाँति शब्द शैली के आधार पर नहीं है, अपितु इसके प्रतिपाद्य विषय के अनुसार है। अथर्व का अर्थ है-कमियों को हटाकर ठीक करना या कमी रहित बनाना। अतः इसमें यज्ञ सम्बन्धी एवं व्यक्ति सम्बन्धी सुधार या कमी-पूर्ति करने वाले मन्त्र भी हैं। इस वैदिक शब्दराशि का प्रचार एवं प्रयोग मुख्यतः अथर्व नाम के महर्षि द्वारा किया गया, इसलिए भी इसका नाम अथर्ववेद है। इसमें यज्ञानुष्ठान के ब्रह्मवर्ग के उपयोगी मन्त्रों का संकलन है।

अथर्ववेद, हिन्दू धर्म के पवित्रतम और सर्वोच्च धर्मग्रन्थ वदों में से चौथा वेद है। इसमें देवताओं की स्तुति के साथ जादू, चमत्कार, चिकित्सा, विज्ञान और दर्शन के भी मन्त्र हैं। अथर्ववेद के बारे में कहा गया है कि जिस राजा के राज्य में अथर्ववेद जानने वाला विद्वान शान्तिस्थापन के कर्म में निरत रहता है, वह राष्ट्र उपद्रव रहित होकर निरन्तर उन्नति करता जाता है। भूगोल, खगोल, वनस्पति विद्या, असंख्य जड़ी-बूटियाँ, आयुर्वेद, गम्भीर से गम्भीर रोगों का निदान और उनकी चिकित्सा, अर्थशास्त्र के मौलिक सिद्धान्त, राजनीति के गुह्य तत्व, राष्ट्रभूमि तथा राष्ट्रभाषा की महिमा, शल्य चिकित्सा, कृमियों से उत्पन्न होने वाले रोगों का विवेचन, मृत्यु को दूर करने के उपाय, प्रजनन विज्ञान आदि सैकड़ों लोकोपकारक विषयों का निरूपण अथर्ववेद में है। आयुर्वेद की दृष्टि से अथर्ववेद का महत्व अत्यन्त सराहनीय है। अथर्ववेद में शान्ति तथा अभिचारक दोनों तरह के अनुष्ठान वर्णित हैं। अथर्ववेद को ब्रह्मवेद भी कहते हैं। चरणव्यूह ग्रन्थ के अनुसार अथर्ववेद संहिता की 9 शाखाएँ-1. पैपल, 2. दान्त, 3. प्रदान्त, 4. स्नात, 5. सौल, 6. ब्रह्मदाबल, 7. शौनक, 8. देवदर्शन, 9. चरणविद्या बतलाई गई है। वर्तमान में केवल दो पिप्लाद और शौनक संहिता ही उपलब्ध हो पाती है। अथर्ववेद के कुछ प्रमुख बातें ये है-अथर्ववेद की भाषा और स्वरूप के आधार पर ऐसा माना जाता है कि इस वेद की रचना सबसे बाद में हुई। इसमें ऋग्वेद और सामवेद से भी मन्त्र लिये गये हैं। जादू से सम्बन्धित मन्त्र-तन्त्र, राक्षस, पिशाच आदि भयानक शक्तियाँ अथर्ववेद के महत्वपूर्ण विषय हैं। ऋग्वेद में उच्च कोटि के देवताओं को इस वेद में गौण स्थान प्राप्त हुआ है। धर्म के इतिहास की दृष्टि से ऋग्वेद और

अथर्ववेद दोनों का बड़ा ही मूल्य है। अथर्ववेद से स्पष्ट है कि कालान्तर में आर्यों में प्रकृति पूजा की उपेक्षा हो गयी थी और प्रेत आत्माओं व तन्त्र-मन्त्र में विश्वास किया जाने लगा था।

आधुनिक विचारधारा के अनुसार चारों वेदों की शब्दराशि के विस्तार में तीन दृष्टियाँ पायी जाती हैं- याज्ञिक, प्रायोगिक और साहित्यिक दृष्टि।

याज्ञिक दृष्टि से वदोक्त यज्ञों का अनुष्ठान ही वेद के शब्दों का मुख्य उपयोग माना गया है। सृष्टि के आरम्भ से ही यज्ञ करने में साधारणतया: मन्त्रोच्चारण की शैली, मन्त्राक्षर एवं कर्म-विधि में विविधता रही है। इस विविधता के कारण ही वेदों का विस्तार (व्यास) हुआ है। चारो वेदों की कुल 1,131 शाखाएँ हैं जिसका उल्लेख महर्षि पतंजलि ने अपने महाभाष्य में भी किया है। इन शाखाओं में से वर्तमान में केवल 12 शाखाएँ ही मूल ग्रन्थों में उपलब्ध हैं-

1. ऋग्वेद की 21 शाखाओं में से केवल दो शाखा शाकल और शांखायन शाखा के ही ग्रन्थ प्राप्त हैं।
2. यजुर्वेद के कृष्णयजुर्वेद की 86 शाखाओं में से केवल चार तैत्तिरीय, मैत्रायणीय, कठ और कपिष्ठल शाखा के ही ग्रन्थ प्राप्त हैं।
3. यजुर्वेद के शुक्लयजुर्वेद की 15 शाखाओं में से केवल दो माध्यन्दिनीय और काण्व शाखा के ही ग्रन्थ प्राप्त हैं।
4. सामवेद की 1000 शाखाओं में से केवल दो कौथुम और जैमिनीय शाखा के ही ग्रन्थ प्राप्त हैं।
5. अथर्ववेद की 9 शाखाओं में से केवल दो शौनक और पैप्पलाद शाखा के ही ग्रन्थ प्राप्त हैं।

उपरोक्त 12 शाखाओं में से केवल 6 शाखाओं की अध्ययन शैली प्राप्त है-शाकल, तैत्तरीय, माध्यन्दिनी, काण्व, कौथुम तथा शौनक शाखा। बहुत से शाखाओं का पूरा परिचय और नाम भी उपलब्ध नहीं हैं।

प्रायोगिक दृष्टि के अनुसार प्रत्येक शाखा के दो भाग बताये गये हैं-1. मन्त्र भाग: यज्ञ में साक्षात् रूप से प्रयोग आती है। 2. ब्राह्मण भाग: जिसमें विधि (आज्ञाबोधक शब्द) तथा आख्यायिका एवं स्तुति द्वारा यज्ञ कराने की प्रवृति उत्पन्न कराना, यज्ञानुष्ठान करने की पद्धति बताना, उसकी उत्पत्ति और विवेचन के साथ उसके रहस्य का निरूपण करना है।

साहित्यिक दृष्टि से हर वेद के चार भाग होते हैं। ये चार भाग सम्मिलित रूप से श्रुति कहे जाते हैं जो सनातन-हिन्दू धर्म के सर्वोच्च ग्रन्थ हैं। बाकी सब स्मृति के अन्तर्गत आते हैं। पहले भाग (संहिता) के अलावा हर एक में टीका अथवा भाष्य के तीन स्तर होते हैं। जो निम्न हैं-

1. संहिता (मन्त्र भाग)
2. ब्राह्मण ग्रन्थ (गद्य में कर्मकाण्ड की विवेचना)
3. आरण्यक (कर्मकाण्ड के पीछे के उद्देश्य की विवेचना)
4. उपनिषद् (परमेश्वर, परमात्मा-ब्रह्म और आत्मा के स्वभाव और सम्बन्ध का बहुत ही दार्शनिक और ज्ञानपूर्वक वर्णन)

प्रतिपादसूत्र, अनुपाद, छन्दोभाषा (प्रातिशाख्य), धर्मशास्त्र, न्याय तथा वैशेषिक ये 6 उपांग ग्रन्थ भी उपलब्ध हैं। आयुर्वेद, धनुर्वेद, गान्धर्ववेद तथा स्थापत्यवेद ये क्रमशः चारो वेदों के उपवेद कात्यायन ने बतलाये हैं। वेदों के सर्वांगीण अनुशीलन के लिए शिक्षा, कल्प, व्याकरण, निरूक्त, छन्द और ज्योतिष इन 6 अंगों के ग्रन्थ हैं। जिन्हें वेदांग कहते हैं। वेद धर्म, अर्थ, काम और मोक्ष, इन चारों पुरूषार्थों के प्रतिपादक हैं। वेद भी अपने अंगों के कारण ही ख्यातिप्राप्त हैं, अतः वेदांगों का अत्यधिक महत्व है। यहाँ पर अंग का अर्थ है-उपकार करने वाला अर्थात् वास्तविक अर्थ का दिग्दर्शन करानेवाला। 6 वेदांग निम्नप्रकार हैं-

1. **शिक्षा**-स्वर एवं वर्ण आदि के उच्चारण प्रकार की जहाँ शिक्षा दी जाती हो, उसे शिक्षा कहा जाता है। इसका मुख्य उद्देश्य वेद मन्त्रों के अविकल यथास्थिति विशुद्ध उच्चारण किये जाने का है। शिक्षा का उद्भव और विकास वैदिक मन्त्रों के शुद्ध उच्चारण और उनके द्वारा उनकी रक्षा के उद्देश्य से हुआ है।

2. **कल्प**-कल्प वेद प्रतिपादित कर्मों का भली-भाँति विचार प्रस्तुत करने वाला शास्त्र है। इसमें यज्ञ सम्बन्धित नियम दिये गये हैं।
3. **व्याकरण**-वेद शास्त्रों का प्रयोजन जानने तथा शब्दों का यथार्थ ज्ञान हो सके, अतः इसका अध्ययन आवश्यक होता है। इस सम्बन्ध में पाणिनीय व्याकरण ही वेदांग का प्रतिनिधित्व करता है। व्याकरण वेदों का मुख भी कहा जाता है।
4. **निरूक्त**-इसे वेद पुरूष का कान कहा गया है। निःशेषरूप से जो कथित हो, वह निरूक्त है। इसे वेद की आत्मा भी कहा गया है।
5. **छन्द**-इसे वेद पुरूष का पैर कहा गया है। ये छन्द वेदों के आवरण है। छन्द नियताक्षर वाले होते हैं। इसका उद्देश्य वैदिक मन्त्रों के समुचित पाठ की सुरक्षा भी है।
6. **ज्योतिष**-यह वेद पुरूष का नेत्र माना गया है। वेद यज्ञकर्म में प्रवृत होते हैं और यज्ञ काल के आश्रित होते हैं तथा ज्योतिष शास्त्र से काल का ज्ञान होता है। अनेक वैदिक पहेलियों का ज्ञान भी बिना ज्योतिष के नहीं हो सकता।

उपनिषद्

वेद शब्द का अर्थ "ज्ञान" है। वेद-पुरूष के शिरोभाग को उपनिषद् कहते हैं। उप (व्यवधानरहित), नि (सम्पूर्ण), षद् (ज्ञान)। किसी विषय के होने न होने का निर्णय ज्ञान से होता है। अज्ञान का अनुभव भी ज्ञान ही कराता है। अतः ज्ञान को प्रमाणित करने के लिए ज्ञान से भिन्न किसी वस्तु की आवश्यकता नहीं है। उपनिषद् का अन्य अर्थ उप (समीप) निषत्-निषीदति (बैठने वाला) अर्थात् जो उस परमतत्व के समीप बैठता हो अर्थात् जिसे ब्रह्म का साक्षात्कार किया जा सके, वह उपनिषद् है। मुक्तिकोपनिषद् में 108 उपनिषदों का वर्णन आता है। इसके अतिरिक्त अडियार लाइब्रेरी मद्रास से प्रकाशित संग्रह में से 179 उपनिषदों के प्रकाशन हो चुके हैं। गुजराती प्रिंटिंग प्रेस, मुम्बई से मुद्रित वाक्य महाकोश में 223 उपनिषदों की नामावली दी गई है। इनमें उपनिषद् 1. उपनिधित्स्तुति तथा 2. देव्युपनिषद्। 2 की चर्चा शिवरहस्य नामक ग्रन्थ में है लेकिन ये दोनों उपलब्ध नहीं हैं तथा माण्डूक्यकारिका के चार प्रकरण चार जगह गिने गये हैं। इस प्रकार अब तक ज्ञात उपनिषदों की संख्या 220 आती है।

निम्नलिखित 108 उपनिषद् की यह सूची मुक्तिकोपनिषद् में दी गयी है।

अ. ऋग्वेद से 10 उपनिषद् है और उनका शान्ति पाठ "वण्में मनिस" से आरम्भ होता है। जो प्रकार के अनुसार निम्नवत् हैं-

1. मुख्य उपनिषद्-एतरेय

2. योग उपनिषद्-बिन्दु
3. शैव उपनिषद्-अक्षमालिक
4. वैष्णव उपनिषद्-कोइ नहीं
5. शाक्त उपनिषद्-सौभाग्य, त्रिपुर, बह्वृच
6. सन्यास उपनिषद्-निर्वाण
7. सामान्य उपनिषद्-आत्मबोध, कौशीतिकी, मुद्रल

ब. सामवेद से 16 उपनिषद् है और उनका शान्ति पाठ "आप्यायन्तु" से आरम्भ होता है। जो प्रकार के अनुसार निम्नवत् हैं-

1. मुख्य उपनिषद्-केन, छान्दोग्य
2. योग उपनिषद्-योगचूड़ामिण, दर्शन
3. शैव उपनिषद्-रूद्राक्ष, जाबाल
4. वैष्णव उपनिषद्-अव्यक्त, वासुदेव
5. शाक्त उपनिषद्-कोई नहीं
6. सन्यास उपनिषद्-सन्यास, मैत्रेय, आरूणेय, कुण्डिक
7. सामान्य उपनिषद्-मैत्रायिण, सावित्री, वज्र-सिचू, महत्

स. अथर्ववेद से 31 उपनिषद् है और उनका शान्ति पाठ "भद्रं कर्णेभिः" से आरम्भ होता है। जो प्रकार के अनुसार निम्नवत् हैं-

1. मुख्य उपनिषद्-प्रश्न, मुण्डक, माण्डुक्य
2. योग उपनिषद्-महावाक्य, शाण्डिल्य, पाशुपात
3. शैव उपनिषद्-अथर्व-शिर, बृहज्जाबाल, अथर्व-शिख, शरभ, भस्म, गणपति
4. वैष्णव उपनिषद्-गोपाल, तपिण, कृष्ण, हयग्रीव, दत्तात्रेय, गारूड़, नृसिंहतापनी, महानारायण, रामरहस्य, रामतापिण
5. शाक्त उपनिषद्-सीता, अन्नपूर्ण, त्रिपुरातपिन, देवि, भावन
6. सन्यास उपनिषद्-परिव्रात् (नारदपरिव्राजक), परमहंस-परिव्राजक, परब्रह्म
7. सामान्य उपनिषद्-सूर्य, आत्मा

द. यजुर्वेद के शुक्ल यजुर्वेद शाखा से 19 उपनिषद् है और उनका शान्ति पाठ "पूर्णमदः" से आरम्भ होता है। जो प्रकार के अनुसार निम्नवत् हैं-

1. मुख्य उपनिषद्-बृहदारण्यक, ईश
2. योग उपनिषद्-हंस, त्रिशिख, मण्डलब्राह्मण
3. शैव उपनिषद्-कोई नहीं
4. वैष्णव उपनिषद्-तारसार
5. शाक्त उपनिषद्-कोई नहीं
6. सन्यास उपनिषद्-शात्यायिन, याज्ञवल्क्य, परमहंस, जाबाल, अद्वयतारक, तुरीयातीत, भिक्षुक
7. सामान्य उपनिषद्-मुक्तिक, सुबाल, मान्त्रिक, निरालम्ब, पैंगल, अध्यात्मा

य. यजुर्वेद के कृष्ण यजुर्वेद शाखा से 32 उपनिषद् है और उनका शान्ति पाठ "सहनाववतु" से आरम्भ होता है। जो प्रकार के अनुसार निम्नवत् हैं-

1. मुख्य उपनिषद्-तैत्तरीय, कठ
2. योग उपनिषद्-योग-कुण्डिलिन, अमृत-बिन्दु, अमृत-नाद, क्षुरिक, ध्यानिबन्दु, ब्रह्मिवद्या, योगतत्व, यागिशखा
3. शैव उपनिषद्-कैवल्य, रूद्र-हृदय, पंचब्रह्म, कालाग्निरूद्र, दक्षिणामूर्ति
4. वैष्णव उपनिषद्-नारायण, किल-सण्टारण
5. शाक्त उपनिषद्-सरस्वती रहस्य
6. सन्यास उपनिषद्-वाराह, अवघूत, तेजो-बिन्दु, कठरूद्र, ब्रह्म
7. सामान्य उपनिषद्-सर्वसार, शुक-रहस्य, प्राणाग्नि-होत्र, एकाक्षर, गर्भ, श्वेताश्वतर, शारीरक, अक्षि, स्कन्द

उपरोक्त के अलावा अन्य 112 उपनिषद् निम्नलिखित हैं-

01. अद्वैतोपनियषद्
02. अद्वैतभावनोपनिषद्
03. अनुभवसारोपनिषद्
04. अमनस्कोपनिषद्
05. अरूणोपनिषद्
06. अल्लोपनिषद्
07. अवधूतोपनिषद् (पद्यात्मक)
08. आचमनोपनिषद्
09. आत्मपूजोपनिषद्
10. आत्मोपनिषद् (पद्यात्मक)
11. आथर्वणद्वितीयोपनिषद्
12. आयुर्वेदोपनिषद्
13. आर्षेयोपनिषद्
14. आश्रमोपनिषद्
15. इतिहासोपनिषद् (वाक्यात्मक एवं पद्यात्मक)
16. ईसावास्योपनिषद् उपनशत्स्तुति (शिव रहस्यान्तर्गत-अनुपलब्ध)
17. देव्युपनिषद् (शिवरहस्यान्तर्गत-अनुपलब्ध)
18. ऊर्ध्वर्पण्ड्रोपनिशद् (वाक्यात्मक एवं पद्यात्मक)
19. ऐतेरेयोपनिषद् (खन्डात्मक)
20. ऐतेरेयोपनिषद् (अध्यायात्मक)
21.कात्यायनोपनिषद्
22. कामराजकीलितोद्वारोपनिषद्
23. कालिकोपनिषद्
24. कालिमेधादीक्षितोपनिषद्
25. कौलोपनिषद्
26. गणेशपूर्वतापिन्युपनिषद् (वरदपूर्वतापिन्युपनिषद्)
27. गणेशोत्तरतापिन्युपनिषद् (वरदोत्तरतापिन्युपनिषद्)
28. गान्धर्वोपनिषद्
29. गायजंयुपनिषद्
30. गायत्रीरहस्योपनिषद्
31. गुह्यकाल्युपनिषद्
32. गुह्यषोढ़ान्यासोपनिषद्
33.गोपालोत्तरतापिन्युपनिषद्
34. गोपीचन्दनोपनिषद्
35. चतुर्वेदोपनिषद्
36. चाक्षुशोपनिषद् (चक्षरूपनिषद्, चक्षुरागोपनिषद्, नेत्रोपनिषद्)
37. चित्युपनिषद्
38. छागलेयोपनिषद्
39. तारोपनिषद्
40. तुलस्युपनिषद्
41. त्रिपुरामहोपनिषद्
42. त्रिसुपर्णोपनिषद्
43. दत्तोपनिषद्
44. दुर्वासोपनिषद्
45. द्वयोपनिषद्
46. नारदोपनिषद्
47. नारायणपूर्वतापिन्युपनिषद्
48.नारायणोत्तरतापिन्युपनिषद्
49. निरूक्तोपनिषद्
50. नीलरूद्रोपनिषद्
51. नृसिंहपूर्वतापिन्युपनिषद्
52. नृसिंहषटचक्रोपनिषद्
53. पारमात्मिकोपनिषद्
54. पारायणोपनिषद्
55. पिण्डोपनिषद्
56. पीताम्बरोपनिषद्
57. पुरूषसूक्तोपनिषद्
58. प्रणवोपनिषद् (पद्यात्मक)
59. प्रणवोपनिषद् (वाक्यात्मक)
60. बटुकोपनिषद्
61. बास्कलमन्त्रोपनिषद्
62. बिल्वोपनिषद् (पद्यात्मक)
63. बिल्वोपनिषद् (वाक्यात्मक)
64. भगवद्गीतोपनिषद्
65. भवसंतरणोपनिषद्
66. मठाम्नयोपनिषद्
67. मल्लायुपनिषद्
68. महानारायणोपनिषद् (बृहन्नारायणोपनिषद्, उत्तरनारायणोपनिषद्)
69. महावाक्योपनिषद्
70. माण्डुक्योपनिशत्कारिका-आगम, अलातशान्ति, वैतथ्य, अद्वैत
71. मृत्युलांगूलोपनिषद्
72. यज्ञोपवीतोपनिषद्
73. योगतत्वोपनिषद्
74. योगराजोपनिषद्
75. योगोपनिषद्
76. राजश्यामलारहस्योपनिषद्

77. राधोकोपनिषद् (वाक्यात्मक)
78. राधोकोपनिषद् (प्रपठात्मक)
79. रामोत्तरतापिन्युपनिषद्
80. रूद्रोपनिषद्
81. लक्ष्म्युपनिषद्
82. लाङ्ःगूलोपनिषद्
83. लिंगोपनिषद्
84. बज्रपजंरोपनिषद्
85. बनदुर्गोपनिषद्
86. विश्रामोपनिषद्
87. विष्णुहृदयोपनिषद्
88. 1.शिवसंकल्पोपनिषद्
89. 2.शिवसंकल्पोपनिषद्
90. शिवोपनिषद्
91. शैनकोपनिषद्
92. श्यामोपनिषद्
93. श्रीकृष्णपुरूषोत्तमसिद्धान्तोपनिषद्
94. श्रीचक्रोपनिषद्
95. श्रीविद्यात्तारकोपनिषद्
96. श्रीसूक्तम
97. शोढोपनिषद्
98. संकर्षणोपनिषद्
90. सदानन्दोपनिषद्
100.संन्यासोपनिषद् (वाक्यात्मक)
101. स हवैउपनिषद्
102. संहितोपनिषद्
103. सामरहस्योपनिषद्
104. सिद्धान्तविठ्ठलोपनिषद्
105. सिद्धान्तशिखोपनिषद्
106. सिद्धान्तसरोपनिषद्
107. सुदर्शनोपनिषद्
108. सुमुख्युपनिषद्
109. सूर्यतापिन्युपनिषद्
110. स्वसेवेद्योपनिषद्
111. हंसशोढोपनिषद्
112. हेरम्बोपनिषद्

उपनिषदों की शिक्षा शैली

"वह यह आत्मा ही अक्षर दृष्टि से ओंकार है, वह मात्राओं का विषय करके स्थित है। पाद ही मात्रा है और मात्रा ही पाद है। वे मात्रा अकार, उकार और मकार हैं। यह आत्मा अध्यक्षर है। अक्षर का आश्रय लेकर जिसका अभिधान (वाचक) की प्रधानता से वर्णन किया जाय उसे अध्यक्षर कहते हैं। जिस प्रकार अकार नामक अक्षर अदिमान् है उसी प्रकार वैश्वानर भी है। उसी समानता के कारण वैश्वानर की अकार रूपता है। अकार निश्चय ही सम्पूर्ण वाणी है। श्रुति के अनुसार अकार से समस्त वाणी व्याप्त है। ओंकार की दूसरी मात्रा उकार है। उत्कर्ष के कारण जिस प्रकार अकार से उकार उत्कृष्ट सा है उसी प्रकार विश्व से तैसज उत्कृष्ट है। जिस प्रकार उकार, अकार और मकार के मध्य स्थित है उसी प्रकार विश्व और प्राज्ञ के मध्य तैजस है। सुषुप्ति जिसका स्थान है वह प्राज्ञ मान और लय के कारण ओंकार की तीसरी मात्रा मकार है। जिस प्रकार ओंकार का उच्चारण करने पर अकार और उकार अन्तिम अक्षर में एकीभूत हो जाते हैं उसी प्रकार सुषुप्ति के समय विश्व और तैजस प्राज्ञ में लीन हो जाते हैं। अमात्र जिसकी मात्रा नहीं हैं वह अमात्र ओंकार चौथा अर्थात् तुरीय केवल आत्मा ही है। इस प्रकार अकार विश्व को प्राप्त करा देता है तथा उकार तैजस को और मकार प्राज्ञ्ञ को, किन्तु अमा्त्र में किसी की गति नहीं है। अतः प्रणव ही सबका आदि, मध्य और अन्त है। प्रणव को इस प्रकार जानने के अनन्तर तद्रूपता को प्राप्त हो जाता है। प्रणव को ही सबके हृदय में स्थित ईश्वर जाने। इस प्रकार सर्वव्यापी ओंकार को जानकर बुद्धिमान पुरूष शंका नहीं करता। तैतरीयोपनिषद् में कहा है कि जिस प्रकार शंकुओं (पत्तों की नसों) से सम्पूर्ण पत्ते व्याप्त रहते हैं उसी प्रकार ओंकार से सम्पूर्ण वाणी व्याप्त है, ओंकार ही यह सब कुछ है।"

ऋषि परम्परा

ऋषियों द्वारा संतुलित जीवन और संतुलित समाज के लिए दी गयी व्यवस्था निम्नवत् है-

01. शरीर की अवस्था-आश्रम के मानक का निम्न रूप है-

1. ब्रह्मचर्य आश्रम -5 से 25 वर्ष उम्र तक - ज्ञान-विज्ञान-तकनीकी शिक्षा तथा व्यवहार।
2. गृहस्थ आश्रम -26 से 50 वर्ष उम्र तक - पारिवारिक जीवन में ज्ञान युक्त कर्तव्य और दायित्व।
3. वानप्रस्थ आश्‌रम -51 से 75 वर्ष उम्र तक - मांगें जाने पर अपने अनुभव से परिवार व समाज का मार्गदर्शन।
4. सन्यास आश्रम -76 से शरीर त्याग तक - आत्मा में स्थित होकर ब्रह्माण्डीय दायित्व व कर्तव्य।

02. कर्म की अवस्था-वर्ण के मानक का निम्नरूप है-

1. ब्राह्मण वर्ण - सूक्ष्म बुद्धि व आत्मा में स्थित हो धर्म से कार्य।
2. क्षत्रिय वर्ण - भाव व मन में स्थित हो बल से कार्य।
3. वैश्य वर्ण - इन्द्रिय व प्राण में स्थित हो धन से कार्य।
4. शूद्र वर्ण - शरीर में स्थित हो शरीर से कार्य।

03. पुरूषार्थ के मानक का निम्नरूप है-

प्रायः मनुष्य के लिये वेदों में चार पुरुषार्थों का नाम लिया गया है – धर्म, अर्थ, काम और मोक्ष इसलिए इन्हें "पुरुषार्थचतुष्टय" भी कहते हैं। महर्षि मनु पुरुषार्थ चतुष्टय के प्रतिपादक हैं।

1. **धर्म** - प्राचीन काल में ही भारतीय मनीषियों ने धर्म को वैज्ञानिक ढंग से समझने का प्रयत्न किया था। धर्म का विवेचन करते समय समझाया गया है कि धर्म वह है जिससे अभ्युदय और निःश्रेयस की सिद्धि हो-

   यतो अभ्युदयनिःश्रेयससिद्धिः स धर्मः।

   (कणाद, वैशेषिकसूत्र, १.१.२)

   "अभ्युदय" से लौकिक उन्नति का तथा "निःश्रेयस" से पारलौकिक उन्नति एवं कल्याण का बोध होता है। अर्थात् जीवन के ऐहिक और पारलौकिक दोनों पक्षों से धर्म को जोड़ा गया था। धर्म की इससे अधिक उदार परिभाषा और क्या हो सकती है? धर्म शब्द का अर्थ अत्यन्त गहन और विशाल है। इसके अन्तर्गत मानव जीवन के उच्चतम विकास के साधनों और नियमों का समावेश होता है।

   धर्म कोई उपासना पद्धति न होकर एक विराट और विलक्षण जीवन-पद्धति है। यह दिखावा नहीं, दर्शन है। यह प्रदर्शन नहीं, प्रयोग है। यह चिकित्सा है मनुष्य को आधि, व्याधि, उपाधि से मुक्त कर सार्थक जीवन तक पहुँचाने की। यह स्वयं द्वारा स्वयं की खोज है। धर्म, ज्ञान और आचरण की खिड़की खोलता है। धर्म, आदमी को पशुता से मानवता की ओर प्रेरित करता है। अनुशासन के अनुसार चलना धर्म है। हृदय की पवित्रता ही धर्म का वास्तविक स्वरूप है। धर्म का सार जीवन में संयम का होना है।

2. **अर्थ**- मनुष्याणां वृत्तिः अर्थः । (कौटिल्यीय अर्थशास्त्र)

अर्थात् जो भी विचार और क्रियाएं भौतिक जीवन से संबंधित है उन्हें "अर्थ" की संज्ञा दी गयी है। धर्म के बाद दूसरा स्थान अर्थ का है। अर्थ के बिना, धन के बिना संसार का कार्य चल ही नहीं सकता। जीवन की प्रगति का आधार ही धन है। उद्योग-धंधे, व्यापार, कृषि आदि सभी कार्यों के निमित्त धन की आवश्यकता होती है। यही नहीं, धार्मिक कार्यों, प्रचार, अनुष्ठान आदि सभी धन के बल पर ही चलते हैं। अर्थोपार्जन मनुष्य का पवित्र कर्त्तव्य हैं। इसी से वह प्रकृति की विपुल संपदा का अपने और सारे समाज के लिए प्रयोग भी कर सकता है और उसे संवर्द्धित व संपुष्ट भी। पर इसके लिए धर्माचरण का ठोस आधार आवश्यक है। धर्म से विमुख होकर अर्थोपार्जन में संलग्न मनुष्य एक ओर तो प्राकृतिक सम्पदा का विवेकहीन दोहन करके संसार के पर्यावरण संतुलत को नष्ट करता है और दूसरी ओर अपने क्षणिक लाभ से दिग्भ्रमित होकर अपने व समाज के लिए अनेकानेक रोगों व कष्टों को जन्म देता है। धर्म ने ही हमें यह मार्ग सुझाया है कि प्रकृति से, समाज से हमने जितना लिया है, अर्थोपार्जन करते हुए उससे अधिक वापस करने को सदैव प्रयासरत रहें।

शास्त्रों ने अर्थ को मानव की सुख-सुविधाओं का मूल माना है। धर्म का भी मूल, अर्थ है (चाणक्यसूत्र १/२) । सुख प्राप्त करने के लिए सभी अर्थ की कामना करते हैं। इसलिए आचार्य कौटिल्य त्रिवर्ग में अर्थ को प्रधान मानते हुए इसे धर्म और काम का मूल कहा है। भूमि, धन, पशु, मित्र, विद्या, कला व कृषि सभी अर्थ की श्रेणी में आते हैं। इनकी संख्या निश्चित करना सम्भव नहीं है क्योंकि यह मानव जीवन की आवश्यकताओं पर निर्भर करती है। मनुष्य स्वभावतः कामना प्रधान होता है, यह कहना भी गलत नहीं होगा वह कामनामय होता है। इन सभी कामनाओं की पूर्ति का एक मात्र साधन अर्थ है। आचार्य वात्स्यायन "अर्थ" को परिभाषित करते हुए विद्या, सोना, चांदी, धन, धान्य गृहस्थी का सामान, मित्र का अर्जन एवं जो कुछ प्राप्त हुआ है या अर्जित हुआ है उसका वर्धन सब अर्थ है। (विद्या भूमि हिरण्य पशुधान्य भाण्डोपस्कर मित्लादि नामार्जन मर्जितस्य विवर्धनमर्थः।)

3. **काम-** महर्षि वात्स्यायन के अनुसार-

श्रोत्रत्वचक्षुर्जिह्वा ध्राणानामात्म संयुक्ते नमन साधिष्ठितानां स्वेषु स्वेषु विषयेष्जानुकूल्यतः प्रवृतिः कामः।
स्पर्शविशेषविषयात्तवस्यामिमानिकसुखानुविद्धा।
फलवत्यर्थप्रलीतिःप्राधान्यात्कामःतंकामसूत्रान्नगरिकजनसमवियच्च प्रतिपद्येत।
एषां समवाये पूर्वः पूर्वो मरियान् अर्थस्व राज्ञः। तन्मूलवाल्लोकयात्रायाः। वेश्यायाश्वेतित्रिवर्गप्रतिपत्तिः।

अर्थात् काम ज्ञान के माध्यमों का उल्लेख करते हुये कहा गया है कि आत्मा से संयुक्त मन से अधिष्ठित तत्व, चक्षु, जिव्हा, तथा ध्राण तथा इन्द्रियों के साथ अपने अपने विषय - शब्द, स्पर्श, रूप, रस, तथा गंध में अनुकूल रूप से प्रवृत्ति "काम" है। इसके अलावा स्पर्श से प्राप्त अभिमानिक सुख के साथ अनुबद्ध फलव्रत अर्थ प्रीतति काम कहलाता है। इसके अलावा अर्थ, धर्म तथा काम की तुलनात्मक श्रेष्ठता का प्रतिपादन करते हुये कहा गया है कि त्रिवर्ग समुदाय में पर से पूर्व श्रेष्ठ है। काम से श्रेष्ठ अर्थ है तथा अर्थ से श्रेष्ठ धर्म है। परन्तु व्यक्ति, व्यक्ति के अनुसार यह अलग-अलग होता है। माध्वाचार्य के अनुसार विषयभेद के अनुसार काम दो प्रकार का होता है। इनमें से प्रथम को सामान्य काम कहते हैं। जब आत्मा की शाब्दिक विषयों के भोगने की इच्छा होती है तो उस समय आत्मा का प्रयत्न गुण उत्पन्न होता है। अर्थात् आत्मा सर्वप्रथम मन से संयुक्त होती है तथा मन विषयों से। स्रोत, त्वच, चक्षु, जिव्हा तथा ध्राण इन्द्रिय की क्रमशः स्पर्श, रूप, रस, गन्ध में प्रवृत्त होते हैं। काम की इस प्रकृति में न्याय वैशेषिक मत अधिक झलकता है। इसके अनुसार शब्दादि विषयणी बुद्धि ही विषयों के भोग के स्वभाव वाली बुद्धि ही विषयों के भोग वाली स्वभाव वाली होने के कारण उपचार से कम कही जाती है। अर्थात् आत्मा बुद्धि के द्वारा विषयों को भोगता हुआ सुख को अनुभव करता है। जो सुख है, सामान्य रूप से वही काम है।

4. **मोक्ष-** आत्मा को अमर कहा गया है। यह एक नित्य अनादि तत्व है जो बंधन अथवा मुक्ति (मोक्ष) की अवस्था में रहती है। बद्ध अवस्था में इसे अपने कर्मों के अनुसार इसी जन्म अथवा अगले जन्मों में कर्मफल भोगने पड़ते हैं। मनुष्य के अलावा सभी शरीर मात्र भोग योनि हैं, मानव शरीर कर्म योनि है। योगी सद्गुरु के मार्गनिर्देशन में "विकर्म" द्वारा अपने शुभ-अशुभ कर्मों से ऊपर उठ जाता है और शरीर रहते ही परमात्मा की प्राप्ति कर लेता है। इसे ही योग (आत्मा एवं परमात्मा का मिलन) कहा गया है। अब वह अकर्म की स्थिति में है और इस शरीर में प्राप्त प्रारब्ध भोग को समाप्त कर लेने के बाद वह अपने शरीर से विदेहमुक्त हो जाता है। उसे अब नया जन्म नहीं लेना पड़ता, वह बंधन से मुक्त हो जाता है। मोक्ष को प्राप्त कर लेना ही आत्मा का मुख्य उद्देश्य है जो कि मानव जीवन की सबसे बड़ी उपलब्धि है।

04. परिवार गठन के मानक का निम्नरूप है-

1. **त्याग** - 6 पीढ़ी माँ का और पिता के गोत्र की कन्या से वर्जित
2. **वर्जित परिवार** - कर्महीन, निष्पुरूष, अज, बहुरोम, बवासीर, रूग्ण-उदर, स्वेत-गलित, कुष्ठ, क्षयी, मृगी, दुष्कुल परिवार का न वर और न वधू।
3. **वर्जित वधू** - पीत वर्गा, अधिकांगी, वृहदबदना, उच्चवाचाली, रोम रहित या बहुरोमा, बिल्ली सी आँख वाली। नदी, नक्षत्र, तरू, दासी, पर्वत के नाम वाली।
4. **योग्य वधू** - सर्वांग स्वस्थ, सुनाम, सुदांत, हंस-गजा सी चाल, प्रसन्न मुखी, सुभाषी, लम्बी काली बाल।

04. विवाह के मानक

अ. उत्तम विवाह

1. ब्राह्म - कन्या अनुमोदित, पिता अलंकृत पुत्री का विवाह।
2. दैव - सभा में विद्वता व्यक्त करने वाले से कन्या के पिता के समर्थन से विवाह।
3. आर्य - ससुर से उनकी पुत्री को माँगना।
4. प्रजापति - साज-बाज बारात के साथ समान्य विवाह।

ब. अधम विवाह

1. असुर - वर-वधू के प्रीत बिना वर या वधू जन को कीमत देकर।
2. गंधर्व - पिता की आज्ञा बिना स्वेच्छा से।
3. राक्षस - कन्या पक्ष को पीड़ित कर कन्या को विवश करके बालात्कार या अपहरण।
4. पिशाच - दुःखी, बेहोश, सोयी, पगली सी, अल्पायु, ना यौन चाह को दूषित करना।

भाग-1

व्यास

लेखक/शास्त्राकार

शास्त्र

व्यास

लेखकों/शास्त्राकारों के आदि पुरूष प्रतीक व्यास

वेदव्यास शास्त्र लेखन कला

समग्र धर्म वेदान्त में ही है अर्थात् वेदान्त दर्शन के द्वैत, विशिष्टाद्वैत और अद्वैत। इन तीन स्तरों या भूमिकाओं में है और ये एक के बाद एक आते हैं तथा मनुष्य की आध्यात्मिक उन्नति के क्रम से तीन भूमिकाएं हैं। प्रत्येक भूमिका आवश्यक है। यहीं सार रुप से धर्म है भारत के नाना प्रकार के जातीय आचार व्यवहारों और धर्म मतों में वेदान्त के प्रयोग का नाम है- हिन्दू धर्म। यूरोप की जातियों के विचारों ने उसकी पहली भूमिका अर्थात् द्वैत का प्रयोग है- ईसाई धर्म। सेनेटिक जातियों में उसका ही प्रयोग है- इस्लाम धर्म। अद्वैतवाद ही अपनी योगानुभूति के आकार में हुआ- बौद्ध धर्म। इत्यादि, इत्यादि। धर्म का अर्थ है वेदान्त, उसका प्रयोग विभिन्न जातियों के विभिन्न प्रयोजन, पारिपार्शिवक अवस्था एवं अन्यान्य अवस्थाओं के अनुसार विभिन्न रुपों में बदलता ही रहेगा। मूल दार्शनिक तत्व एक होने पर भी तुम देखोगे कि शैव, शाक्त आदि हर एक ने अपने विशेष धर्ममत और अनुष्ठान पद्धति में उसे रुपान्तरित कर लिया है।

- स्वामी विवेकानन्द

लेखक/शास्त्राकार

किसी भाषा के शब्दों से अपने विचार को लिखित रूप से प्रस्तुत करने वाले चरित्र को लेखक कहते हैं। एक लेखक शब्दों को एक सही क्रम में रखकर कुछ अर्थ और समझ को व्यक्त करने वाला कलाकार होता है।

एक लेखक, शास्त्राकार नहीं हो सकता लेकिन एक शास्त्राकार, लेखक होता है। एक लेखक, लेखन की कला को जानता है यदि उसे शास्त्राकार बनना है तो उसे अपने मन को ऊँचाई को समग्रता, सार्वभौमिकता, रचनात्मकता और एकात्मता की ओर ले जाना पड़ेगा। सामान्य रूप में एक लेखक विशेषीकृत विषय का लेखक होता है तो शास्त्राकार समग्रता, सार्वभौमिकता, रचनात्मकता और एकात्मता को धारण किया हुआ एकात्मता को विकसित करने के लिए लिखता है। दोनों में अन्तर मात्र मन की ऊँचाई का होता है। एक लेखक नीचे का पायदान है तो शास्त्राकार उसका सर्वोच्च मानक है। जो लेखक शब्दों का जितना व्यापक कलाकार होगा जिससे समझ विकसित हो वह उतना ही लम्बे समय तक याद किया जाने वाला लेखक बनता है।

शास्त्र

सार्वभौम सत्य-सिद्वान्त अर्थात् सार्वभौम एकात्म की ओर ले जाने वाले और उसके प्रति समझ को विकसित करने वाले विचार को शास्त्र कहते हैं तथा यह विचार जिस पुस्तक में संग्रहित किया जाता है उसे शास्त्र-साहित्य कहते हैं। शास्त्र-साहित्य, आध्यात्म अर्थात् अद्दश्य विज्ञान तथा भौतिक विज्ञान अर्थात् द्दश्य विज्ञान दोनों की ओर से हो सकते हैं। आध्यात्म की ओर से शास्त्र रचना करने वाले को "व्यास" उपाधि नाम दिया गया है।

व्यास

श्री विष्णु पुराण (तृतीय अंश, अध्याय-दो) में लिखा है कि-स्थितिकारक भगवान विष्णु चारों युगों में इस प्रकार व्यवस्था करते हैं-समस्त प्राणियों के कल्याण में तत्पर वे सर्वभूतात्मा सत्ययुग में कपिल आदिरूप धारणकर परम ज्ञान का उपदेश करते हैं। त्रेतायुग में वे सर्वसमर्थ प्रभु चक्रवर्ती भूपाल होकर दुष्टों का दमन करके त्रिलोक की रक्षा करते हैं। तदन्तर द्वापरयुग में वे वेदव्यास रूप धारण कर एक वेद के चार विभाग करते हैं और सैकड़ों शाखाओं में बाँटकर बहुत विस्तार कर देते हैं। इस प्रकार द्वापर में वेदों का विस्तार कर कलियुग के अन्त में भगवान कल्किरूप धारणकर दुराचारी लोगों को सन्मार्ग में प्रवृत्त करते हैं। इसी प्रकार, अनन्तात्मा प्रभु निरन्तर इस सम्पूर्ण जगत् के उत्पत्ति, पालन और नाश करते रहते हैं। इस संसार में ऐसी कोई वस्तु नहीं है जो उनसे भिन्न हो।

श्री विष्णु पुराण (तृतीय अंश, अध्याय-तीन) में लिखा है कि-वेद रूप वृक्ष के सहस्त्रों शाखा-भेद हैं, उनका विस्तार से वर्णन करने में तो कोई भी समर्थ नहीं है अत-संक्षेप यह है कि प्रत्येक द्वापरयुग में भगवान विष्णु व्यासरूप से अवतीर्ण होते हैं और संसार के कल्याण के लिए एक वेद के अनेक भेद कर देते हैं। मनुष्यों के बल, वीर्य और तेज को अलग जानकर वे समस्त प्राणियों के हित के लिए वेदों का विभाग करते हैं। जिस शरीर के द्वारा एक वेद के अनेक विभाग करते हैं भगवान मधुसूदन की उस मूर्ति का नाम वेदव्यास है।

इस वैवस्वत मनवन्तर (सातवाँ मनु) के प्रत्येक द्वापरयुग में व्यास महर्षियों ने अब तक पुन-पुन-28 बार वेदों के विभाग किये हैं। पहले द्वापरयुग में ब्रह्मा जी ने वेदों का विभाग किया। दूसरे द्वापरयुग के वेदव्यास प्रजापति हुए। तीसरे द्वापरयुग में शुक्राचार्य जी, चौथे द्वापरयुग में बृहस्पति जी व्यास हुए, पाँचवें में सूर्य और छठें में भगवान मृत्यु व्यास कहलायें। सातवें द्वापरयुग के वेदव्यास इन्द्र, आठवें के वशिष्ठ, नवें के सारस्वत और दसवें के त्रिधामा

कहे जाते हैं। ग्यारहवें में त्रिशिख, बारहवें में भरद्वाज, तेरहवें में अन्तरिक्ष और चौदहवें में वर्णी नामक व्यास हुए। पन्द्रहवें में त्रव्यारूण, सोलहवें में धनंन्जय, सत्रहवे में क्रतुन्जय और अठ्ठारवें में जय नामक व्यास हुए। फिर उन्नीसवें व्यास भरद्वाज हुए, बीसवें गौतम, इक्कीसवें हर्यात्मा, बाइसवें वाजश्रवा मुनि, तेइसवें सोमशुष्पवंशी तृणाबिन्दु, चौबीसवें भृगुवंशी ऋक्ष (वाल्मीकि) पच्चीसवें मेरे (पराशर) पिता शक्ति, छब्बीसवें मैं पराशर, सत्ताइसवें जातुकर्ण और अठ्ठाइसवें कृष्णद्वैपायन। अगामी द्वापरयुग में द्रोणपुत्र अश्वत्थामा वेदव्यास होंगे।

लेखकों/शास्त्राकारों के आदि पुरूष प्रतीक व्यास

किसी संस्था का मुख्य व्यक्ति, व्यक्ति नहीं बल्कि संस्था होता है। उसका पद ही उसका पहचान होता है और उसके द्वारा की गई समस्त कार्यवाही व्यक्ति की नहीं बल्कि संस्था की होती है। व्यक्ति की मृत्यु हो जाती है परन्तु संस्थायें लम्बी अवधि तक चलती रहती है। उदाहरणस्वरूप वर्तमान समय में देश, संस्थायें और पीठ हैं। जैसे विदेशों में जाने पर जब किसी देश का मुख्य व्यक्ति कोई समझौता करता है तब वह देश होता है न कि व्यक्ति। प्राचीन समय में भी इसी प्रकार के अनेक पीठ थे और बनते चले गये जैसे-ब्राह्मण, परशुराम, विश्वामित्र, व्यास, वशिष्ठ, नारद, इन्द्र, गोरक्षपीठ (क्षत्रिय पीठ), शंकराचार्य पीठ (ब्राह्मण पीठ) इत्यादि। जब तक संस्था नहीं रहती तब तक व्यक्ति, व्यक्ति रहता है जब उसके द्वारा संस्था स्थापित हो जाती है तब व्यक्ति, व्यक्ति न रहकर संस्था हो जाता है। उस संस्थापक व्यक्ति के जीवन काल तक उसे साकार रूप में फिर उसके उपरान्त उसके निराकार रूप विचार का साकार रूप संस्था के रूप में समाज याद करता है। ऐसी स्थिति में जब संस्थापक व्यक्ति का नाम ही संस्था का नाम हो तब संस्था द्वारा किये गये समस्त कार्य एक भ्रमात्मक स्थिति को उत्पन्न करते हैं और एक लम्बे समय के उपरान्त यह नहीं समझ में आता कि वह संस्थापक व्यक्ति इतने लम्बे समय तक कैसे जिवित था? सत्य तो यह है कि शरीर मर जाता है लेकिन विचार या विचार पर किये गये कार्य नहीं मरते। इस सत्य के आधार की दृष्टि से यदि हम देखें तो स्थिति स्पष्ट हो जायेगी कि-

01. **वशिष्ठ के सम्बन्ध में-** सर्वप्रथम वशिष्ठ सूर्यवंश के प्रथम पुरूष महाराज इच्छवांकु के सामने प्रकट होते हैं। दूसरी बार वशिष्ठ मैथिली वंश के यज्ञ में ऋत्विक कार्य सम्पन्न कराते हैं। इच्छवांकु से मैथिली वंश में चौथी पीढ़ी का अन्तर है। तीसरी बार वशिष्ठ राजा त्रिशंकु के समय में प्रकट होते हैं। चौथी बार वशिष्ठ राजा दिलीप के समय भी होते हैं। पाँचवीं बार महाराजा दशरथ के समय उपस्थित होते हैं। छठवीं बार महाभारत काल में होते हैं जो आबू पर्वत पर अग्नि पैदा करके अग्नि से क्षत्रिय पैदा करते हैं।

02. **नारद के सम्बन्ध में-**युग कोई भी हो वहाँ नारद की उपस्थिति सदैव रहती है। नारद त्रेता के राम काल में भी हैं तो द्वापर के कृष्ण काल में भी और इनसे प्राचीन ब्रह्मा-विष्णु-महेश काल में भी।

03. **विश्वामित्र के सम्बन्ध में-**विश्वामित्र सूर्यवंश के 32वीं पीढ़ी के राजा हरिश्चन्द्र का राज्य दान में लेते हैं। फिर इसी वंश की 62वीं पीढ़ी में राजा दशरथ से यज्ञ रक्षार्थ उनके पुत्र राम और लक्ष्मण को साथ ले गये थे।

04. **ब्राह्मण के सम्बन्ध में-**यह एक विद्यापीठ था जो उस समय राजर्षि, ब्रह्मर्षि, देवऋषि इत्यादि उपाधियों को प्रदान करता था जैसे वर्तमान समय के शिक्षा संस्थान उपाधियाँ प्रदान कर रहीं हैं। संस्कृत विश्वविद्यालयों से आज भी शास्त्री, आचार्य, शिक्षा शास्त्री इत्यादि उपाधि उनको दी जा रहीं हैं जो इसके योग्य हैं। बिना कोई परीक्षा उत्तीर्ण किये विशेषज्ञता के आधार पर विश्वविद्यालय मानद उपाधि भी प्रदान करती हैं।

05. परशुराम के सम्बन्ध में-त्रेता युग में जनकपुरी में सीता स्वयंवर के समय परशुराम उपस्थित होते हैं और द्वापर युग में भीष्म और कर्ण को भी शिक्षा देते हैं। साथ ही भविष्य के एक मात्र शेष अन्तिम अवतार कल्कि के भी वे गुरू होंगे, ऐसा पुराण में है।

06. दुर्वासा के सम्बन्ध में-दुर्वासा ऋषि राम काल के थे जो अत्रि-अनुसूईया के पुत्र थे और राम वनवास समय में श्री राम से मिले भी थे। फिर दुर्वासा महाभारत काल में द्वापर के अन्त तक भी उपस्थित रहते हैं।

07. व्यास के सम्बन्ध में-समाज को एकात्म करने के लिए शास्त्र की रचना करना व उसका प्रचार-प्रसार करने के लिए व्यास सदैव हर युग में उपस्थित रहते हैं।

वैदिक काल में ऋषियों का वर्णन आया है। कुछ को छोड़कर सभी ऋषि परिवार वाले थे। वैदिक काल के ऋषि दार्शनिक, विद्वान, योद्धा एवं कृषक तीनों थे। ऋचाओं को लिखने वाले ऋषियों को देवर्षि की संज्ञा प्राप्त थी। प्राचीन ऋषियों में बहुत से ऋषि, राजर्षि से ब्रह्मर्षि हो गये तथा ब्रह्मर्षि से राजर्षि भी हुए लेकिन इनकी संख्या कम है। आरम्भ में ब्राह्मण कोई जाति नहीं थी बल्कि यह विद्यापीठ था। यही कारण है कि अनेक राजर्षि, ब्रह्मर्षि उपाधि प्राप्त किये। यही नहीं प्राचीन वंशावली में भी सूर्य के 12 पुत्रों में बहुत से अग्निहोत्र करने के कारण ब्राह्मण की उपाधि धारण किये। सूर्य के पुत्र वरूण से ही ब्रह्म वंश चला जिसमें भृगु, वशिष्ठ, वाल्मिकि, जमदग्नि, पुलस्त्य थे जबकि ब्रह्म वंशीय भी विशुद्ध सूर्यवंशीय ही है। केवल अग्निहोत्र करने के कारण ही ये ब्राह्मण कहलाये।

जिस प्रकार लोग आत्मा की महत्ता को न समझकर शरीर को ही महत्व देते हैं उसी प्रकार लोग भले ही पढ़कर ही विकास कर रहें हो परन्तु वे शास्त्राकार लेखक की महत्ता को स्वीकार नहीं करते। जबकि वर्तमान समय में चाहे जिस विषय में हो प्रत्येक विकास कर रहे व्यक्ति के पीछे शास्त्राकार, लेखक, आविष्कारक, दार्शनिक की ही शक्ति है जिस प्रकार शरीर के पीछे आत्मा की शक्ति है।

सदैव मानव समाज को एकात्म करने के लिए शास्त्र-साहित्य की रचना करना लेखक का काम रहा है। सामूहिक रूप से ऐसे कार्य करने वाले को व्यास कहते हैं। चाहे वह आध्यात्म दर्शन (अदृश्य विज्ञान) के क्षेत्र में हो या पदार्थ विज्ञान (दृश्य विज्ञान) के क्षेत्र में हो। इस प्रकार सभी लेखकों के आदर्श आदि पुरूष व्यास ही हैं।

विज्ञान एकत्व की खोज के सिवा और कुछ नहीं है। ज्योंही कोई विज्ञान शास्त्र पूर्ण एकता तक पहुँच जायेगा, त्योंहीं उसका आगे बढ़ना रुक जायेगा क्योंकि तब तो वह अपने लक्ष्य को प्राप्त कर चुकेगा। उदाहरणार्थ रसायनशास्त्र यदि एक बार उस एक मूल द्रव्य का पता लगा ले, जिससे वह सब द्रव्य बन सकते हैं तो फिर वह और आगे नहीं बढ़ सकेगा। पदार्थ विज्ञान शास्त्र जब उस एक मूल शक्ति का पता लगा लेगा जिससे अन्य शक्तियां बाहर निकली हैं तब वह पूर्णता पर पहुँच जायेगा। वैसे ही धर्म शास्त्र भी उस समय पूर्णता को प्राप्त हो जायेगा जब वह उस मूल कारण को जान लेगा। जो इस मत्र्यलोक में एक मात्र अमृत स्वरुप है जो इस नित्य परिवर्तनशील जगत का एक मात्र अटल अचल आधार है जो एक मात्र परमात्मा है और अन्य सब आत्माएं जिसके प्रतिबिम्ब स्वरुप हैं। इस प्रकार अनेकेश्वरवाद, द्वैतवाद आदि में से होते हुए इस अद्वैतवाद की प्राप्ति होती है। धर्मशास्त्र इससे आगे नहीं जा सकता। यहीं सारे विज्ञानों का चरम लक्ष्य है।

- स्वामी विवेकानन्द

वेदव्यास शास्त्र लेखन कला

मानव सभ्यता के विकास के कालक्रम में कर्म कर अनुभव के ज्ञान सूत्र का संकलन ही वेद के रूप में व्यक्त हुआ जिससे आने वाली पीढ़ी मार्गदर्शन को प्राप्त कर सके और अपना समय बचाते हुए कर्म कर सके। अर्थात् प्रत्येक साकार सफल नेतृत्व के साथ उसके अनुभव का निराकार ज्ञान सूत्र के संकलन की समानान्तर प्रक्रिया भी चलती रही। और यह सभी प्रक्रिया मानव जाति के श्रेष्ठतम विकास के लिए ही की जा रही थी। मनुष्य को युगानुसार शास्त्र का अध्ययन करना चाहिए लेकिन समाज पुराने में ही उलझ जाता है इसलिए ही विकास अवरूद्ध होता है। समाज को एकात्म करने के लिए शास्त्र की रचना करना व उसका प्रचार-प्रसार करने वाले व्यास कहलाये। एकात्म करने की यह कला और कुछ नहीं वर्तमान अर्थो में "मानकीकरण" करना है। व्यास द्वारा शास्त्र रचना के युगानुसार निम्न चरण पूरे हुए।

1.सार्वभौम आत्मा के "ज्ञान"द्वारा समाज को एकात्म (मानकीकरण) करने के लिए शास्त्र-वेद

वेदों को मूलत-सार्वभौम ज्ञान का शास्त्र समझना चाहिए। जिनका मूल उद्देश्य यह बताना था कि "एक ही सार्वभौम आत्मा के सभी प्रकाश हैं अर्थात् बहुरूप में प्रकाशित एक ही सत्ता है। इस प्रकार हम सभी एक ही कुटुम्ब के सदस्य है।"

जब वेद लोंगो के समझ में कम आने लगा या समाज उसी में उलझ गया और उससे समाज को एकात्म करना कठिन होने लगा तब उसके व्याख्या का शास्त्र उपनिषद् की रचना की गई।

2.सार्वभौम आत्मा के "नाम" द्वारा समाज को एकात्म (मानकीकरण) करने के लिए शास्त्र-उपनिषद्

उपनिषदों की शिक्षा उस सार्वभौम आत्मा के नाम के अर्थ की व्याख्या के माध्यम से उस सार्वभौम आत्मा को समझाना है।

जब उपनिषद् लोंगो के समझ में कम आने लगा या समाज उसी में उलझ गया और उससे समाज को एकात्म करना कठिन होने लगा तब पौराणिक वंशावली में हुए साकार विष्णु कर्तार, कमल कर्तार, ब्रह्मा कर्तार और रूद्र-शिव के निराकार एवं साकार रूप को प्रक्षेपित कर मानक चरित्र (व्यक्तिगत, सामाजिक और वैश्विक) का शास्त्र पुराण की रचना की गई।

3.सार्वभौम आत्मा के "कृति" कथा द्वारा समाज को एकात्म (मानकीकरण) करने के लिए शास्त्र-पुराण

वेद के ज्ञान सूत्र व उपनिषद् की वार्ता के अलावा मनुष्य को एकात्म करने के लिए दृश्य चित्र या वस्तु की आवश्यकता की विधि का प्रयोग ही पौराणिक देवी-देवता हैं। सार्वभौम आत्मा के कृति कथा द्वारा समाज को एकात्म करने के लिए पुराण शास्त्र ही देवी-देवताओं के उत्पत्ति का कारण है। जिसे उत्पन्न करने का कारण मानव को एक आदर्श मानक पैमाना व लक्ष्य देना था जिससे वे मार्गदर्शन प्राप्त कर सकें। वेद और उपनिषद् शास्त्र में देवी-देवता के स्थान पर मात्र प्रकृति-पुरूष का प्रतीक चिन्ह-शिवलिंग ही व्यक्त था। मनुष्य या कोई भी जीव जब अपने ईश्वर का रूप निर्धारित करेगा तब वह अपनी ही शारीरिक संरचना रूप में ही कल्पना कर सकता है। इस मानवीय रूप के निर्धारण में गुणों को वस्त्र-आभूषण, वाहन इत्यादि के प्रतीक के माध्यम से व्यक्त किया गया। पुराणों में निम्नलिखित विधि से देवी-देवताओं की उत्पत्ति की गयी है-

1. **सार्वभौम आत्मा से ब्रह्माण्ड और उसके परिवार** जैसे सूर्य, चाँद, ग्रह, नक्षत्र, नदी, समुद्र, पर्वत इत्यादि को देवी-देवता के रूप में एक मानवीय रूप द्वारा गुणों के अनुसार निरूपित कर प्रक्षेपित किया गया। जिससे यह ज्ञान प्राप्त हो सके कि उस अदृश्य ईश्वर की कृति यह ब्रह्माण्ड उसका दृश्य रूप है अर्थात् यह दृश्य ब्रह्माण्ड ही हमारा दृश्य ईश्वर है। अर्थात् जिस प्रकार हम ईश्वर से प्रेम करते हैं उसी प्रकार हमें इस दृश्य ईश्वर-ब्रह्माण्ड से प्रेम करना चाहिए जो हमें प्रत्यक्ष रूप में जीवन संसाधन उपलब्ध कराता है।

2. **सार्वभौम आत्मा से मनुष्य और उसके परिवार** को देवी-देवता के रूप में एक मानवीय रूप द्वारा गुणों के अनुसार निरूपित कर प्रक्षेपित किया गया। जिससे यह ज्ञान प्राप्त हो सके कि उस अदृश्य ईश्वर की कृति यह मनुष्य उसका दृश्य रूप है अर्थात् यह दृश्य मनुष्य ही हमारा दृश्य ईश्वर है। अर्थात् जिस प्रकार हम ईश्वर से प्रेम करते हैं उसी प्रकार हमें इस दृश्य ईश्वर-मानव से प्रेम करना चाहिए जो हमें प्रत्यक्ष रूप में जीवन संसाधन उपलब्ध कराता है।

मनुष्य को उसके कार्य क्षेत्र के अनुसार सर्वोच्च आदर्श मानक चरित्र प्रक्षेपित किये गये जिससे मनुष्य मार्गदर्शन प्राप्त कर सके। कार्य क्षेत्र अनुसार सर्वोच्च आदर्श मानक चरित्र निम्नवत् हैं-

अ. व्यक्तिगत कार्य क्षेत्र स्तर-बह्मा अर्थात् एकात्मज्ञान परिवार

ब. सामाजिक कार्य क्षेत्र स्तर-विष्णु अर्थात् एकात्म ज्ञान सहित एकात्म कर्म परिवार

स. वैश्विक/ब्रह्माण्डीय कार्य क्षेत्र स्तर-शिव-शंकर अर्थात् एकात्म ज्ञान और एकात्म कर्म सहित एकात्म ध्यान परिवार

उपरोक्त के अनुसार यह स्पष्ट है कि शास्त्राकार लेखक द्वारा पौराणिक देवी-देवताओं में ब्रह्मा-विष्णु-शिवशंकर परिवार के कार्य क्षेत्रानुसार मानक के रूप में प्रक्षेपित किये गये थे। मनुष्य की इच्छा "पाने" की अधिक होती है अलावा इसके कि "हो जाने" की। ऐसे व्यक्ति जो "हो जाने" में विश्वास रखते थे वे ही धरती पर मनुष्य रूप में आये और अवतार हो कर चले गये। अवतार का अर्थ ही होता है सर्वोच्च लक्ष्य सिद्धान्त के अनुसार नीचे उतरना जबकि मनुष्य का अर्थ होता है नीचे से ऊपर की ओर बढ़ना। शास्त्राकार लेखक ने मानव जाति को ईश्वर की ओर विकास करने या ईश्वर के रूप में बन जाने के लिए इन देवी-देवताओं का रूप प्रक्षेपित किया था लेकिन ये पूजा और आयोजन में बदल गया और अन्य धर्म-सम्प्रदाय के आ जाने से यह एक विशेष धर्म का ही जाना जाने लगा। जिस प्रकार आम की लकड़ी से कुर्सी, मेज, दरवाजा, खिड़की बनाया गया और आम गायब होकर कुर्सी, मेज, दरवाजा, खिड़की हो गया उसी प्रकार सम्पूर्ण पृथ्वी के मनुष्य के मागदर्शन के लिए व्यक्त मानक देवी-देवताओं का अर्थ गायब होकर मूर्तिपूजा में बदलकर एक धर्म का हो गया।

पुराण लिखने का मुख्य आधार-

जब पुराण लोंगो के समझ में कम आने लगा या समाज उसी में उलझ गया और उससे समाज को एकात्म करना कठिन होने लगा तब मानवीय वंशावली में हुए अनेक विभिन्न प्रकृति-चरित्र के साकार मानव और उनके निराकार एवं साकार रूप को प्रक्षेपित कर प्रकृति-चरित्र (व्यक्तिगत, सामाजिक और वैश्विक) का शास्त्र महाभारत की रचना की गई।

1. सार्वभौम आत्मा के प्रकृति द्वारा समाज को एकात्म (मानकीकरण) करने के लिए शास्त्र-महाभारत

महाभारत की शिक्षा अपनी प्रकृति में स्थित रहकर व्यक्तिगत प्रमाणित स्वार्थ (लक्ष्य) को प्राप्त करने के अनुसार सम्बन्धों का आधार बनाने की शिक्षा है। गीता की शिक्षा-गीता की मूल शिक्षा प्रकृति में व्याप्त मूल तीन सत्व, रज और तम गुण के आधार पर व्यक्त विषयों जिसमें मनुष्य भी शामिल है, की पहचान करने की शिक्षा दी

गयी है और उससे मुक्त रहकर कर्म करने को निष्काम कर्मयोग तथा उसमें स्थित रहने को स्थितप्रज्ञ और ईश्वर से साक्षात्कार करने का मार्ग समझाया गया।

महाभारत पुराण लिखने का मुख्य आधार-

शरीर- क्षेत्र (10 इन्द्रियाँ, मन, बुद्धि, अहंकार, 5 विकार और 3 गुण) जो प्रकृति के तीन गुणों से परवश होकर कर्म करता है।

दैवी शरीर या धर्मक्षेत्र- हृदय देश में दैवी सम्पत्ति का बाहुल्य शरीर
आसुरी शरीर या कुरूक्षेत्र- हृदय देश में आसुरी सम्पत्ति का बाहुल्य शरीर

धृतराष्ट्र- अज्ञान रूपी
संजय- संयम रूपी
पाण्डव- दैवी सम्पत्ति

भीम- महान ईश में वास दिलाने वाला भाव
अर्जुन- अनुराग रूपी
सात्यकि- सात्विकता रूपी
विराट- सर्वत्र ईश्वरीय प्रवाह
द्रुपद- अचल स्थिति
द्रौपदी- ध्यान रूपी

वात्सल्य- द्रौपदी का पुत्र (ध्यान से उत्पन्न गुण)
लावण्य- द्रौपदी का पुत्र (ध्यान से उत्पन्न गुण)
सहृदयता- द्रौपदी का पुत्र (ध्यान से उत्पन्न गुण)
सौम्यता- द्रौपदी का पुत्र (ध्यान से उत्पन्न गुण)
स्थिरता- द्रौपदी का पुत्र (ध्यान से उत्पन्न गुण)

सुभद्रा- शुभ आधार
धृष्टकेतू- दृढ़ कर्तव्य
चेकितान- चित्त को खिंचकर इष्ट में लाना
पुरूजित- स्थूल, सूक्ष्म व कारण शरीर पर विजय पाना
काशिराज- कायारूपी काशी का सम्राज्य
कुन्तिभोज- कर्तव्य से भव पर विजय
शैव्य- नरो में श्रेष्ठ
युधामन्यु- युद्ध के अनुरूप मन की धारणा
उत्तमौजा- शुभ की मस्ती
अभिमन्यु- अभय मन। सुभद्रा का पुत्र (शुभ आधार से उत्पन्न गुण)

कौरव- आसुरी सम्पत्ति

दुर्योधन- मोह या दूशित मन
द्रोणाचार्य- द्वैत का आचरण
धृष्टधुम्न- शाश्वत अचल पद में आस्था रखने वाला मन
भीष्म- भ्रम रूपी
कर्ण- कर्म रूपी
कृपाचार्य- साधक द्वारा कृपा का आचरण
अश्वत्थामा- आसक्ति रूपी

विकर्ण- विकल्प रूपी
भूरिश्रवा- भ्रममयी श्वास
शिखण्डी- शिखा-सूत्र का त्याग

जब महाभारत लोंगो के समझ में कम आने लगा या समाज उसी में उलझ गया और उससे समाज को एकात्म करना कठिन होने लगा तब काल, चेतना, कर्मज्ञान एवं सार्वभौम सत्य-सिद्धान्त और मानवी सिद्धान्त के एकीकरण सहित पूर्व के शास्त्र रचना का उद्देश्य का शास्त्र विश्वभारत समाहित विश्वशास्त्र की रचना की गई जिसका मुख्य गुण "सार्वभौम" है और महायोग-महामाया का अन्तिम उदाहरण बनाया गया।

2. सार्वभौम आत्मा के काल, चेतना और कर्मज्ञान द्वारा समाज को एकात्म करने के लिए शास्त्र-विश्वशास्त्र-द नालेज आफ फाइनल नालेज

विश्वशास्त्र की शिक्षा, उपरोक्त सभी को समझाना है और पूर्ण सार्वजनिक प्रमाणित काल, चेतना और ज्ञान-कर्मज्ञान से युक्त होकर कर्म करने की शिक्षा है। जिससे भारतीय शास्त्रों की वैश्विक स्वीकारीता स्थापित हो और देवी-देवताओं के उत्पत्ति के उद्देश्य से भटक गये मनुष्य को शास्त्रों के मूल उद्देश्य की मुख्यधारा में लाया जा सके। विश्वभारत की शिक्षा-विश्वभारत, विश्वशास्त्र के स्थापना की योजना का शास्त्र है, जो विश्वशास्त्र का ही एक भाग है। विश्वभारत, की शिक्षा अपनी प्रकृति में स्थित रहकर सार्वजनिक प्रमाणित स्वार्थ (लक्ष्य) को प्राप्त करने के अनुसार सम्बन्धों का आधार बनाने की शिक्षा है।

श्री विष्णु पुराण (अध्याय-दो) में लिखा है कि-यह सम्पूर्ण विश्व उन परमात्मा की ही शक्ति से व्याप्त है, अत-वे "विष्णु" कहलाते हैं। समस्त देवता, मनु, सप्तर्षि तथा मनुपुत्र और देवताओं के अधिपति इन्द्रगण, ये सब भगवान विष्णु की ही विभूतियाँ हैं।

सूर्य अपनी पत्नी छाया से शनैश्चर, एक और मनु तथा तपती, तीन सन्तानें उत्पन्न कीं। सूर्य-छाया का दूसरा पुत्र आठवाँ मनु, अपने अग्रज मनु का सवर्ण होने से सावर्णि कहलाया। नवें मनु दक्ष सावर्णि होंगे दसवें मनु ब्रह्मसावर्णि होंगे, ग्यारहवाँ मनु धर्म सावर्णि बारहवा मनु रूद्रपुत्र सावर्णि तेरहवा रूचि रूद्रपुत्र सावर्णि चौदहवा मनु भीम सावर्णि।

प्रत्येक चतुर्युग के अन्त में वेदों का लोप हो जाता है, उस समय सप्तर्षिगण ही स्वर्गलोक से पृथ्वी में अवतीर्ण होकर उनका प्रचार करते हैं। प्रत्येक सत्ययुग के आदि में (मनुष्यों की धर्म-मर्यादा स्थापित करने के लिए) स्मृति-शास्त्र के रचयिता मनु का प्रादुर्भाव होता है।
इन चौदह मनवन्तरों के बीत जाने पर एक सहस्त्र युग रहने वाला कल्प समाप्त हुआ कहा जाता है। फिर इतने समय की रात्रि होती है।

स्थितिकारक भगवान विष्णु चारों युगों में इस प्रकार व्यवस्था करते हैं-समस्त प्राणियों के कल्याण में तत्पर वे सर्वभूतात्मा सत्ययुग में कपिल आदिरूप धारणकर परम ज्ञान का उपदेश करते हैं। त्रेतायुग में वे सर्वसमर्थ प्रभु चक्रवर्ती भूपाल होकर दुष्टों का दमन करके त्रिलोक की रक्षा करते हैं। तदन्तर द्वापरयुग में वे वेदव्यास रूप धारण कर एक वेद के चार विभाग करते हैं और सैकड़ों शाखाओं में बाँटकर बहुत विस्तार कर देते हैं। इस प्रकार द्वापर में वेदों का विस्तार कर कलियुग के अन्त में भगवान कल्किरूप धारणकर दुराचारी लोगों को सन्मार्ग में प्रवृत्त करते हैं। इसी प्रकार, अनन्तात्मा प्रभु निरन्तर इस सम्पूर्ण जगत् के उत्पत्ति, पालन और नाश करते रहते हैं। इस संसार में ऐसी कोई वस्तु नहीं है जो उनसे भिन्न हो।

"कल्कि" अवतार के सम्बन्ध में कहा गया है कि उसका कोई गुरू नहीं होगा, वह स्वयं से प्रकाशित स्वयंभू होगा जिसके बारे में अथर्ववेद, काण्ड 20, सूक्त 115, मंत्र 1 में कहा गया है कि "ऋषि-वत्स, देवता इन्द्र, छन्द गायत्री। अहमिद्धि पितुष्परि मेधा मृतस्य जग्रभ। अहं सूर्य इवाजिनि।। "अर्थात् "मैं परम पिता परमात्मा से सत्य ज्ञान की विधि को धारण करता हूँ और मैं तेजस्वी सूर्य के समान प्रकट हुआ हूँ।" जबकि सबसे प्राचीन वंश स्वायंभुव मनु के पुत्र उत्तानपाद शाखा में ब्रह्मा के 10 मानस पुत्रों में से मन से मरीचि व पत्नी कला के पुत्र कश्यप व पत्नी

अदिति के पुत्र आदित्य (सूर्य) की चौथी पत्नी छाया से दो पुत्रों में से एक 8वें मनु-सावर्णि मनु होंगे जिनसे ही वर्तमान मनवन्तर 7वें वैवस्वत मनु की समाप्ति होगी। ध्यान रहे कि 8वें मनु-सावर्णि मनु, सूर्य पुत्र हैं। अर्थात् कल्कि अवतार और 8वें मनु-सावर्णि मनु दोनों, दो नहीं बल्कि एक ही हैं और सूर्य पुत्र हैं।

"सार्वभौम" गुण 8वें सावर्णि मनु का गुण है। अवतारी श्रृंखला अन्तिम होकर अब मनु और मनवन्तर श्रृंखला के भी बढ़ने का क्रम है क्योंकि यही क्रम है। वैदिक-सनातन-हिन्दू धर्म के पुराणों में 14 मनुओं का वर्णन किया गया है। इन्हीं के नाम से मन्वन्तर चलते हैं। जो निम्नलिखित हैं-

1.मनुर्भरत वंश की प्रियव्रत शाखा

अ.पौराणिक वंश

वंश	**अवतार**	**काल**
01.स्वायंभुव मनु	यज्ञ	भूतकाल
02.स्वारचिष मनु	विभु	भूतकाल
03.उत्तम मनु	सत्यसेना	भूतकाल
04.तामस मनु	हरि	भूतकाल
05.रैवत मनु	वैकुण्ठ	भूतकाल
2.मनुर्भरत वंश की उत्तानपाद शाखा		
06.चाक्षुष मनु	अजित	भूतकाल
ब.ऐतिहासिक वंश		
07.वैवस्वत मनु	वामन	वर्तमान
स.भविष्य के वंश		
08.सावर्णि मनु	सार्वभौम	भविष्य
09.दत्त सावर्णि मनु	रिषभ	भविष्य
10.ब्रह्म सावर्णि मनु	विश्वकसेन	भविष्य
11.धर्म सावर्णि मनु	धर्मसेतू	भविष्य
12, रूद्र सावर्णि मनु	सुदामा	भविष्य
13.दैव सावर्णि मनु	योगेश्वर	भविष्य
14.इन्द्र सावर्णि मनु	वृहद्भानु	भविष्य

पहले मनु-स्वायंभुव मनु से 7वें मनु-वैवस्वत मनु तक शारीरिक प्राथमिकता के मनु का कालक्रम हैं। 8वें मनु-सावर्णि मनु से 14वें और अन्तिम-इन्द्र सावर्णि मनु तक बौद्धिक प्राथमिकता के मनु का कालक्रम है इसलिए ही 9वें मनु से 14वें मनु तक के नाम के साथ में "सावर्णि मनु" उपनाम की भाँति लगा हुआ है। अर्थात् 9वें मनु से 14वें मनु में सार्वभौम गुण विद्यमान रहेगा और बिना "विश्वशास्त्र" के उनका प्रकट होना मुश्किल होगा।

मात्र एक विचार-"ईश्वर ने इच्छा व्यक्त की कि मैं एक हूँ, अनेक हो जाऊँ" और "सभी ईश्वर हैं" , यह प्रारम्भ और अन्तिम लक्ष्य है। मनुष्य की रचना "पावर और प्राफिट (शक्ति और लाभ)" के लिए नहीं बल्कि असीम मस्तिष्क क्षमता के विकास के लिए हुआ है। फलस्वरूप वह स्वयं को ईश्वर रूप में अनुभव कर सके, जहाँ उसे किसी गुरू की आवश्यकता न पड़ें, वह स्वंयभू हो जाये, उसका प्रकाश वह स्वयं हो। एक गुरू का लक्ष्य भी यही होता है कि शिष्य मार्गदर्शन प्राप्त कर गुरू से आगे निकलकर, गुरू तथा स्वयं अपना नाम और कृति इस संसार में फैलाये, ना कि जीवनभर एक ही कक्षा में (गुरू में) पढ़ता रह जाये। एक ही कक्षा में जीवनभर पढ़ने वाले को समाज क्या नाम देता है, समाज अच्छी प्रकार जानता है। "विश्वशास्त्र" से कालक्रम को उसी मुख्यधारा में मोड़ दिया गया है। एक शास्त्राकार, अपने द्वारा व्यक्त किये गये पूर्व के शास्त्र का उद्देश्य और उसकी सीमा तो बता ही सकता है परन्तु व्याख्याकार ऐसा नहीं कर सकता।

स्वयं द्वारा व्यक्त शास्त्र के प्रमाण से ही स्वयं को व्यक्त और प्रमाणित करूँगा

-शास्त्राकार महर्षि व्यास (वर्तमान में लव कुश सिंह "विश्वमानव")

शब्द से सृष्टि की ओर...
सृष्टि से शास्त्र की ओर...
शास्त्र से काशी की ओर...
काशी से सत्यकाशी की ओर...
और सत्यकाशी से अनन्त की ओर...
एक अन्तहीन यात्रा.........................

वर्तमान सृष्टि चक्र की स्थिति भी यही हो गयी है कि अब अगले अवतार के मात्र एक विकास के लिए सत्यीकरण से काल, मनवन्तर व मनु, अवतार, व्यास व शास्त्र सभी बदलेगें। इसलिए देश व विश्व के धर्माचार्यें, विद्वानों, ज्योतिषाचार्यों इत्यादि को अपने-अपने शास्त्रों को देखने व समझने की आवश्यकता आ गयी है क्योंकि कहीं श्री लव कुश सिंह "विश्वमानव" और "आध्यात्मिक सत्य" आधारित कार्य "विश्वशास्त्र" वही तो नहीं है? और यदि नहीं तो वह कौन सा कार्य होगा जो इन सबको बदलने वाली घटना को घटित करेगा?

शनिवार, 22 दिसम्बर, 2012 सेप्रारम्भ हो चुका है-

1.काल के प्रथम रूप अदृश्य काल से दूसरे और अन्तिम दृश्य काल का प्रारम्भ।

-इसलिए कि अधिकतम व्यक्ति व समाज का मन दृश्य विषयों पर केन्द्रित है।

2.मनवन्तर के वर्तमान 7वें मनवन्तर वैवस्वत मनु से 8वें मनवन्तर सावर्णि मनु का प्रारम्भ।

-इसलिए कि सावर्णि मनु के "सार्वभौम" गुण का प्रयोग कर श्री लव कुश सिंह "विश्वमानव" व्यक्त हैं।

3.अवतार के नवें बुद्ध से दसवें और अन्तिम अवतार-कल्कि महावतार का प्रारम्भ।

-इसलिए कि आधुनिक युग के लिए एकीकरण व मानकीकरण के सभी प्रणाली व्यष्टि व समष्टि के लिए संयुक्त एवं अन्तिम रूप से कल्कि अवतार द्वारार व्यक्त है।

4.युग के चौथे कलियुग से पाँचवें युग स्वर्ण युग का प्रारम्भ।

-इसलिए कि युग परिवर्तन के लिए कल्कि अवतार का आगमन हो चुका है।

5.व्यास और द्वापर युग में आठवें अवतार श्रीकृष्ण द्वारा प्रारम्भ किया गया कार्य "नवसृजन" के प्रथम भाग "सार्वभौम ज्ञान" के शास्त्र "गीता" से द्वितीय अन्तिम भाग "सार्वभौम कर्मज्ञान", पूर्णज्ञान का पूरक शास्त्र", लोकतन्त्र का "धर्मनिरपेक्ष धर्मशास्त्र" और आम आदमी का "समाजवादी शास्त्र" द्वारा व्यवस्था सत्यीकरण और मन के ब्रह्माण्डीयकरण और नये व्यास का प्रारम्भ।

-इसलिए कि नया और अन्तिम शास्त्र "विश्वशास्त्र" प्रकाशित हो चुका है।

जिस प्रकार लोग आत्मा की महत्ता को न समझकर शरीर को ही महत्व देते हैं उसी प्रकार लोग भले ही पढ़कर ही विकास कर रहें हो परन्तु वे शास्त्राकार लेखक की महत्ता को स्वीकार नहीं करते। जबकि वर्तमान समय में चाहे जिस विषय में हो प्रत्येक विकास कर रहे व्यक्ति के पीछे शास्त्राकार, लेखक, आविष्कारक, दार्शनिक की ही शक्ति है जिस प्रकार शरीर के पीछे आत्मा की शक्ति है।

भाग-2

महाभारत

अठ्ठाइसवें व्यास - कृष्णद्वैपायन

महाभारत

गीता दर्शन

महाभारत कथा

ऐतिहासिक एवं भाषाई प्रमाण

पुरातत्व प्रमाण (1900 ई0पू0 से पहले)

सार्वभौम सत्य-सिद्धान्त अनुसार “महाभारत”

अठ्ठाइसवें व्यास – कृष्णद्वैपायन

जन्म कथा

पौराणिक कथाओं के अनुसार प्राचीन काल में सुधन्वा नाम के एक राजा थे। वे एक दिन आखेट के लिए वन जाने के बाद ही उनकी पत्नी रजस्वला हो गई। उसने इस समाचार को अपनी शिकारी पक्षी के माध्यम से राजा के पास भिजवाया। समाचार पाकर महाराज सुधन्वा ने एक दोने में अपना वीर्य निकालकर पक्षी को दे दिया। पक्षी उस दोने को राजा की पत्नी के पास पहुँचाने के लिए आकाश में उड़ चला। मार्ग में उस शिकारी पक्षी को एक दूसरी शिकारी पक्षी मिल गया। दोनों पक्षियों में युद्ध होने लगा। युद्ध के दौरान वह दोना पक्षी के पंजे से छूट कर यमुना में जा गिरा। यमुना में ब्रह्मा के शाप से मछली बनी एक अप्सरा रहती थी। मछली रूपी अप्सरा दोने में बहते हुए वीर्य को निगल गयी तथा उसके प्रभाव से वह गर्भवती हो गई। गर्भ पूर्ण होने पर एक निषाद ने उस मछली को अपने जाल में फँसा लिया। निषाद ने जब मछली को चीरा तो उसके पेट से एक बालक तथा एक बालिका निकली। निषाद उन शिशुओं को लेकर महाराज सुधन्वा के पास गया। महाराज सुधन्वा के पुत्र न होने के कारण उन्होंने बालक को अपने पास रख लिया जिसका नाम मत्स्यराज हुआ। बालिका निषाद के पास रह गई और उसका नाम मत्स्यगंधा रखा गया क्योंकि उसके अंगो से मछली की गंध निकलती थी। उस कन्या को सत्यवती के नाम से भी जाना जाता है। बड़ी होने पर वह नाव खेने का कार्य करने लगी। एक बार पराशर मुनि को उसकी नाव पर बैठकर यमुना पार करना पड़ा। पराशर मुनि सत्यवती के रूप-सौन्दर्य पर आसक्त हो गये और बोले,-देवी! मैं तुम्हारे साथ सहवास करना चाहता हूँ।, सत्यवती ने कहा-मुनिवर! आप ब्रह्म ज्ञानी हैं और मैं निषाद कन्या। हमारा सहवास सम्भव नहीं।, तब पराशर मुनि बोले-बालिके! तुम चिन्ता मत करो। प्रसुति होने पर भी तुम कुमारी ही रहोगी। इतना कहकर उन्होंने अपने योगबल से चारों ओर घने कुहरे का जाल रच दिया और सत्यवती के साथ भोग किया। तत्पश्चात् उसे आशीर्वाद देते हुए कहा-तुम्हारे शरीर से जो मछली की गंध निकलती है वह सुगन्ध में परिवर्तित हो जायेगी।

समय आने पर सत्यवती के गर्भ से वेद-वेदांगों में पारंगत एक पुत्र हुआ। जन्म होते ही वह बालक बड़ा हो गया और अपनी माता से बोला,-माता तू जब भी कभी भी विपत्ति में मुझे स्मरण करेगी, मैं उपस्थित हो जाउँगा। इतना कहकर वे तपस्या करने के लिए द्वैपायन द्वीप चले गये। द्वैपायन द्वीप में तपस्या करने तथा उनके शरीर का रंग काला होने के कारण उन्हें कृष्ण द्वैपायन कहा जाने लगा। आगे चलकर वेदों के भाष्य करने के कारण वे वेदव्यास के नाम से विख्यात हुये।

ऋषि वेदव्यास महाभारत ग्रन्थ के रचयिता थे। वेदव्यास महाभारत के रचयिता ही नहीं, बल्कि उन घटनाओं के साक्षी भी रहे हैं, जो क्रमानुसार घटित हुई है। अपने आश्रम से हस्तिनापुर की समस्त गतिविधयों की सूचना उन तक तो पहुँचती थी। वे उन घटनाओं पर अपना परामर्श भी देते थे। जब-जब अन्तद्र्वन्द और संकट की

स्थिति आती थी, माता सत्यवती उनसे विचार-विमर्श के लिए कभी आश्रम पहुँचती, तो कभी हस्तिनापुर के राजभवन में आमंत्रित करती थी। वे धृतराष्ट्र, पाण्डु तथा विदुर के जन्मदाता ही नहीं, अपितु विपत्ति के समय छाया की तरह पाण्डवों का साथ भी देते थे।

काशी (वाराणसी) के रामनगर किले में और व्यास नगर (रामनगर व मुगलसराय के बीच) में वेदव्यास का मन्दिर है जहाँ माघ में प्रत्येक सोमवार मेला लगता है। गुरू पूर्णिमा (आषाढ़ पूर्णिमा) का प्रसिद्ध पर्व व्यास जी की जयंती के उपलक्ष्य में मनाया जाता है। पुराणों तथा महाभारत के रचयिता महर्षि का मन्दिर व्यासपुरी में विद्यमान है जो काशी से 5 मील की दूरी पर पूर्व स्थित है। महाराज काशी नरेश के रामनगर दुर्ग के पश्चिम भाग में भी व्यासेश्वर की मूर्ति विराजमान है जिसे साधारण जनता छोटा वेदव्यास के नाम से जानती है। वास्तव में वेदव्यास की यह सबसे प्राचीन मूर्ति है। व्यासजी द्वारा काशी को शाप देने के कारण विश्वेश्वर ने व्यासजी को काशी से निष्कासित कर दिया था। तब व्यासजी लोलार्क मन्दिर के आग्नेय कोण में गंगाजी के पूर्वी तट पर स्थित हुए। इस घटना का उल्लेख काशी खण्ड में इस प्रकार है-

लोलार्कादं अग्निदिग्भागे, स्वर्धुनी पूर्वरोधसि।
स्थितो ह्यद्यापि पश्चेत्स-काशीप्रासाद राजिकाम्।। **-स्कन्दपुराण, काशी खण्ड 96/201**

हिन्दू धर्म शास्त्रों के अनुसार महर्षि व्यास त्रिकालज्ञ थें तथा उन्होंने दिव्य-दृष्टि से देख कर जान लिया कि कलियुग में धर्म क्षीण हो जायेगा। धर्म के क्षीण होने के कारण मनुष्य नास्तिक, कर्तव्यहीन और अल्पायु हो जायेंगे। एक विशाल वेद का सांगोपांग अध्ययन उनके सामथ्र्य से बाहर हो जायेगा। इसलिए महर्षि व्यास ने वेद का चार भागों में विभाजन कर दिया जिससे कि कम बुद्धि एवं कम स्मरण शक्ति रखने वाले भी वेदों का अध्ययन कर सके। व्यास जी ने उनका नाम रखा-ऋग्वेद, यजुर्वेद, सामवेद और अथर्ववेद। वेदों का विभाजन करने के कारण ही व्यास जी वेदव्यास नाम से विख्यात हुये। ऋग्वेद, यजुर्वेद, सामवेद और अथर्ववेद को क्रमश-अपने शिष्य पैल, जैमिनि, वैशम्पायन और सुमन्तुमुनि को पढ़ाया। वेद में निहित ज्ञान के अत्यन्त गूढ़ तथा शुष्क होने के कारण वेद व्यास ने पाँचवें वेद के रूप में पुराणों की रचना की जिनमें वेद के ज्ञान को रोचक कथाओं के रूप में बताया गया है। पुराणों को उन्होंने अपने शिष्य रोम हर्षण को पढाया। व्यास जी के शिष्यों ने अपनी अपनी बुद्धि के अनुसार उन वेदों की अनेक शाखाएँ बना दी। व्यास जी ने महाभारत की रचना तीन वर्षो के अथक परिश्रम से की थी। व्यास जी का उद्देश्य महाभारत लिखकर युद्ध का वर्णन करना नहीं, बल्कि इस भौतिक जीवन की निःसारता को दिखाना है। उनका कथन है कि भले ही कोई पुरूष वेदांग तथा उपनिषदों को जाने लें, लेकिन वह कभी विचक्षण नहीं हो सकता क्योंकि यह महाभारत एक ही साथ अर्थशास्त्र, धर्मशास्त्र तथा कामशास्त्र है। महाभारत के सम्बन्ध में स्वयं व्यास जी की ही उक्ति सटिक है-"इस ग्रन्थ में जो कुछ है, वह अन्यत्र हैं परन्तु जो इसमें नहीं, वह अन्यत्र कहीं भी नहीं है।" श्रीमद्भागवतगीता विश्व के सबसे बड़े महाकाव्य "महाभारत" का ही अंश है। व्यासजी ने पुराणों तथा महाभारत की रचना के पश्चात् ब्रह्मसूत्रों की रचना भी यहाँ की थी। वाल्मीकि की ही तरह व्यास भी संस्कृत कवियों के लिए पूज्य हैं। महाभारत में उपाख्यानों का अनुसरण कर अनेक संस्कृत कवियों ने काव्य, नाटक आदि की सृष्टि की है। संस्कृत साहित्य में वाल्मीकि के बाद व्यास ही श्रेष्ठ कवि हुए हैं। इनके लिए काव्य "आर्य काव्य" के नाम से विख्यात है।

पौराणिक-महाकाव्य युग की महान विभूति महाभारत, 18 पुराण, श्रीमदभागवत, ब्रह्मसूत्र, मीमांसा जैसे अद्वितीय साहित्य दर्शन के प्रणेता वेदव्यास का जन्म आषाढ़ पूर्णिमा को लगभग 3000 ई0पू0 में हुआ था। वेदांत दर्शन-अद्वैतवाद के संस्थापक वेदव्यास ऋषि पराशर के पुत्र थे। पत्नी आरूणी से उत्पन्न इनके पुत्र थे-महान बालयोगी शुकदेव।

महाभारत

महाभारत में ऐसा वर्णन आता है कि वेदव्यास जी ने हिमालय की तलहटी की एक पवित्र गुफा में तपस्या में संलग्न तथा ध्यान योग में स्थित होकर महाभारत की घटनाओं का आदि से अन्त तक स्मरण कर मन ही मन में महाभारत की रचना कर ली। परन्तु इसके पश्चात् उनके सामने एक गम्भीर समस्या आ खड़ी हुई कि इस काव्य के ज्ञान को सामान्य जन साधारण तक कैसे पहुँचाया जाये क्योंकि इसकी जटिलता और लम्बाई के कारण यह बहुत कठिन था कि कोई इसे बिना गलती किए वैसा ही लिख दे जैसा कि वे बोलते जाए। इसलिए ब्रह्मा जी के कहने पर व्यास, गणेश जी के पास पहुँचे। गणेश जी लिखने को तैयार हो गये, किन्तु उन्होंने एक शर्त रखी कि कलम एक बार उठा लेने के बाद काव्य समाप्त होने तक वे बीच में नहीं रूकेंगे। व्यास जी जानते थे कि यह शर्त बहुत कठिनाईयाँ उत्पन्न कर सकती हैं। अतः उन्होंने भी अपनी चतुरता से एक शर्त रखी कि कोई भी श्लोक लिखने से पहले गणेश जी को उसका अर्थ समझना होगा। गणेश जी ने यह प्रस्ताव स्वीकार कर लिया। इस तरह व्यास जी बीच-बीच में कुछ कठिन श्लोकों को रच देते थे, तो जब गणेश उनके अर्थ पर विचार कर रहे होते, उतने समय में ही व्यास जी कुछ नये श्लोक रच देते। इस प्रकार सम्पूर्ण महाभारत 3 वर्षों के अन्तराल में लिखी गयी। वेदव्यास जी ने सर्वप्रथम पुण्यकर्मा मानवों के उपाख्यानों सहित 1 लाख श्लोकों का आद्य "भारत" ग्रन्थ बनाया। तदन्तर उपाख्यानों को छोड़कर 24 हजार श्लोकों की भारत संहिता बनायी। तत्पश्चात् व्यास जी ने 60 लाख श्लोकों की एक दूसरी संहिता बनायी, जिसके 30 लाख श्लोक देवलोक में, 15 लाख पितृलोक में तथा 14 लाख श्लोक गन्धर्वलोक में समाहत हुए। शेष 1 लाख श्लोकों का आद्य "भारत" प्रतिष्ठित हुआ।

यह महाकाव्य "जय", "भारत" और "महाभारत" इन तीन नामों से प्रसिद्ध है। वास्तव में वेदव्यास जी ने सबसे पहले 1 लाख श्लोकों के परिमाण के "भारत" नामक ग्रन्थ की रचना की थी, इसमें उन्होंने भारतवंशियों के चरित्रों के साथ-साथ अन्य कई महान ऋषियों, चन्द्रवंशी-सूर्यवंशी राजाओं के उपाख्यानों सहित कई अन्य धार्मिक उपाख्यान भी डाले। इसके बाद व्यास जी ने 24,000 श्लोकों का बिना किसी अन्य उपाख्यानों का केवल भारतवंशियों को केन्द्रित करके "भारत" काव्य बनाया। इन दोनों रचनाओं में धर्म की अधर्म पर विजय होने के कारण इन्हें "जय" भी कहा जाने लगा। महाभारत में एक कथा आती है कि जब देवताओं ने तराजू के एक पासे में चारों "वेदों" को रखा और दूसरे पर "भारत ग्रन्थ" को रखा, तो "भारत गन्थ" सभी वेदों की तुलना में सबसे अधिक भारी सिद्ध हुआ, अतः "भारत" ग्रन्थ की इस महत्ता (महानता) को देखकर देवताओं और ऋषियों ने इसे "महाभारत" नाम दिया और इस कथा के कारण मनुष्यों में भी यह काव्य "महाभारत" के नाम से सबसे अधिक प्रसिद्ध हुआ।

महाभारत हिन्दुओं का एक प्रमुख काव्य ग्रन्थ है, जो स्मृति वर्ग में आता है। कभी-कभी केवल "भारत" कहा जाने वाला यह काव्यग्रन्थ भारत का अनुपम धार्मिक, पौराणिक, ऐतिहासिक और दार्शनिक ग्रन्थ है। विश्व का सबसे लम्बा यह साहित्यिक ग्रन्थ और महाकाव्य, हिन्दू धर्म के मुख्यतम ग्रन्थों में से एक है। इस ग्रन्थ को हिन्दूधर्म में पंचमवेद माना जाता है। यद्यपि इसे साहित्य का सबसे अनुपम कृतियों में से एक माना जाता है, किन्तु आज भी यह ग्रन्थ प्रत्येक भारतीय के लिए एक अनुकरणीय स्रोत है। यह कृति प्राचीन भारत के इतिहास की गाथा है। इसी में हिन्दू धर्म का पवित्रतम गन्थ भगवद्गीता सन्निहित है। पूरे महाभारत में लगभग 1,11,000 श्लोक हैं। जो यूनानी काव्यों इलियड और ओडिसी से परिमाण में दस गुणा अधिक हैं। हिन्दू मान्यताओं, पौराणिक सन्दर्भों एवं स्वयं महाभारत के अनुसार इस काव्य का रचनाकार वेदव्यास जी को माना जाता है। इस काव्य के रचयिता वेदव्यास जी ने अपने इस अनुपम काव्य में वेदों, वेदांगों और उपनिषद् के गुह्यतम रहस्यों का निरूपण किया है। इसके अतिरिक्त इस काव्य में न्याय, शिक्षा, चिकित्सा, ज्योतिष, युद्धनीति, योगशास्त्र, अर्थशास्त्र, वास्तुशास्त्र, शिल्पशास्त्र, कामशास्त्र, खगोलविद्या तथा धर्मशास्त्र का भी विस्तार से वर्णन किया गया है। महाभारत की विशालता और दार्शनिक गूढता न केवल भारतीय मूल्यों का संकलन है बल्कि हिन्दू धर्म और वैदिक परम्परा का सार भी है। सम्पूर्ण महाभारत 18 पर्वों और 100 उपपर्वों में विभाजित है। महाभारत की मूल कल्पना में 18 की संख्या का विशिष्ट योग है। कौरव और पाण्डव पक्षों के मध्य हुए युद्ध की अवधि 18 दिन थी। दोनों पक्षों की सेनाओं का सम्मिलित संख्याबल भी 18 अक्षौहिणी था। इस युद्ध के प्रमुख सूत्रधार भी 18 हैं और महाभारत में भीष्म पर्व के अन्तर्गत वर्णित श्रीमद्भगवद्गीता में भी 18 अध्याय हैं।

महाभारत ग्रन्थ की रचना पूर्ण करने के बाद वेदव्यास जी ने सर्वप्रथम अपने पुत्र शुकदेव को इस ग्रन्थ का अध्ययन कराया। तदन्तर अन्य शिष्य वैशम्पायन, पैल, जैमिनि, असित-देवल आदि को इसका अध्ययन कराया। शुकदेव जी ने गन्धर्वों, यक्षों और राक्षसों को इसका अध्ययन कराया। देवर्षि नारद ने देवताओं को, असित-देवल ने पितरों को और वैशम्पायन जी ने मनुष्यों को इसका प्रवचन दिया। वैशम्पायन जी द्वारा महाभारत काव्य जनमेजय के यज्ञ समारोह में समत सहित कई ऋषि-मुनियों को सुनाया गया था।

वेदव्यास जी को महाभारत पूरा रचने में 3 वर्ष लग गये थे, इसका कारण यह हो सकता है कि उस समय लेखन लिपि कला का इतना विकास नहीं हुआ था, उस काल में ऋषियों द्वारा वैदिक ग्रन्थों को पीढ़ी दर पीढ़ी परम्परागत मौखिक रूप से याद करके सुरक्षित रखा जाता था। उस समय संस्कृत ऋषियों की भाषा थी और ब्राह्मी आम बोलचाल की भाषा हुआ करती थी। इस प्रकार ऋषियों द्वारा सम्पूर्ण वैदिक साहित्य मौखिक रूप से याद कर पीढ़ी दर पीढ़ी सहस्त्रों वर्षों तक याद रखा गया। फिर धीरे-धीरे जब समय के प्रभाव से वैदिक युग के पतन के साथ ही ऋषियों की वैदिक साहित्यों को याद रखने की शैली लुप्त होने लगी तब से वैदिक साहित्य को पाण्डुलिपियों पर लिखकर सुरक्षित रखने का प्रचलन हो गया। यह सर्वमान्य है कि महाभारत का आधुनिक रूप कई अवस्थाओं से गुजर कर बना है। विद्वानों द्वारा इसकी रचना की चार प्रारम्भिक अवस्थाएँ पहचानी गयी है। ये अवस्थाएँ सम्भावित रचना काल क्रम में निम्नलिखित हैं-

1. **3100 ई0पू0 - प्रथम बार** - सर्वप्रथम वेदव्यास द्वारा 100 पर्वों के रूप में 1 लाख श्लोकों का रचित "भारत" महाकाव्य, जो बाद में "महाभारत" नाम से प्रसिद्ध हुआ।
2. **3100 ई0पू0 - दूसरी बार** - व्यास जी के कहने पर उनके शिष्य वैशम्पायन जी द्वारा जनमेजय के यज्ञ समारोह में ऋषि-मुनियों को सुनाना।
3. **2000 ई0पू0 - तीसरी बार** - फिर से वैशम्पायन और ऋषि-मुनियों की इस वार्ता के रूप में कही गयी "महाभारत" को सूत जी द्वारा पुनः 18 पर्वों के रूप में सुव्यवस्थित करके समस्त ऋषि-मुनियों को सुनाना।
4. **1200-600 ई0पू0 - चौथी बार** - सूत जी और ऋषि-मुनियों की इस वार्ता के रूप में कही गयी "महाभारत" का लेखन कला के विकसित होने पर सर्वप्रथम ब्राह्मी या संस्कृत में हस्तलिखित पाण्डुलिपियों के रूप में लिपिबद्ध किया जाना।

इसके बाद भी कई विद्वानों द्वारा इसमें बदलती हुई रीतियों के अनुसार बदलाव किया गया, जिसके कारण उपलब्ध प्राचीन हस्तलिखित पाण्डुलिपियों में कई भिन्न-भिन्न श्लोक मिलते हैं। इस समस्या के निदान के लिए पुणे में स्थित भांडारकर प्राच्य शोध संस्थान ने पूरे दक्षिण एशिया में उपलब्ध महाभारत की सभी पाण्डुलिपियाँ (लगभग 10 हजार) का शोध और अनुसंधान करके उन सभी में एक ही समान पाये जाने वाले लगभग 75 हजार श्लोकों को खोजकर उनका सटिप्पण एवं समीक्षात्मक संस्करण प्रकाशित किया। कई खण्डों वाले 13 हजार पृष्ठों के इस ग्रन्थ का सारे संसार के सुयोग्य विद्वानों ने स्वागत किया। महाभारत के दक्षिण एशिया में कई रूपान्तर मिलते हैं। इण्डोनेशिया, श्रीलंका, जावा द्वीप, जकार्ता, थाइलैण्ड, तिब्बत, बर्मा (म्यांमार) में महाभारत के भिन्न-भिन्न रूपान्तर मिलते हैं। दक्षिण भारतीय महाभारत में अधिकतम 1,40,000 श्लोक मिलते हैं जबकि उत्तर भारतीय महाभारत के रूपान्तर में 1,10,000 श्लोक मिलते हैं। इस तरह से अनेकों बार महाभारत को परिष्कृत किया गया है।

दृश्य पदार्थ विज्ञान के इस काल में विज्ञान के द्वारा आयी तकनीकों से दृश्य-श्रव्य (आडियो-विजुअल) माध्यम के आ जाने के बाद सभी महाभारत का अध्ययन व विवादित अंशों को त्यागते हुए श्री बी.आर चोपड़ा ने महाभारत के इस कथा का "महाभारत" नाम से उसका दृश्य-श्रव्य रूपान्तरण कर दूरदर्शन के माध्यम से प्रसारित कराया। जिसके फलस्वरूप वर्तमान में शायद ही कोई बचा हो जो महाभारत से परिचित न हो। इसके उपरान्त भी अन्य ने भी दृश्य-श्रव्य माध्यम में इस कथा का प्रस्तुतिकरण करने का प्रयत्न किये परन्तु बी.आर चोपड़ा कृत "महाभारत" एक मानक बन चुका है और जनमानस में उसके जीवन्त पात्रों के प्रति ऐसी छवि बन गई कि वे उसके पात्रों के रूप में उस काल के पात्रों को सत्य रूप में देखते हैं। फलस्वरूप चाहे जितनी बार महाभारत का दृश्य-श्रव्य रूपान्तरण क्यों न हो, पर जनमानस में वह रूप नहीं उतरता।

गीता दर्शन

गीता को हिन्दुओं का पवित्रतम ग्रन्थ माना जाता है। यह धार्मिक के साथ-साथ दार्शनिक विचारों से भी परिपूर्ण है। वास्तव में गीता समस्त भारतीय दर्शनों का निचोड़ है। इसमें ईश्वर, आत्मा, तत्व विचार, नैतिक नियम, ब्रह्म-विद्या तथा योगशास्त्र सभी के विषय में मत पाये जाते हैं। इसे उपनिषदों का सार कहा जाता है। श्री अरविन्द गीता को "भारतीय आध्यात्मिकता का सुमधुर फल" कहते हैं। युद्धभूमि में अर्जुन को उसके कर्तव्य का बोध कराने के उद्देश्य से भगवान श्री कृष्ण द्वारा दिये गये उपदेश ही गीता के रूप में हमारे सामने उपलब्ध है इसलिए इसे ईश्वर की वाणी कहा जाता है। गाँधी जी गीता को "प्रेरणा" कर स्रोत मानते हैं।

गीता भारतीय दर्शन की क्लिष्टता और भ्रमोत्पादक स्थिति को समाप्त कर अत्यंन्त सरल, स्पष्ट और प्रभावोत्पादक शैली में समस्त सिद्धान्तों को प्रस्तुत करती है। यह विभिन्न दार्शनिक सम्प्रदायों की विचारधाराओं में समन्वय स्थापित करती है।

1. **योग**- गीता में योग शब्द का अर्थ आत्मा का परमात्मा से मिलन है। योग पर विशेष बल देने के कारण गीता को योग शास्त्र कहा गया है। मन के तीन अंग- ज्ञानात्मक, भावात्मक और क्रियात्मक, के अनुरूप गीता में ज्ञानयोग, भक्तियोग और कर्मयोग का समन्वय मिलता है। भारतीय दर्शन के विभिन्न सम्प्रदायों ने इन तीनों में से किसी एक योग मार्ग को मोक्ष का मार्ग माना है परन्तु गीता इन तीनों को समन्वित करके मोक्ष का मार्ग दर्शाती है। एक ओर वह आध्यात्मिक ज्ञान अर्थात् ज्ञान योग के द्वारा अज्ञानता को समाप्त करके मोक्ष प्राप्ति का मार्ग प्रशस्त करती है, वहीं दूसरी ओर ईश्वर के प्रति प्रेम, आत्मसमर्पण को नम्रता और भक्ति के द्वारा भी मोक्ष प्राप्ति को सम्भव मानती है। निष्काम भाव से भक्ति करने पर ही भक्त को ईश्वर के साथ साक्षात्कार करने का मौका मिलता है। इन दोनों मार्गों के अलावा गीता कर्मयोग का वर्णन करती है। वास्तव में कर्मयोग ही गीता का मुख्य उपदेश है।
2. **ईश्वर**- गीता में ईश्वर को परमसत्य, अनन्त, ज्ञान स्वरूप, शाश्वत और ब्रह्म से भी ऊँचा माना गया है। वहीं विश्व की नैतिक व्यवस्था को कायम रखता है। वही कर्मफलदाता है। गीता में ईश्वर को पुरूषोत्तम, परमात्मा और परमब्रह्म कहा गया है। गीता में ईश्वर के विषय में सर्वेश्वरवाद, ईश्वरवाद तथा निमित्तोपादानेश्वरवाद तीनों के उदाहरण मिलते हैं।
3. **जीवात्मा**- गीता में जीवात्मा को ईश्वर का एक अंश कहा गया है। वह कर्ता है। वह शरीरधारी आत्मा है। वह अमर है। वह अजन्मा, नित्य, शाश्वत और पुरातन है। उसे न शस्त्र काट सकते हैं, न आग जला सकती है, न पानी भिगा या गला सकता है, न ही वायु सुखा सकती है। जिस प्रकार मनुष्य पुराने वस्त्रों को छोड़कर नये वस्त्र धारण करता है, उसी प्रकार देही अर्थात् शरीर का स्वामी आत्मा पुराने शरीर को त्यागकर नये शरीर को धारण कर लेती है।
4. **मोक्ष**- गीता में मोक्ष को चरम लक्ष्य माना गया है। यह आत्मा के परमात्मा से संयुक्त होने का नाम है। मोक्ष को निस्त्रैगुण्य कहा गया है, क्योंकि मोक्ष की अवस्था में तीनों गुण अर्थात् सत्व, रजस् और तमस् का अभाव रहता है। मोक्ष की प्राप्ति एक जीवन के कर्मों से नहीं बल्कि अनेक जीवन के कर्मों के सम्मिलित प्रभाव से होती है। मोक्ष की प्राप्ति के पूर्व जीवात्मा को जन्म-जन्मान्तर में भटकना पड़ता है। गीता में मोक्ष की प्राप्ति के लिए इन्द्रियों पर नियंत्रण करने पर बल दिया गया है। इसके लिए ज्ञान, कर्म और भक्ति, में से कोई भी मार्ग अपनाया जा सकता है।

महाभारत कथा

कहा गया है कि अन्य अवतार तो भगवान के कलावतार है, पर श्रीकृष्ण भगवान के पूर्णावतार है-"एते चांषकला पुंसः कृष्णस्तु भगवान स्वयम्।" वे सभी अवतारों में सब से अधिक लोकप्रिय हैं तथा लोगों की श्रद्धा को सब से अधिक आकर्षित करते हैं। ऐसा कोई हिन्दू न होगा जो उनका नाम न जानता हो। श्रीकृष्ण वृष्णि कुल में वसुदेव और देवकी के पुत्र के रूप में पैदा हुए थे। उनकी नसों में राजवंश का रक्त प्रवाहित हो रहा था। देवकी कंस की बहिन थी। कंस निर्दयता और दुष्टता का जीता जागता विग्रह था। जब वह रथ में अपनी सद्यः परिणीता बहिन और उसके पति को बिठाकर ले जा रहा था। तो उसने एक वाणी सुनी, "अरे मूर्ख इस दम्पति की आठवीं सन्तान तेरे लिए काल बनेगी।" बस, त्योंहि वह अपनी बहिन को मारने के लिए झपट पड़ा पर वसुदेव ने उसे यह कहकर समझा बुझाकर शान्त किया कि वे अपनी सभी सन्तानों को जैसे-जैसे उनका जन्म होगा, कंस को लाकर सौप देंगे। श्रीकृष्ण के जन्म के ठीक पूर्व वसुदेव और देवकी को कैद कर लिया गया और उन्हें बेड़ियों में अच्छी तरह जकड़ लिया गया। मुक्तिदाता भगवान का जन्म मथुरा के कारागार में हुआ। भगवान विष्णु ही धरती को अधर्म और पाप के भार से मुक्त करने के लिए तथा साधकों को प्रकाश और मार्गदर्शन देने के लिए अवतीर्ण हुए। उनकी दैवी माया से प्रहरी निद्राग्रस्त हो गये, वसुदेव की बेड़ियाँ खुल गयी और फाटक खुल गये तथा शिशु को यमुना के दूसरी ओर गोकुल में नन्द के यहाँ सुरक्षित रूप से पहुँचा दिया गया और उसके बदले उनकी नवजात कन्या को ले आया गया।

ज्योंही अत्याचारी कंस को देवकी की सन्तान के जन्म की खबर मिली त्योंही वह अपने भावी वधकर्ता को अपने हाथों से मार डालने के लिए कारागार की ओर लपका पर उसे यह देखकर अत्यंत आश्चर्य हुआ कि शिशु तो एक कन्या है। तथापि भविष्यवाणी की स्मरण कर उसने कन्या को हाथ में लेकर ज्योंही मारना चाहा, वह उसके हाथ से छूटकर उपर आकाश में चली गयी और बोली "जो तुझे मारेगा, वह तो गोकुल में पल रहा है।" यह सुनकर कंस आपे से बाहर हो गया और उसने आदेश निकाली कि मथुरा और उसके आसपास के क्षेत्रों के सभी शिशुओं की हत्या कर दी जाए। पर जिनका जन्म अधर्म का नाश कर धर्म के संस्थापन के लिए हुआ था। वे सुरक्षित रहे और उन्होंने कंस के उन्हें मारने के सारे प्रयासों को विफल कर दिया। अन्त में दुराचार और पाप की प्रतिमूर्ति कंस, कृष्ण के द्वारा मारा गया और कंस के पिता उग्रसेन राज सिंहासन पर बैठे। कृष्ण का शैशव चमत्कारों से भरा था। सामान्य जन के लिए तो वे अत्यन्त रहस्यमय थे, पर स्वयं भगवान श्रीकृष्ण के लिए तो वह सब खेल था। एक दिन श्रीकृष्ण ने खेल-खेल में कुछ मिट्टी खा ली। धात्री माता यशोदा ने मिट्टी निकालने के लिए उनका मुँह खुलवाया और उन्होंने अत्यंत विस्मयविमूढ़ होकर देखा कि सारा ब्रह्माण्ड वहाँ विद्यमान है। वे इस अद्भुत दृश्य से आश्चर्य विजड़ित ही थीं कि कृष्ण हँसे और उन्होंने अपना सहज रूप धारण कर लिया। कृष्ण मथुरा से कुछ मील दूर स्थित वृन्दावन में चले आये जहाँ गोप-गोपियाँ उनके सहचर थे। गोपियों में मुख्य श्रीराधा थी। कृष्ण के प्रेम में राधा अपनी सुध-बुध बिसार बैठी। "हिन्दूओं के लिए राधा का तीव्र अनुराग अवर्णनीय दैवी सत्ता के प्रति मानवात्मा के उत्कट प्रेम का आदर्श है।" कुछ वर्षों के बाद कृष्ण ने एक नये युगकार्य के आह्वान का अनुभव किया और वे गुजरात के समुद्रतटीय नगर द्वारका में चले आये। उन्होंने अपने नवगठित राज्य का शासन अपने सम्बंधी वृष्णिओं को सौप दिया यद्यपि वे स्वयं एक महान योद्धा, बुद्धिमान, कुटनीतिज्ञ और विवेकवान राजनीतिज्ञ थे, किन्तु उन्होंने कभी भी सिंहासन ग्रहण नहीं किया। उन्होंने अनेक राज्यों को जीता पर उन्होंने दूसरो को दे दिया यद्यपि वे प्रायः अत्यंत कर्मसंकुलता के मध्य देखे जाते थे, तथापि वे सदैव प्रशान्त और अविचलित रहे। यद्यपि वे सदैव कर्मरत रहे पर वे सदा पूर्ण रूप से अनासक्त ही बने रहे। कुरूक्षेत्र के महान धर्मयुद्ध के सद्य पूर्व जब अर्जुन ने अपने अग्रजों और आत्मीय स्वजनों को मरने-मारने के लिए तत्पर देखा, तब वे प्रगाढ़ विषाद से भर गये तथा मोहित होकर विलाप करने लगे। अर्जुन की इस नपुंसकता और मोह को दूर करने के लिए भगवान श्रीकृष्ण ने युद्धक्षेत्र में अर्जुन को शान्त और आनन्द के अक्षय स्त्रोत महान गीता का उपदेश दिया। गीता में सात सौ श्लोक अठ्ठारह अध्यायों में विन्यस्त है। युधिष्ठिर का राज्याभिषेक करने के उपरान्त श्रीकृष्ण वापस द्वारका लौटे। वहाँ कुछ समय के बाद वृष्णिवंशियों के बीच गृह युद्ध छिड़ गया वे एक दूसरे पर टूट पड़े और नष्ट हो गये। इन घटनाओं को अनिवार्य विधिविधान मानकर श्रीकृष्ण ने अनासक्त रूप से उनका अवलोकन किया। अपने लीलासंवरण का समय आसन्न जानकर उन्होंने अपने मन और इन्द्रियों को योग में निमज्जित किया तथा वे एक वृक्ष के नीचे धरती पर लेट गये। कुछ दूर से एक व्याध ने भ्रम से उनके पाटलाभ चरणों को झुका हिरण समझकर उसकी ओर तीर का सन्धान किया, जिसने भगवान के चरण को बीध डाला। समीप आने पर व्याध को अपनी भयंकर त्रुटि का भान हुआ और वह शोक से भर उठा किन्तु भगवान ने उसे मुस्कराते हुए आशीर्वाद प्रदान किया तथा इसके बाद ही उन्होंने अपनी देह का परित्याग कर दिया। इस प्रकार समस्त अवतारों में महान श्रीकृष्ण ने पापों के विनाश और धर्म की संस्थापना के अपने महान एवं दैवी युगकार्य को पूर्ण कर अपने नाशवान शरीर का परित्याग किया। यद्यपि सहस्त्रों वर्ष व्यतीत हो चुके है पर भगवान श्रीकृष्ण की स्मृति आज भी कोटि-कोटि भक्तों के हृदयों में चिरनवीन बनी हुई है। वे समस्त अन्धकार का विनाश करें तथा सब पर अपने शुभ आशीर्वाद का वर्षण करे!

महाभारत चन्द्रवंशियों के दो परिवारों कौरव और पाण्डव के बीच हुए युद्ध का वृतांत है। 100 कौरव भाइयों और पाँच पाण्डव भाइयों के बीच भूमि के लिए जो संघर्ष चला उससे अंततः महाभारत युद्ध का सृजन हुआ। महाभारत की कथा कुरूवंश की उत्पत्ति और पाण्डु का राज्य अभिषेक, पाण्डवों का जन्म तथा लाक्षागृह षडयंत्र, द्रौपदी स्वयंवर, इन्द्रप्रस्थ की स्थापना, द्रौपदी का अपमान और पाण्डवों का वनवास, शान्तिदूत श्रीकृष्ण, युद्ध आरम्भ तथा गीता उपदेश, भीष्म और द्रोण वध, कर्ण और शल्य वध, दुर्योधन वध और महाभारत युद्ध की समाप्ति, यदुकुल का संहार और पाण्डवों का महाप्रस्थान के क्रम में चलती है। जिसमें निम्नलिखित मुख्य पात्र होते हैं-

01.अभिमन्यु- अर्जुन के वीर पुत्र जो कुरूक्षेत्र युद्ध में वीरगति को प्राप्त हुये।
02.अम्बा - शिखन्डी पूर्वजन्म में अम्बा नामक काशी का राजकुमारी था।
03.अम्बिका - विचित्रवीर्य की पत्नी, अम्बा और अम्बालिका की बहन।
04.अम्बालिका - विचित्रवीर्य की पत्नी, अम्बा और अम्बिका की बहन।
05.अर्जुन - देवराज इन्द्र द्वारा कुन्ती एवं पाण्डु का पुत्र। एक अतुलनिय धनुर्धर जिसको श्रीकृष्ण ने श्रीमद्भगवद्गीता का उपदेश दिया था।
06.वभ्रुवाहन - अर्जुन व चित्रांग्दा का पुत्र।
07.बकासुर - महाभारत काव्य में एक असुर जिसको भीम ने मार कर एक गाँव के वासियों की रक्षा की थी।
08.भीष्म - भीष्म का नामकरण, देवव्रत के नाम से हुआ था। वे शान्तनु एवं गंगा के पुत्र थे। जब देवव्रत ने अपने पिता की प्रसन्नता के लिए आजीवन ब्रह्मचारी रहने का प्रण लिया, तब से उनका नाम भीष्म हो गया।
09.द्रौपदी - द्रुपद की पुत्री जो अग्नि से प्रकट हुई थी। द्रौपदी पाँचों पाण्डवों की अर्धांगिनी थी और उसे आज प्राचीनतम् नारीवादिनीयों में एक माना जाता है।
10.द्रोण - हस्तिनापुर के राजकुमारों को शस्त्र विद्या देने वाले ब्राह्मण गुरू व अश्वथामा के पिता। ये विश्व के प्रथम "टेस्ट-ट्यूब बेबी" थे। द्रोण एक प्रकार का पात्र होता है।
11.द्रुपद - पांचाल के राजा और द्रौपदी एवं धृष्टद्युम्न के पिता। द्रुपद और द्रोण बाल्यकाल के मित्र थे।
12.दुर्योधन - कौरवों में ज्येष्ठ। धृतराष्ट्र एवं गांधारी के 100 पुत्रों में सबसे बड़े।
13.दुःशासन - दुर्योधन से छोटा भाई जो द्रौपदी को हस्तिनापुर राज्यसभा में बालों से पकड़कर लाया था। कुरूक्षेत्र युद्ध में भीम ने दुःशासन की छाती का रक्त पिया था।
14.एकलव्य - द्रोण का एक महान शिष्य जिससे गुरूदक्षिणा में द्रोण ने उसका अंगूठा माँगा था।
15.गांडीव - अर्जुन का धनुष। जो कई मान्यताओं के अनुसार उनको अग्नि देव ने दिया था।
16.गंधारी - गंधार के राजा की पुत्री और धृतराष्ट्र की पत्नी।
17.जयद्रथ - सिन्धु के राजा और धृतराष्ट्र के दामाद। कुरूक्षेत्र युद्ध में अर्जुन ने जयद्रथ का शीश काटकर वध किया था।
18.कर्ण - सूर्यदेव एवं कुन्ती के पुत्र और पाण्डवों के सबसे बड़े भाई। कर्ण दानवीर कर्ण के नाम से भी जाना जाता है। कर्ण, कवच और कुण्डल पहने हुए पैदा हुए थे और उनका दान इंद्र को किया था।
19.कृपाचार्य - हस्तिनापुर के ब्राह्मण गुरू। इनकी बहन कृपि का विवाह द्रोण से हुआ था।
20.कृष्ण - देवकी की आठवीं सन्तान जिसने अपने मामा कंस का वध किया था। भगवान कृष्ण ने अर्जुन को कुरूक्षेत्र युद्ध के प्रारम्भ में गीता उपदेश दिया था। श्रीकृष्ण, भगवान विष्णु के आठवें अवतार थे।
21.कुरूक्षेत्र - वह क्षेत्र जहाँ महाभारत का महान युद्ध हुआ था। यह क्षेत्र भारत के हरियाणा में स्थित है।
22.पाण्डव - पाण्डु की कुन्ती और माद्री से सन्तानें। यह पाँच भाई थे- युद्धिष्ठिर, भीम, अर्जुन, नकुल और सहदेव।
23.परशुराम - अर्थात् परशु वाले राम। वे द्रोण, भीष्म और कर्ण जैसे महारथियों के गुरू थे। वे भगवान विष्णु के छठवें अवतार थे।
24.शल्य - नकुल और सहदेव की माता माद्री के भाई।
25.उत्तरा - राजा विराट की पुत्री। अभिमन्यु की धर्मपत्नी।
26.महर्षि व्यास - महाभारत महाकाव्य के लेखक। पराशर और सत्यवती के पुत्र। इन्हें कृष्ण द्वैपायन के नाम से भी जाना जाता है क्योंकि वे कृष्णवर्ण के थे तथा उनका जन्म एक द्वीप में हुआ था।

ऐतिहासिक एवं भाषाई प्रमाण

1. **1000 ईसा पूर्व** - महाभारत में गुप्त और मौर्य कालीन राजाओं तथा जैन (1000-700 ई0पू0) और बौद्ध धर्म (700-200 ई0पू0) का भी वर्णन नहीं आता। साथ ही शतपथ ब्राह्मण (1100 ई0पू0) एवं छान्दोग्य उपनिषद् (1000 ई0पू0) में भी महाभारत के पात्रों का का वर्णन मिलता है। अतएव यह निश्चित तौर पर 1000 ई0पू0 से पहले रची गयी होगी।
2. **600-400 ईसा पूर्व** - पाणिनी द्वारा रचित अष्टाध्यायी (600-400 ई0पू0) में महाभारत और भारत दोनों का उल्लेख है तथा इसके साथ-साथ श्रीकृष्ण एवं अर्जुन का भी सन्दर्भ आता है अतएव यह निश्चित है कि महाभारत और भारत पाणिनी के काल के बहुत पहले से ही अस्तित्व में रहे थे।
3. **प्रथम शताब्दी** - यूनान के पहली शताब्दी के राजदूत डियो क्रायसोसटम यह बताते है कि दक्षिण भारतीयों के पास एक लाख श्लोकों का एक ग्रन्थ है, जिससे यह पता चलता है कि महाभारत पहली शताब्दी में भी एक लाख श्लोकों का था। महाभारत की कहानी को ही बाद के मुख्य यूनान ग्रन्थों इलियड और ओडिसी में बार-बार अन्य रूप से दोहराया गया, जैसे धृतराष्ट्र का पुत्र मोह, कर्ण-अर्जुन प्रतिस्पर्धा आदि। संस्कृत की की सबसे प्राचीन पहली शताब्दी की एम.एस.स्पित्जर पाण्डुलिपि में भी महाभारत के 18 पर्वों की अनुक्रमणिका दी गयी है, जिससे यह पता चलता है कि इस काल तक महाभारत 18 पर्वों में प्रसिद्ध थी, यद्यपि 100 पर्वों की अनुक्रमणिका बहुत प्राचीन काल में प्रसिद्ध रही होगी, क्योंकि वेदव्यास जी ने महाभारत की रचना सर्वप्रथम 100 पर्वों में की थी, जिसे बाद में सूत जी ने 18 पर्वों के रूप में व्यवस्थित कर ऋषियों को सुनाया था।
4. **पाँचवी शताब्दी** - महाराजा शरवन्थ के 5वीं शताब्दी के तांबे की स्लेट पर पाये गये अभिलेख में महाभारत को एक लाख श्लोकों की संहिता बताया गया है।

पुरातत्व प्रमाण (1900 ई0पू0 से पहले)

1. **सरस्वती नदी** - प्राचीन वैदिक सरस्वती नदी का महाभारत में कई बार वर्णन आता है, बलराम जी द्वारा इसके तट के समान्तर प्लक्ष पेड़ (प्लक्षप्रस्त्रवण, यमुनोत्री के पास) से प्रभास क्षेत्र (वर्तमान कच्छ का रण) तक तीर्थयात्रा का वर्णन भी महाभारत में आता है। कई भू-विज्ञानी मानते हैं कि वर्तमान सूखी हुई घग्गर-हकरा नदी ही प्राचीन वैदिक सरस्वती नदी थी, जो 5000-3000 ईसा पूर्व पूरे प्रवाह से बहती थी और लगभग 1900 ईसा पूर्व में भूगर्भी परिवर्तनों के कारण सूख गयी थी। ऋग्वेद में वर्णित प्राचीन वैदिक काल में सरस्वती नदी को नदीतमा की उपाधि दी गई थी। उनकी सभ्यता में सरस्वती नदी ही सबसे बड़ी और मुख्य नदी थी, गंगा नहीं। भूगर्भी परिवर्तनों के कारण सरस्वती नदी का पानी गंगा में चला गया, और कई विद्वान मानते हैं कि इसी कारण गंगा के पानी की महिमा हुई। इस घटना को बाद के वैदिक साहित्यों में वर्णित हस्तिनापुर के गंगा द्वारा बहाकर ले जाने से भी जोड़ा जाता है क्योंकि पुराणों में आता है कि परीक्षित की 28 पीढ़ीयों के बाद गंगा में बाढ़ आ जाने के कारण सम्पूर्ण हस्तिनापुर पानी में बह गया और बाद की पीढ़यों ने कौशाम्बी को अपनी राजधानी बनाया। महाभारत में सरस्वती नदी के विनान्श्र नामक तीर्थ पर सूखने का सन्दर्भ आता है जिसके अनुसार मलेच्छों से द्वेष होने के कारण सरस्वती नदी ने मलेच्छ (सिंध के पास) प्रदेशों में जाना बंद कर दिया।
2. **द्वारका** - भारतीय पुरातत्व सर्वेक्षण विभाग ने गुजरात के पश्चिमी तट पर समुद्र में डूबे 4000-3500 वर्ष पुराने शहर खोज निकाले हैं। इनको महाभारत में वर्णित द्वारका के सन्दर्भों से जोड़ा गया है। प्रो.एस.आर.राव ने कई तर्क देकर इस नगरी को द्वारका सिद्ध किया है। यद्यपि अभी मतभेद जारी है क्योंकि गुजरात के पश्चिमी तट पर कई अन्य 7500 वर्ष पुराने शहर भी मिल चुके हैं।

महाभारत में भारत के अतिरिक्त विश्व के कई अन्य भौगोलिक स्थानों का सन्दर्भ भी आता है जैसे चीन का गोबी मरूस्थल, मिस्र की नील नदी, लाल सागर तथा इसके अतिरिक्त महाभारत के भीष्म पर्व के जम्बूखण्ड-विनिर्माण पर्व में सम्पूर्ण पृथ्वी का मानचित्र भी बताया गया है, जो निम्नलिखित है- "हे कुरूनन्दन! सुदर्शन नामक यह द्वीप चक्र की भाँति गोलाकार स्थित है, जैसे पुरूष दर्पण में अपना मुख देखता है उसी प्रकार यह द्वीप चन्द्रमण्डल में दिखायी देता है। इसके दो अंशों में पिप्पल और दो अंशों में महान शश (खरगोश) दिखायी देता है।" अब यदि इस संरचना को कागज पर बनाकर व्यवस्थित करे तो हमारी पृथ्वी का मानचित्र बन जाता है, जो हमारी पृथ्वी के वास्तविक मानचित्र से बहुत समानता दिखाता है।

भारतीय विद्वान पी.वी.वारटक महाभारत में वर्णित ग्रह-नक्षत्रों की आकाशीय गणनाओं के आधार पर इसे 16 अक्टुबर, 5561 ई0पू0 में आरम्भ हुआ मानते हैं। उनके अनुसार यूनान के राजदूत मेगस्थनीज ने अपनी पुस्तक "इण्डिका" में अपनी भारत यात्रा के समय जमुना (यमुना) के तट पर बसे मेथोरा (मथुरा) राज्य में शूरसेनियों से भेंट का वर्णन किया था। मेगस्थनीज ने यह बताया था कि ये शूरसेनी किसी हेराकल्स नामक देवता की पूजा करते थे और ये हेराकल्स काफी चमत्कारी पुरूष होता था तथा चन्द्रगुप्त से 138 पीढ़ी पहले था। हेराकल्स ने कई विवाह किए और कई पुत्र उत्पन्न किये परन्तु उसके सभी पुत्र आपस में युद्ध करके मारे गये। यहाँ ये स्पष्ट है कि ये हेराकल्स, श्रीकृष्ण ही थे, विद्वान इन्हें हरिकृष्ण कह कर श्रीकृष्ण से जोड़ते हैं क्योंकि श्रीकृष्ण चन्द्रगुप्त से 138 पीढ़ी पहले थे तो यदि एक पीढ़ी को 20-30 वर्ष दें तो 5600-3100 ई0पू0 श्रीकृष्ण का जन्म समय निकलता है। अतः इस आधार पर महाभारत का युद्ध 5600-3100 ई0पू0 के समय हुआ होगा।

इन सम्पूर्ण तथ्यों से यह माना जा सकता हे कि महाभारत 3000 ईसा पूर्व या निश्चित तौर पर 1900-1000 ईसा पूर्व रची गयी होगी, जो महाभारत में वर्णित ज्योतिषिय तिथियों, भाषाई विश्लेषण, विदेशी सूत्रों एवं पुरातत्व प्रमाणों से मेल खाती है। परन्तु आधुनिक संस्करण की रचना 600-200 ईसा पूर्व हुई होगी। अधिकतर अन्य वैदिक साहित्यों के समान ही यह महाकाव्य भी पहले वाचिक परम्परा द्वारा हम तक पीढ़ी दर पीढ़ी पहुँचा और बाद में छपाई की कला के विकसित होने से पहले ही इसके बहुत से अन्य भौगोलिक संस्करण भी हो गये, जिनमें बहुत सी ऐसी घटनायें हैं जो मूल कथा में नहीं दिखती या फिर किसी अन्य रूप में दिखती है।

सार्वभौम सत्य-सिद्धान्त अनुसार "महाभारत"

दृश्य काल के व्यक्तिगत प्रमाणित काल में व्यक्तिगत प्रमाणित पूर्ण दृश्य सत्य चेतना से युक्त भक्ति और प्रेम आधारित द्वापर युग में क्षत्रिय जाति में जन्में और यादव जाति में पले विष्णु के आठवें अवतार - योगेश्वर श्री कृष्ण अवतार के जन्म तक वर्णाश्रम के चार नेतृत्व-मन खण्ड-खण्ड जन्म आधारित होकर अनेक नेतृत्व मनों जातियों में स्थापित हो चुकी थी। परिणामस्वरूप मूल मानव जाति उसमें खो चुकी थी। "परशुराम-परम्परा" टूट रही थी,जहाँ थी वहाँ भी ब्राह्मण धर्म-अर्धम की व्याख्या करने में असमर्थ, जनसंख्या और समस्याओं के बढ़ने के कारण एकतन्त्रात्मक विचार को स्वीकार न करने की ओर बढ़ रही थी। बहुदेववाद भी मनों को अलग कर रखा था। देश-सम्बन्ध, रिश्ता-सम्बन्ध पूर्ण रूप से टूटकर, रक्त सम्बन्ध टूटते हुये तेजी से प्रसार की ओर था। ऐसी स्थिति में कृष्ण की आत्मा व्यक्तिगत प्रमाणित सत्य-चेतना अर्थात् स्वयं द्वारा निर्मित परिस्थितियों में प्राथमिकता से भूतकाल का ज्ञान और भविष्य की आवश्यकतानुसार वर्तमान में कार्य करते हुये अपने उद्देश्यों को व्यक्तिगत रूप से उस समय व्यक्त करना जब उद्देश्य पूर्ण होने में कोई संदेह न हो, में स्थापित हो गयी। और वे कर्तव्य पथ पर अग्रसर हुये परिणामसवरूप श्रद्धेय श्रेष्ठजनों से श्रद्धा रखते हुये उनके प्रभाव से मुक्त रहकर कार्य करना, सम्पर्क में आये हुये सभी नर-नारियों को दास्य, संख्य, वात्सल्य, मधुर और अवैध प्रेम में स्वयं को मुक्त रखते हुये बाँध देना, अपने बड़े भाई बलराम को हल व मूसल धारण कराना, रूक्मिणी के स्वयंवर चुनने पर स्वयं अपना हरण करवा उसे प्रधानता देते हुये पूर्ण गृहस्थ सुख भोग करना, मानक गणराज्य या समाज के रूप में द्वारिका का निर्माण करना, साध्य (गणराज्य) को व्यक्त और साधन (प्रजा, सेना और गणराज्यों के राजा) दोनों का अव्यक्त प्रयोग या भोग करते हुये एकतन्त्रात्मक राजाओं के चरित्र का सार्वजनिक प्रदर्शन करवाकर उनका वध या पक्ष निर्धारण करना, सभी नेतृत्वकर्ता मनों अर्थात् जातियों के स्थायी एकीकरण सहित कर्म की ओर प्रेरित करने के लिए सम्पूर्ण उपनिषदों का सार-व्यक्तिगत प्रमाणित गीतोपनिषद् सहित अव्यक्त (निराकार) एवं व्यक्त (साकार) ऐकेश्वरवाद की स्थापना करने के लिए स्वयं को व्यक्तिगत प्रमाणित ईश्वर योगेश्वर रूप में प्रस्तुत करना इत्यादि सम्भव हो सका। कृष्ण का सम्पूर्ण जीवन विवशतावश हिंसात्मक प्रधान हो गणराज्य की स्थापना में लगा रहा और अन्त में उनके द्वारा स्थापित व्यवस्था उनके जीवन में ही नष्ट हो गयी।

ईश्वर के आठवें प्रत्यक्ष एवम प्रेरक व्यक्तिगत प्रमाणित पूर्णावतार श्री कृष्ण तथा विष्णु (एकात्व वाणी, ज्ञान ,कर्म व प्रेम) के पूर्णावतार के रुप में व्यक्त श्री कृष्ण का मुख्य गुण आर्दश सामाजिक व्यक्ति का चरित्र तथा अवतारी गुणों में साकार शरीर आधारित "परशुराम परम्परा" की असफलता को देखते हुये उसका नाश करके निराकार नियम आधारित "परशुराम परम्परा" को प्रारम्भ किये। जिसके लिऐ वे मानक सार्वभौम सत्य ज्ञान-गीतोपनिषद् व्यक्त किये।

श्रीकृष्ण का नाम बेचने वाले सिर्फ भक्ति में ही लीन हैं। उनके मूल कार्य मानक सार्वभौम सत्य ज्ञान तथा निराकार नियम आधारित "परशुराम परम्परा" का नाम ही नहीं लेते जबकि भारत तथा विश्वस्तर पर गणराज्य का स्वरुप निम्नलिखित रुप में व्यक्त हो चुका है।

भारत में निम्लिखित रुप व्यक्त हो चुका था।

1. ग्राम, विकास खण्ड, नगर, जनपद, प्रदेश और देश स्तर पर गणराज्य और गणसंघ का रुप।
2. सिर्फ ग्राम स्तर पर राजा (ग्राम व नगर पंचायत अध्यक्ष) का चुनाव सीधे जनता द्वारा।
3. गणराज्य को संचालित करने के लिए संचालक का निराकार रुप- संविधान।
4. गणराज्य के तन्त्रों को संचालित करने के लिए तन्त्र और क्रियाकलाप का निराकार रुप-नियम और कानून।
5. राजा पर नियन्त्रण के लिए ब्राह्मण का साकार रुप- राष्ट्रपति, राज्यपाल, जिलाधिकारी इत्यादि।

विश्व स्तर पर निम्नलिखित रुप व्यक्त हो चुका था।

1. गणराज्यों के संघ के रुप में संयुक्त राष्ट्र संघ का रुप।
2. संघ के संचालन के लिए संचालक और संचालक का निराकार रुप- संविधान।

3. संघ के तन्त्रों को संचालित करने के लिए तन्त्र और क्रियाकलाप का निराकार रुप- नियम और कानून।
4. संघ पर नियन्त्रण के लिए ब्राह्मण का साकार रुप-पाँच वीटो पावर।
5. प्रस्ताव पर निर्णय के लिए सदस्यों की सभा।
6. नेतृत्व के लिए राजा- महासचिव।

श्रीकृष्ण की दिशा से शेष कार्य मानक सार्वभौम कर्मज्ञान का प्रस्तुतीकरण द्वारा नियम आधारित "परशुराम परम्परा" को पूर्णता प्रदान करना है। जिसके लिए निम्नलिखित की आवश्यकता है-

1. गणराज्य या लोकतन्त्र के सत्य रुप- गणराज्य या लोकतन्त्र के स्वरुप का विश्वमानक।
2. राजा और सभा सहित गणराज्य पर नियन्त्रण के लिए साकार ब्राह्मण का निराकार रुप- मन का विश्वमानक।
3. गणराज्य के प्रबन्ध का सत्य रुप- प्रबन्ध का विश्वमानक।
4. गणराज्य के संचालन के लिए संचालक का निराकार रुप- संविधान के स्वरुप का विश्वमानक।
5. साकार ब्राह्मण निर्माण के लिए शिक्षा का स्वरुप- शिक्षा पाठ्यक्रम का विश्वमानक।

यहाँ ध्यान देने योग्य यह है कि कृष्ण के समय अधिकतम राज्य एकतन्त्रात्मक थी और उनका प्रसार भी तेजी से बढ़ रहा था। ऐसे में उन्हें ज्ञान द्वारा समझाकर गणराज्यों की स्थापना नहीं हो सकती थी। जो राज्य गणराज्य थे वहाँ भी राजाओं के नियन्त्रण के लिए नियुक्त ब्राह्मण भी धर्म-अधर्म की व्याख्या करने में असफल हो चुके थे। विवशतावश उनके समक्ष हिंसा का एक मात्र रास्ता ही शेष था। परिणामस्वरूप उन्होंने व्यक्तिगत रूप से मानसिक वध तथा सार्वजनिक रूप से शारीरिक वध की नीति अपनायी। कृष्ण जानते थे कि राजा के चरित्र का सार्वजनिक प्रदर्शन करा उनके प्रजा को अपनी ओर आकर्षित किया जा सकता है क्योंकि प्रजा, राजा के आदेश को वाध्यतावश मानती है, उनके अन्तरात्मा को आदेश द्वारा नियन्त्रित नहीं किया जा सकता। परिणास्वरूप प्रजा का अदृश्य रूप से आत्मबल मेरी ओर हो जायेगा। अर्थात् मानसिक वध हो जायेगा। सिर्फ शारीरिक बल ही उनकी ओर रहेगा, और आत्मबल ही मूल है। इस ज्ञान का लाभ व्यावहारिक जीवन में प्रयोग करते हुये वे एकतन्त्रात्मक राजाओं के समक्ष स्वयं परिस्थिति उत्पन्न कर या गणराज्यों के राजा द्वारा उसे उत्पन्न करवा उनके चरित्र का सार्वजनिक प्रदर्शन चरम सीमा तक होने देकर, आवश्यक समझने पर स्वयं वध करते थे या राजाओं द्वारा वध करवाते थे या भविष्य के लिए छोड़ देते थे जिससे सर्वोच्च और अन्तिम युद्ध-महाभारत में सभी कृष्ण विरोधी एक पक्ष में हो जाये। उनका सम्पूर्ण लक्ष्य उस समय के सबसे बड़े राज्य हस्तिनापुर से ही पूर्ण हो सकता था इसलिए वहाँ वे अपनी उपस्थिति बनाये रखने के लिए रिश्ता, मित्रता, गुरू, दूत इत्यादि विभिन्न चरित्रों से जुड़ गये थे। जब कौरव और पाण्डवों के बीच युद्ध निश्चित हो गया तब वे अपने एकात्मज्ञान और एकात्मध्यान शक्ति की अटलनीय सफलता को देखते हुये उन्होंने कौरवों पक्ष के माँगने पर अपनी सेना स्वेच्छा से यह जानते हुये दे दिये कि उनका आत्मबल तो मेरे ही साथ है। और पाण्डव पक्ष के स्वयं उन्हें माँग लिये जाने पर शस्त्र न उठाने की प्रतिज्ञा के साथ अर्जुन का सारथी इसलिए बन गये कि पाण्डवों की मुख्य शक्ति अर्जुन में ही नीहित थी, जिसके कारण युद्ध में पराजय, पलायन और आत्मबल कमजोर पड़ सकता था, युद्ध न होने के इस अन्तिम कारण को भी वे वश में कर युद्ध की अटलनीयता को मजबूती प्रदान कर दिये थे। इस स्थिति तक लाने में पक्षों का विभाजन कृष्ण ने इस प्रकार कर रखा था कि शारीरिक-शक्ति दोनों पक्षों का लगभग बराबर हो और आत्मबल पाण्डव पक्ष में हो जिससे युद्ध लम्बी अवधि तक चलकर सम्पूर्ण एकतन्त्रात्मक राज्य का नाश किया जा सके और पुनः नये सिरे से मानव की सृष्टि गीता ज्ञान द्वारा एकीकरण एवम् निराकार एवम् साकार ऐकेश्वरवाद की स्थापना द्वारा किया जा सके। युद्ध और विजय की सुनिश्चितता इसलिए आवश्यक थी कि तब तक कृष्ण के सम्पूर्ण योजना को दोनों पक्ष समझने लगे थे और युद्ध न होने या पराजय की स्थिति में कृष्ण ही संकट में आ जाते और जीवन भर का परिश्रम और उद्देश्य भी सफल न हो पाता। परन्तु युद्ध क्षेत्र में अर्जुन के अन्दर मोह से उत्पन्न वैराग्य के कारण जो गीता ज्ञान सार्वजनिक रूप से युद्धोपरान्त व्यक्त करना चाहते थे उसे विवशतावश अर्जुन को कर्म अर्थात् युद्ध की ओर प्रेरित करने के लिए व्यक्तिगत रूप से व्यक्त करना पड़ा। परिणामस्वरूप युद्धोपरान्त सार्वजनिक प्रजा ज्ञान की महत्ता स्वीकार करने में

असमर्थ हो निष्क्रिय-निर्जिव-अपुरूषार्थी और असहाय हो गयी। परिणामस्वरूप उनकी व्यवस्था यहाँ तक कि स्वयं उनका यदुवंश भी नष्ट हो गया। और कृष्ण का सम्पूर्ण नीति या पूर्ण मन का कार्य गणराज्य व्यवस्था की सर्वोच्च स्थापना, सन्यास आश्रम, प्रजा को ज्ञान की शिक्षा, सार्वजनिक प्रमाणित साकार ऐकेश्वर ध्यान और मूल मानव जाति की स्थापना के लिए अपूर्ण रह गया। यहाँ ध्यान देने योग्य यह है कि कृष्ण का ज्ञान सहित कर्म की ओर प्रेरित करता गीतोपनिषद् सार्वजनिक रूप से निराकार ऐकेश्वरवाद को ही प्रमाणित करने में सफल रहा क्योंकि ज्ञान की प्रमाणिकता ध्यान अर्थात् काल चिन्तन की प्राथमिकता के साथ सार्वजनिक प्रमाणित हो जाती है। ध्यान अर्थात् काल चिन्तन के साथ ज्ञान की व्यावहारिकता कर्मज्ञान तो कृष्ण के जीवन में था जिसके कारण वे सफल जीवन पूर्णकर व्यक्तिगत रूप से साकार ऐकेश्वर सिर्फ अर्जुन के समझ ही प्रस्तुत किये। सार्वजनिक प्रमाणित साकार ऐकेश्वर के बिना निराकार ऐकेश्वर भी प्रमाणित नहीं हो पाता क्योंकि गुण ही निराकार के उपस्थिति का प्रमाण है। कृष्ण स्वयं को सार्वजनिक प्रमाणित साकार ऐकेश्वर सिद्ध नहीं कर पाये वे ऐसा कर भी नहीं सकते थे क्योंकि फिर वही ज्ञान से सर्वोच्च ध्यान अर्थात् काल चिन्तन, धर्म की लगातार उन्नति, ज्ञान युक्त अवस्था में कर्म तथा स्थायी-स्वस्थ्य सर्वोच्च गणराज्य व्यवस्था स्थापित हो जाती फिर शेष दो विष्णु अवतारों की क्या आवश्यकता रह जाती? कृष्ण "परशुराम-परम्परा" को ही सुधार के साथ स्थापित करना चाहते थे जो एकतन्त्रात्मक राज्यों के नाश के बाद पुनः नये मानव समाज सृष्टि से प्रारम्भ होती, जिसकी आवश्यकता रामावतार में शुद्धात्मा बालकों लव और कुश द्वारा चुनौती दे व्यक्त की जा चुकी थी। रामावतार में श्रद्धेय श्रेष्ठ जनों से प्रभावित जीवन उनके कृष्णावतार में बलराम, कृष्ण, रूक्मणि और सत्यभामा का श्रद्धा पूर्वक श्रद्धेय श्रेष्ठजनों के प्रभाव से मुक्त रहकर व्यतीत हुआ। सीता के मन की पूर्णता रूक्मणि के रूप में कृष्ण के संग सुखमय गृहस्थ जीवन व्यतीत होकर पूर्ण हुआ परन्तु पुत्र शोक के कारण नया उद्देश्य इच्छा उत्पन्न हो गया और उनका मन पुनः अपूर्ण रह गया। लक्ष्मण-बलराम रूप में कृष्ण से बड़े बनकर पूर्णता को प्राप्त हुये। उर्मिला, सत्यभामा रूप में कृष्ण और रूक्मणि की सेवा कर पूर्णता प्राप्त की, परन्तु रूक्मणि के स्थान पर आने की नयी इच्छा ने उसके मन को अपूर्ण कर दिया। जिसका कारण प्रेम में शंका करना था। सीता के सूक्ष्म शरीर के स्थूल शरीर को पहचानने के लिए कृष्ण ने तब तक प्रतीक्षा की जब तक कोई स्वयं उन्हें वर न चुन ले क्योंकि कृष्ण यह जानते थे कि अपूर्ण मन या सूक्ष्म शरीर की पूर्णता के लिए स्थूल शरीर धारण करता है और वह स्वयं वर चुनेगी क्योंकि बल बिना पूर्व जन्म के प्राप्त किये प्रकट नहीं किया जा सकता। यदि ऐसा न होता तो स्वयं कृष्ण प्रेमावतार होते हुये भी उन प्रेमिकाओं में से किसी को अपनी पत्नी रूप में नही चुने बल्कि सभी को व्यक्त सान्निध्य में रख अवैध प्रेम में बाँधकर अपूर्ण कर दिये। ये सभी वह अपूर्ण-मन के स्थूल शरीर थे जो रामावतार के समय अनेक नर-नारियों के मन अव्यक्त रूप से अपूर्ण थे। अनेकों जातियों में मूल मानव जाति के मिश्रित हो जाने से मूल मानव जाति के प्रतीक को उन्होंने यदुवंशी बलराम को हल व मूसल धारण करा अलग प्रस्तुत किया।

जिस प्रकार सीमित मस्तिष्क से असीम या अपने से अधिक मस्तिष्क की सही व्याख्या नहीं की जा सकती उसी प्रकार श्री कृष्ण के मस्तिष्क को समझने के लिए श्रीकृष्ण के मस्तिष्क के बराबर या अधिक स्तर के मस्तिष्क की आवश्यकता होगी। और श्रीकृष्ण ही एक मात्र ऐसे आठवें अवतार हुए जिन्हें समझे बिना मानव संसाधन का विकास असंभव है। यही कारण है कि श्रीकृष्ण जितना भक्ति के योग्य हैं उससे अनन्त गुना अधिक समझने के योग्य हैं। श्रीकृष्ण के मस्तिष्क के स्तर की व्याख्या करने वाले संबुद्ध सद्गुरु आचार्य रजनीश "ओशो" की सत्य दृष्टि संसार में प्रवाहित होने के बावजूद भी अधिकतम मानव का दुर्भाग्य है कि या तो वे उनकी सत्य दृष्टि से अनभिज्ञ हैं या वे समझने के लिए प्रयत्न ही नहीं करते और अपने व्यक्तित्व को संकुचित कर डालते हैं।

यहाँ ओशो द्वारा श्रीकृष्ण के लिए कुछ सत्य दृष्टि प्रस्तुत है ताकि एक मात्र शेष अन्तिम अवतार को पहचानने की दृष्टि निर्मित हो सके। और भविष्य के "मस्तिष्क के प्राथमिकता वाले युग" में जीने के लिए स्वयं को योग्य बना सकें।

श्रीकृष्ण के सम्बन्ध में आचार्य रजनीश "ओशो" की सत्य दृष्टि-

1. कृष्ण का महत्व अतीत के लिए कम भविष्य के लिए ज्यादा है। सच ऐसा है कि कृष्ण अपने समय से कम से कम पाँच हजार वर्ष पहले पैदा हुये। सभी महत्वपूर्ण व्यक्ति अपने समय से पहले पैदा होते हैं और सभी गैर महत्वपूर्ण व्यक्ति अपने समय के बाद पैदा होते हैं। बस महत्वपूर्ण और गैर महत्वपूर्ण में इतना फर्क है और सभी साधारण व्यक्ति अपने समय के साथ पैदा होते हैं महत्वपूर्ण व्यक्ति को समझना आसान नहीं होता। उसका वर्तमान और अतीत उसे समझने में असमर्थता अनुभव करता है जब हम समझने योग्य नहीं हो पाते तब हम उसकी पूजा शुरु कर देते हैं या तो हम उसका विरोध करते हैं। दोनों पूजाएं हैं एक मित्र की एक शत्रु की।" (साभार "ओशो वर्ल्ड" अगस्त, 2001)
2. राम कितने ही बड़े हों, लेकिन इस मुल्क के चित्त में वे पूर्ण अवतार की तरह नहीं हैं, अंश हैं उनका अवतार। उपनिषद् के ऋषि कितने ही बड़े ज्ञानी हों, लेकिन अवतार नहीं हैं। कृष्ण पूर्ण अवतार हैं। परमात्मा अगर पृथ्वी पर पूरा उतरे तो करीब-करीब कृष्ण जैसा होगा। इसलिए श्रीकृष्ण इस मुल्क के अधिकतम मन को छु पाये हैं; बहुत कारणों से। एक तो पूर्ण अवतार का अर्थ होता है, मल्टी-डाइमेन्सनल; जो मनुष्य के समस्त व्यक्तित्व को स्पर्श करता हो। राम वन-डाइमेन्सनल है। अब तक कृष्ण को पूरा प्रेम करने वाला आदमी नहीं हुआ। क्योंकि पूरे कृष्ण को प्रेम करना तभी सम्भव है, जब वह आदमी भी मल्टी-डाइमेन्सनल हो। हम आम तौर पर एक आयामी होते हैं। एक हमारा ट्रैक होता है व्यक्तित्व का, एक रेल की पटरी होती है, उस पटरी पर हम चलते है।" (साभार- गीता दर्शन-भाग- 2, प्रवचन-5)
3. कृष्ण का व्यक्तित्व बहुत अनूठा है अनूठेपन की पहली बात तो यह है कि कृष्ण हुए तो अतीत में लेकिन हैं भविष्य के। मनुष्य अभी भी इस योग्य नहीं हो पाया है कि कृष्ण का सम-सामयिक बन सके। अभी भी कृष्ण मनुष्य के समझ से बाहर है। भविष्य में यह सम्भव हो पायेगा कि कृष्ण को हम समझ पाये। इसके कुछ कारण हैं। सबसे बड़ा कारण यह है कि कृष्ण अकेले ही ऐसे व्यक्ति हैं जो धर्म की परम गहराइयों और उचाइयों पर होकर भी गम्भीर नहीं हैं, उदास नहीं हैं, रोते हुए नहीं हैं साधारण सन्त का लक्षण रोता हुआ होना है। जिन्दगी से उदास, हारा हुआ, भागा हुआ। कृष्ण अकेले ही इस समग्र जीवन को पूरा ही स्वीकार कर लेते हैं। जीवन की समग्रता की स्वीकृति उनके व्यक्तित्व में फलित हुई है। इसलिए इस देश में और सभी अवतारों को आंशिक अवतार कहा है। कृष्ण को पूर्ण अवतार कहा गया है राम भी अंश ही हैं परमात्मा के, लेकिन कृष्ण पूरे परमात्मा हैं और यह कहने का, यह सोचने का, ऐसा समझने का कारण है। और वह कारण यह है कि कृष्ण ने सभी कुछ आत्मसात् कर लिया है। कृष्ण अकेले हैं तो शरीर को उसकी समस्त में स्वीकार कर लेते हैं, 'टोटलिटी' में। यह एक आयाम में नहीं सभी आयाम में सच है।" (कृष्ण स्मृति, प्रवचन-1)
4. कृष्ण शान्तिवादी नहीं हैं, कृष्ण युद्धवादी नहीं है। असल में वाद का मतलब नहीं होता है कि दो में से हम एक चुनते है। एक अन्य वादी है। कृष्ण कहते हैं, शान्ति में शुभ फलित होता हो तो स्वागत है, युद्ध में शुभ फलित होता हो तो स्वागत है। कृष्ण जैसे व्यक्तित्व की फिर जरुरत है जो कहे कि शुभ को भी लड़ना चाहिए, शुभ को भी तलवार हाथ में लेने की हिम्मत चाहिए निश्चित ही शुभ जब हाथ में तलवार लेता है, तो किसी का अशुभ नहीं होता। अशुभ हो नहीं सकता क्योकि लड़ने के लिए कोई लड़ाई नहीं है। लेकिन अशुभ जीत न पाये इसलिए लड़ाई है तो धीरे-धीरे दो हिस्से दुनियां के बट जायेंगे, जल्दी ही जहाँ एक हिस्सा भौतिकवादी होगा और एक हिस्सा स्वतंत्रता, लोकतन्त्र, व्यक्ति और जीवन के और मूल्यों के लिए होगा। लेकिन क्या ऐसे दूसरे शुभ के वर्ग को कृष्ण मिल सकते है? मिल सकते हैं। क्योकि जब भी मनुष्य की स्थितियाँ इस जगह आ जाती है। जहाँ कि कुछ निर्णायक घटना घटने को होती है, तो हमारी स्थितियाँ उस चेतना को भी पुकार लेती हैं, उस चेतना को भी जन्म दे देती है वह व्यक्ति भी जन्म जाता है। इसलिए मैं कहता हूँ कि कृष्ण का भविष्य के लिए बहुत अर्थ है।" (कृष्ण स्मृति, प्रवचन-1)

5. मेरे लिए सन्यास की कोई मर्यादा नहीं, कोई बन्धन नहीं मेरे लिए सन्यास का कोई नियम नहीं, कोई अनुशासन नहीं। मेरे लिए सन्यास कोई डिसिप्लिन नहीं है मेरे लिए सन्यास व्यक्ति के परम विवेक में स्वतन्त्रता की उद्भावना है उस व्यक्ति को मैं सन्यासी कहता हूँ जो परम स्वतन्त्रता में जीने का साहस करता है। न ही कोई बन्धन ओढ़ता है, न ही कोई व्यवस्था, न ही कोई अनुशासन ओढ़ता है। सन्यासी का मेरे लिए यहीं अर्थ है। जीवन की सघनता में खड़े होकर अगर कोई सन्यास के फूल खिलाना चाहता है तो एक ही अर्थ हो सकता है कि वह कर्ता न रह जाय, भोक्ता न रह जाय अभिनेता हो जाय, साक्षी हो जाय। देखें, करे लेकिन कहीं भी बहुत गहरे में बधे नहीं सन्यास सदा ही सावधिक है। आप कभी भी वापस लौट सकते है, कौन बाधा डालने वाला है? सन्यास आप ने लिया था सन्यास आप छोड़ दे। आप के अतिरिक्त इसमें और कोई निर्णायक नहीं है। कम से कम सन्यासी सिर्फ धर्म का होना चाहिए। वह जैन न हो, ईसाई न हो, हिन्दू न हो। वह तो सिर्फ धर्म का हो। साथ ही ध्यान रहे, अब तक सन्यास सदा ही गुरु से बधा रहा है- कोई गुरु दीक्षा देता है। सन्यास ऐसी चीज नहीं है जिसे कोई दे सके। सन्यास ऐसी चीज है जो लेनी पड़ती है, देता कोई नहीं या कहना चाहिए कि परमात्मा के सिवा कौन दे सकता है सन्यास?" (नव सन्यास क्या है?)

6. रास का जो अर्थ है, वह सृष्टि की जो धारा है, उस धारा का ही गहरे- से -गहरा सूचक है। जीवन दो विरोधियों के बीच का खेल है। ये विरोधी लड़ भी सकते है, तब युद्ध हो जाता है। ये विरोधी मिल भी सकते है, तब प्रेम हो जाता है लेकिन लड़ना हो कि मिलना हो, दो की अनिवार्यता है। सृजन दो के बिना मुश्किल है। हम कृष्ण को गोपियों के साथ नाचते हुए देखते हैं। यह हमारी स्थूल आँखे जो देख सकती है, उतना ही दिखाई पड़ रहा है लेकिन कृष्ण का गोपियों के साथ नाचना साधारण नृत्य नहीं है। कृष्ण का गोपियों के साथ नाचना उस विराट रास का छोटा सा नाटक है जो समस्त में चल रहा है। नृत्य उसकी एक बहुत छोटी सी झलक है। उस रास का कोई कामुक अर्थ नहीं रह गया। कृष्ण, कृष्ण की तरह वहाँ नहीं नाचते कृष्ण वहाँ पुरुष तत्व की तरह नाचते है। गोपिकाएं स्त्रियों की तरह वहाँ नाचती है, गहरे में वे प्रकृति ही हो जाती हैं। प्रकृति और पुरुष का नृत्य है वह। वहाँ व्यक्तियों से कोई लेना-देना नहीं है। 'इन्डिविजुअल' का कोई मतलब नहीं है, इसलिए यह भी सम्भव हो पाया कि एक कृष्ण बहुत गोपियों के साथ नाच सका। अन्यथा एक व्यक्ति बहुत स्त्रियों के साथ नाच नहीं सकता है। एक व्यक्ति बहुत स्त्रियों के साथ प्रेम का खेल नहीं खेल सकता है। और प्रत्येक गोपी को ऐसा दिखाई पड़ सका कि कृष्ण उसके साथ भी नाच रहा है। निश्चित ही-इसे हम व्यक्तिवाची मानेंगे तो कठिनाई में पड़ेंगे। विराट प्रकृति और विराट पुरुष के सम्मिलन का वह नृत्य निकटतम है। अद्वैत के नृत्य निकटतम है उत्सव के। नृत्य निकटतम है रहस्य के यह जो नृत्य चल रहा है चाँद के नीचे, आकाश के नीचे, इस नृत्य को साधारण नृत्य मैं नहीं कहता हूँ इसलिए यह किसी के मनोरंजन के लिए नहीं हो रहा है, किसी को दिखाने के लिए नहीं हो रहा है। कहना चाहिए एक अर्थों में 'ओवर फ्लोइंग' है इतना आनन्द भीतर भरा है कि वह सब तरफ बह रहा है।" (कृष्ण स्मृति, प्रवचन- 9)

7. जिसने बिना धैर्य के ध्यान किया, वह राजसी है जिसने बिना ध्यान के धैर्य रखा वह तामसी है और जिसने धैर्य और ध्यान का सन्तुलन बना लिया, वह सात्विक है। तब तुम्हें कृष्ण का सुख समझ में आ जायेगा की वह सत्व का क्या अर्थ है। धैर्य ऐसा, जैसे आलसी पुरुषों में होता है उन्हें कुछ पाने की जल्दी नहीं होती। पाने का ख्याल ही नहीं होता, कोई दौड़ ही नहीं होती। वे बैठे हैं, मिट्टी के ढेर है, कोई जीवन नहीं है, कोई उर्जा नहीं है, कोई गति नहीं है। फिर राजसी पुरुष है उनमें दौड़ तो बहुत होती है, रुकने की क्षमता नहीं होती, ठहर नहीं सकते, प्रतीक्षा नहीं कर सकते, भाग सकते हैं जब कभी राजसी व्यक्ति जैसी उर्जा और आलसी जैसा धैर्य होता है तब ध्यान और धैर्य का संगम होता है। तब सोने में सुगन्ध आ जाती है तब सत्व का जन्म है। जीवन एक कला है वहाँ विपरीत को मिलाने की क्षमता होनी चाहिए।" (गीता दर्शन, अध्याय- 18)

8. अघोर का अर्थ होता है- सरल। किसी को "घोरी" कहो तो गाली हो सकती है घोर का अर्थ है- जटिल। अघोर का अर्थ होता है- सरल, बच्चे जैसा निर्दोष। अघोर तो सिर्फ थोड़े से बुद्धां के लिए उपयोग में लाया जा सकता है। गौतम बुद्ध-अघोरी, कृष्ण-अघोरी, क्राइस्ट-अघोरी, लोओत्सु-अघोरी। गोरख-अघोरी। सरल

निर्दोष, सीधे-साधे। इतने सरल कि गणित जीवन में है ही नहीं। हिसाब किताब लगाने का भाव ही चला गया है।

9. कृष्ण वाममार्गी है। तुम बुद्ध से ज्यादा प्रभावित हो जाते है क्योंकि वह राजमहल छोड़कर जाते है। तुम कृष्ण की अगर प्रशंसा भी करते हो तो थोड़े दबे-दबे कंठ से, थोड़े डरे-डरे, थोड़े भयभीत। अगर लोग कृष्ण की प्रशंसा भी करते है तो गीता वाले कृष्ण की करते है। पूरे कृष्ण को स्वीकार करने की हिम्मत बहुत कम लोगों की है। क्योंकि कृष्ण तो तुम्हारे जैसे मालूम पड़ते है बल्कि तुमसे भी आगे बढ़े हुये। तुम्हारा कृष्ण का स्वीकार अधूरा है। तुम कृष्ण में से बहुत सी बातें काट छांट कर डालना चाहोगे। तुम कृष्ण में संशोधन करने को सदा तत्पर हो। कृष्ण को लोग अपने-अपने हिसाब से मानते है। जितना मान सकते है उतना मान लेते है। बाकी छोड़ देते है। कृष्ण को पहचानने के लिए बड़ी गहरी आँखें चाहिए। कृष्ण को पहचानने के लिए जब तक भीतर की आँख न खुली हो, तब तक पहचानना मुश्किल है। क्योंकि वे वहीं खड़े है, भेद तो कुछ भी नहीं। उपर से भेद नहीं है भीतर से भेद है। तो जब तक भीतर देखने की क्षमता न हो, तब तक तुम कृष्ण को न समझ पाओंगे।

10. उसके लिए सब हंसी खेल है, सब लीला है। इसलिए हमने कृष्ण को पूर्णावतार कहा। राम गम्भीर हैं छोटी-छोटी बात का हिसाब रखते है। नियम मर्यादा से चलते है- मर्यादा पुरूषोत्तम है। कृष्ण अमर्याद है न कोई नियम है न कोई मर्यादा। कृष्ण के लिए जीवन लीला है।

भगवान श्रीकृष्ण के संबंध में स्वामी विवेकानन्द के उद्गार-

"भगवान कृष्ण विभिन्न रूपों में पूजे जाते हैं। तथा वे पुरूषो के साथ ही स्त्रियों के तथा बालकों के साथ ही बड़े लोगों के भी इष्टदेव है। वे एक साथ अत्यन्त विलक्षण संयासी और अत्यन्त विलक्षण गृहस्थी थे। उनमें रजोगुण अत्यन्त विलक्षण मात्रा में विद्यमान था और इसके साथ ही वे एक महान अद्‌भुत वैराग्य का जीवन व्यतीत कर रहे थे। जब तक तुमने गीता नही पढ़ी है, तब तक कृष्ण को कभी नहीं समझा जा सकता क्योंकि वे स्वयं अपने उपदेशों के विग्रह थे। श्रीकृष्ण की गरिमा यह है कि भारत की वसुन्धरा में जन्म लेने वाले हमारे सनातन धर्म के सर्वोत्कृष्ट उपदेशक तथा वेदान्त के अप्रतिम भाष्यकार रहे है। गीता में हम साम्प्रदायिक संघर्ष की दूर से आनेवाली ध्वनि सुनते है। और भगवान कृष्ण मध्य में उपस्थित होकर उन सब में समन्वय की स्थापना करते है। समन्वय के महान आचार्य भगवान श्रीकृष्ण कहते है - "सब मुझमें धागे में गुँथे मोतियों के समान पिरोये हुए हैं।"

भाग-3

तीसरायुगः द्वापरयुग

04. वेदान्त अद्वैत धर्म-श्रीकृष्ण-ईसापूर्व 3000

द. व्यक्तिगत प्रमाणित पूर्ण प्रेरक अवतार

08. दृश्य काल के व्यक्तिगत प्रमाणित काल में व्यक्तिगत प्रमाणित पूर्ण दृश्य सत्य चेतना से युक्त भक्ति और प्रेम आधारित द्वापर युग में विष्णु के आठवें अवतार -योगेश्वर श्री कृष्ण अवतार महाभारत (मानक सामाजिक व्यक्ति चरित्र)

मुख्य-गुण सिद्धान्त - आदर्श सामाजिक व्यक्ति चरित्र के गुण, समाज में व्याप्त अनेक मत-मतान्तर व विचारों के समन्वय और एकीकरण से सत्य-विचार के प्रेरक ज्ञान को निकालने वाले गुण (सामाजिक आदर्श व्यक्ति का सिद्धान्त और व्यक्ति से उठकर विचार आधारित व्यक्ति निर्माण का सिद्धान्त) सहित सातवें अवतार तक के समस्त गुण आठवें अवतार श्रीकृष्ण का गुण था। जिससे व्यक्ति, व्यक्ति पर विश्वास न कर अपने बुद्धि से स्वयं निर्णय करें और प्रेरणा प्राप्त करता रहे। जो अगले अवतार में संचरित हुई।

आठवाँ अवतार: श्रीकृष्ण

श्रीकृष्ण की वाणी

श्रीकृष्ण जन्मभूमि

तीसरायुग : द्वापरयुग

व्यक्तिगत प्रमाणित दृश्य मार्ग से मन का आत्मीय केन्द्रित स्थिति अर्थात्

व्यक्तिगत प्रमाणित व्यक्ति व भौतिक वस्तु माध्यम द्वारा आत्मा पर केन्द्रित मन।

यह स्थिति द्वापर युग की अन्तिम स्थिति है।

8. आठवां अवतार : श्रीकृष्ण अवतार
(मानक सामाजिक व्यक्ति चरित्र–महाभारत)
व्यक्तिगत प्रमाणित पूर्ण प्रेरक अवतार

तीसरायुगः द्वापरयुग
द. व्यक्तिगत प्रमाणित पूर्ण प्रेरक अवतार
८. आठवां अवतार : श्री कृष्ण अवतार
(मानक सामाजिक व्यक्ति चरित्र–महाभारत)

ईश्वर के अंश अवतार
ब्रह्मा के पूर्ण अवतार
विष्णु के पूर्ण अवतार
महेश के अंश अवतार

शरीर धारण तिथि–
भाद्रपद कृष्ण पक्ष–अष्टमी

श्रीकृष्ण अवतार (पूर्व कथा)

इस जगत् में कुछ भी ज्यादा दिन नहीं चलता। रामराज्य भी कुछ काल बाद स्वार्थ राज्य में परिणत हुआ। राजागण स्वेच्छाचारी हो गए और आपस में लड़-झगड़कर प्रजा का सर्वनाश करने लगे। शास्त्र के नियम उठ गये और उनका स्थान विभिन्न प्रकार के कुत्सित लोकाचारों ने ले लिया। लोग अन्धे के समान उन सब नियमों का पालन कर अधः पतित होने लगे; बड़े बड़े पण्डित तथा धार्मिक जन भी उन नियमों के हाथ से नहीं बच सके। समाज में, परिवार में और धर्म में मनुष्य को कोई स्वाधीनता नहीं रह गई।

युधिष्ठिर के समान धार्मिक व्यक्ति ने भी जुए के खेल में अपने भाई तथा पत्नी को धन-दौलत के समान दाँव पर लगा दिया था। भरी सभा में द्रौपदी के चीरहरण का प्रयास हुआ। भीष्म, द्रोण, भीम, अर्जुन-कोई भी प्रतिवाद करने का साहस नहीं दिखा सका, जबकि वे भारत-विख्यात वीर पुरूष थे। यदुवंशियों ने नशे की हालत में एक-दूसरे का वध कर डाला। इन सारी घटनाओं के द्वारा स्पष्ट रूप से समझा जा सकता है कि समाज कितने परिमाण में दुर्नीतियों का शिकार हो चुका था।

मनुष्य को शान्ति का पथ दिखाने के लिए इस बार श्रीहरि ने बलराम और कृष्ण रूप धारण किया। परन्तु केवल श्रीकृष्ण को ही अवतार कहा जाता है, बलराम की दशावतारों में गणना नहीं होती है। यद्यपि दोनों की लीला अभेद है, यथापि हम यथासाध्य प्रचलित मत का ही अनुसरण करेंगे।

भोजवंशीय अभिजित राजा के पुत्र आहुक बड़े प्रतापवान राजा थे। उनके दो पुत्र थे - देवक और उग्रसेन। कृष्ण की माता देवकी देवक की पुत्री थी। यदुवंशीय वसुदेव के साथ देवकी का विवाह हुआ। उग्रसेन का पुत्र कंस अपने पिता को बन्दी बनाकर स्वयं राजा हो गया। उसके दुराचार और अत्याचार से सभी त्रस्त थे। देवकी के विवाह के समय देववाणी हुई कि उनकी आठवीं सन्तान कंस का वध करेगी। कंस यह सुनते ही देवकी का वध करने को अद्यत हुआ। वसुदेव ने बड़ी कठिनाई से उसे इस हत्या से विरत किया और उसके सामने प्रतिज्ञा की कि देवकी के गर्भ से जन्मी प्रत्येक सन्तान वे कंस के हाथों सौंपते जाएँगे। इसके बावजूद कंस ने अपनी बहन तथा बहनोई को कारागार में बन्द करके रख दिया।

वसुदेव की रोहिणी नाम की एक अन्य पत्नी भी थी; वसुदेव कारागार में थे, अतः रोहिणी असहाय होकर अपने मित्र नन्द-गोप के यहाँ व्रज में निवास करने लगीं। देवकी के गर्भ से एक-एक कर छह सन्तानों ने जन्म लिया। कंस प्रत्येक नवजात शिशु की हत्या करता गया। सप्तम गर्भ की सन्तान दैवी उपाय से रोहिणी के पास पहुँच गई। सबको लगा कि सातवें मास देवकी का गर्भ नष्ट हो गया है। उसी से ये तीसरे राम - बलराम उत्पन्न हुए। देवकी के अष्टम गर्भ से श्रीकृष्ण ने जन्म लिया। वसुदेव ने बड़ी कुशलता से नन्द-पत्नी यशोदा की नवजात कन्या के साथ श्रीकृष्ण को बदल दिया। कंस ने उसी कन्या की हत्या करने के बाद अपनी बहन तथा बहनोई को मुक्त कर दिया।

बलराम और कृष्ण नन्द की सन्तानों के रूप में पलने लगे। शैशव काल से ही उनके चरित्र में असाधारण विशेषताएँ व्यक्त होने लगी थीं। कृष्ण का रंग साँवला और बलराम का वर्ण गोरा था। देखने में अत्यन्त

सुन्दर, अदम्य बलशाली और बुद्धि-व्यवहार में विज्ञ होने के कारण गोप-गोपिकाएँ उन्हें अपनी सन्तानों से भी अधिक स्नेह करते थे। व्रज के ग्वाल-बाल उन्हें छोड़कर क्षण भर भी नहीं रह पाते थे। गाय चराते समय वे नित्य नये खेल तथा मनोरंजन के उपाय निकालकर गोप-बालकों को आनन्दित करते थे। वन में विभिन्न प्रकार के हिंसक जन्तु थे, बलराम-कृष्ण ने उनका संहारकर व्रजभूमि को निरापद किया। दीर्घकाल तक निवास के फल-स्वरूप ब्रजभूमि में अच्छी घास का अभाव हो गया था। फिर उन दिनों लकड़बग्धों का भी उपद्रव बढ़ गया था। उन्होंने प्रस्ताव रखा, "यमुना के तट पर वृन्दावन नामक एक स्थान है। जैसा वह देखने में सुन्दर है, वैसे ही वहाँ घास की भी प्रचुरता है; वहाँ स्थानान्तरित हो जाने पर गोपवृन्द को हर प्रकार से सुविधा होगी।" बलराम-कृष्ण के उत्साहित करने पर ब्रजवासी वृन्दावन चले गए। इस प्रकार उन्होंने सभी विषयों में नवीनता और उन्नति का मार्ग दिखाकर गोप जाति में नवजीवन का संचार किया।

एक दिन गायें वन के भीतर चर रही थीं और ग्वाल-बाल खेल में मग्न थे। उसी समय जंगल में दावानल जल उठा। देखते-ही-देखते हवा के झोकों से आग चारों ओर फैल गयी। गायें भयभीत होकर इधर-उधर भागने लगीं और इस प्रकार संकट में और भी वृद्धि हो गयी। बलराम तथा कृष्ण असीम साहस और धैर्य का परिचय देते हुए गायों तथा गोपबालों को धीरे-धीरे एकत्र कर वन से बाहर ले आए।

वृन्दावन के निकट एक सरोवर था, जिसमें अनेक काले-काले विषधर साँप निवास करते थे और चरते-चराते किसी गाय या गोपबाल के उधर जाते ही उसे काट लेते थे। बाल-गोपालों की सहायता से बलराम-कृष्ण ने उन साँपों को मारकर असीम साहस दिखाया। प्रलम्ब तथा धेनुक नामक दो वन्य जन्तुओं को बलराम ने अकेले ही मार डाला। पुराणों में अनेक असुरों के वध की बातें हैं, पर वे इतनी अद्‌भुत तथा असम्भव लगती हैं कि उन पर विश्वास नहीं किया जा सकता। सार रूप में कहा जा सकता है कि बलराम-कृष्ण ने बाल्यकाल से ही ऐसे बल, बुद्धि एवं साहस का प्रदर्शन किया कि लोगों ने उनके विषय में अनेक असम्भव घटनाओं की कल्पना कर डाली थीं।

शान्त स्वभाव गोप कुल के नवजागरण तथा बलराम-कृष्ण की अपूर्व कीर्ति-कथा विभिन्न प्रकार से अतिरंजित होकर कंस के कानों में भी जा पहुँची। पश्चिमी भारत उसके प्रताप से कम्पित हो रहा था। अपने घर के पास ही गोपगण जाग उठे हैं - यह समाचार वह पचा नहीं सका। देवकी के सभी सन्तानों का तो वह अपने ही हाथों संहार कर चुका था, तो फिर ये दो बालक कहाँ से आ टपके! विभिन्न प्रकार की आशंकाओं से उसका मन आन्दोलित एवं ईर्ष्या से दग्ध हो उठा। गोपकुल का गर्व चूर किये बिना उसे शान्ति नहीं मिल सकती थी। परन्तु अपने पिता को उसने बन्दी बना लिया था, भानजों की हत्या कर डाली थी और सैकड़ों प्रकार से लोगों पर अत्याचार करने के कारण कोई भी उसका मित्र नहीं रह गया था। अत्याचारी का मान बड़ा दुर्बल होता है। उसे प्रकट रूप से गोपों के साथ शत्रुता करने का साहस नहीं हुआ। उसने एक चाल का सहारा लिया।

कंस एक यज्ञ का आयोजन करने लगा। वृन्दावन के गोपगण उसी की प्रजा थे, अतः उसने यज्ञ के उपलक्ष्य में करस्वरूप उन्हें दूध-दही लाने का आदेश दिया। अक्रूर को इस समाचार के साथ वहाँ भेजा गया। कंस ने अकेले में अक्रूर को बता दिया था कि छल-बल से या चाहे जैसे भी हो बलराम-कृष्ण को मथुरा ले आना होगा। अक्रूर भी कंस के मित्र न थे, उन्होंने सारी बातें बलराम-कृष्ण को बता दीं। उस समय दोनों भाइयों की आयु सोलह वर्ष से भी कम थी।

नन्द आदि गोपगण राजा का आदेश पाकर दूध-दही लिए मथुरा आये। बलराम-कृष्ण ने भी अपने ग्वाल-बाल मित्रों के साथ उत्सव देखने के निमित्त उनका अनुगमन किया। राजधानी में पहुँचकर वे लोग डकैतों के समान लूट-पाट करने लगे। उनका सौन्दर्य तथा साहस देखकर नागरिकों का ध्यान उनकी ओर आकृष्ट हुआ। माली विभिन्न प्रकार के पुष्प तथा मालाएँ लेकर राजमहल में जा रहा था। उन लोगों ने माली से वह सब छीनकर स्वयं पहन लिया और आनन्द मनाने लगे। धोबी राजा के पोशाक आदि लेकर जा रहा था, इन लोगों ने उसे लूटकर स्वयं धारण कर लिया। इन दो बालकों में क्या ही असीम साहस था! जिस कंस के भय से सभी संत्रस्त रहते थे, ये लोग उसी की राजधानी में उसी की वस्तुएँ छीन-झपट रहे थे। जैसा कि स्वाभाविक था, सारा समाचार कंस तक जा पहुँचा। कंस क्रोध में पागल-सा हो गया।

उत्सव के निमित्त राजसभा में भी विभिन्न प्रकार के आमोद-प्रमोद की व्यवस्था हुई थी। कंस ने कुवलयापीड़ नामक एक पागल हाथी को मुख्य द्वारा पर खड़ा कराने के बाद, बलराम तथा कृष्ण को उत्सव दिखाने के बहाने बुलावा देकर उसी रास्ते ले आने की व्यवस्था भी कर दी थी। महावत को बता दिया था कि वह उन्हें हाथी के पैरों तले रौंद डाले। यदि वे किसी प्रकार हाथी से बच भी निकले, तो फिर उन्हें मारने की एक अन्य व्यवस्था भी थी। उसकी सभा में अनेक पहलवान थे, जिसमें चाणूर तथा मुष्टिक सर्वप्रधान थे। कंस ने उन्हें बता रखा था कि बलराम-कृष्ण के दरबार में आते ही उन्हें कुश्ती लड़ने की चुनौती देकर मार डालना होगा। चौदह-पन्द्रह वर्ष के दो बालकों को मारने के लिए बड़ी पक्की ही व्यवस्था हुई थी।

बलराम-कृष्ण उत्सव देखने के लिए राजसभा की ओर चले। सिंहद्वार पर कुवलयापीड़ ने उन पर आक्रमण किया। असीम बलशाली राम क्षण भर में ही हाथी के पीछे जा पहुँचे और उसकी पूँछ पकड़कर खींचने लगे। हाथी के जी-जान से आगे बढ़ने का प्रयास करने पर बलराम ने अचानक ही उसे छोड़ दिया और साथ ही हाथी लुढ़ककर धरती पर गिर पड़ा। कृष्ण सामने ही थे। वे उछलकर उसके मस्तक पर चढ़ गए और पाद-प्रहार के द्वारा उसकी खोपड़ी का कचूमर निकाल दिया। इसी बीच बलराम भी दौड़कर आए और हाथी के दोनों दाँत उखाड़कर दोनों हाथों से उसे उसके शरीर में चुभोने लगे। हाथी भयानक स्वर में चीत्कार करने लगा। चारों ओर सैकड़ों लोग एकत्र होकर काफी शोरगुल मचाने लगे। हाथी के प्राण-पखेरू उड़ गए।

इसके पूर्व भी वे नगर में हलचल मचा चुके थे और इस घटना से राज्यसभा में उपस्थित सभी लोगों की दृष्टि उनकी ओर आकृष्ट हुई। सभी इन दोनों भाइयों को देखने दौड़े। सैकड़ों लोग उन्हें घेरकर तरह-तरह के प्रश्न पूछने लगे। एक साँवले तथा दूसरे गौर वर्ण होने पर भी दोनों भाई रक्त से लाल हो गए थे, हाथों में हाथी के दाँत थे, कपड़े से कमर कसे हुए थे - इसी अवस्था में सैकड़ों नागरिकों से घिरे हुए वे सभा में प्रविष्ट हुए। बालकों की मनोहर मूर्ति और भी मनोहर होकर सबके हृदय में स्नेह का संचार कर रही थी। पर दुष्ट कंस की दृष्टि में ये यम के समान भयंकर प्रतिभाव हुए। अपने कर्तव्य में अक्षम होकर वह स्तम्भित रह गया।

चाणूर ने कृष्ण को और मुष्टिक ने बलराम को द्वन्द्व-युद्ध की चुनौती दी। वे लोग भीमकाय और बदसूरत थे और बालक बलराम-कृष्ण कोमलजात तथा बड़े सुन्दर थे। अतः इस असमान द्वन्द्व-युद्ध में सबकी सहज सहानुभूति बलराम-कृष्ण के साथ ही रही। काफी देर तक युद्ध चलता रहा, परन्तु आखिरकार उन्होंने अद्भुत कुशलता के साथ चाणूर तथ मुष्टिक दोनों को मार डाला।

चाणूर और मुष्टिक के धराशायी हो जाने पर कंस भय से मरणासन्न हो गया। कृष्ण सहसा उछलकर मंच पर चढ़ गये और घूँसों के प्रहार से कंस के मस्तक से मुकुट को गिराकर उसके बाल पकड़कर सिंहासन के नीचे जमीन पर फेंक दिया और उस पर लात-घूँसों की भयंकर वर्षा करने लगे। सिंहासन के निकट कृष्ण को देखते ही कंस घबराकर जड़वत् हो गया था। इसके पूर्व हुई घटनाओं के द्वारा बलराम-कृष्ण ने सभा में उपस्थित सबके मन में अभूतपूर्व भाव का संचार किया था और अब इस अकल्पनीय घटना से सभी स्ताम्भित रह गये। किसी ने चूँ तक नहीं की। अन्त में कृष्ण के पाँव की भयानक ठोकर खाकर जब कंस खून की उल्टी करते हुए जीभ निकालकर मर गया और यह समाचार पाकर अन्तःपुर की नारियाँ भीषण चीत्कार करते हुए रूदन करने लगीं, तब मानो सबके होशो-हवास वापस लौटे। इसी बीच बलराम-कृष्ण ने वसुदेव के चरणों में प्रणाम किया और वे उनका आलिंगन करने के बाद अपने बाकी सगे-सम्बन्धियों के साथ उनका परिचय कराने लगे। अनेक सभासदों को इसके पूर्व ही बलराम-कृष्ण का परिचय प्राप्त हो चुका था। बलराम-कृष्ण द्वारा नगर में तरह-तरह के उपद्रव प्रारम्भ करने पर प्रायः सभी प्रमुख व्यक्ति समझ गये थे कि वसुदेव के इन दो पुत्रों द्वारा कुछ न कुछ होने वाला है। किसी को भी कंस से प्रेम न था। अतः अब सभी जी खोलकर बलराम-कृष्ण को आशीर्वाद देने लगे।

बलराम-कृष्ण ने राजा उग्रसेन को कारागार से मुक्त कर दिया। वे पुनः मथुरा के राजा हो गए। बलराम-कृष्ण अब तक गोपों के घर में थे। उनकी शारीरिक शिक्षा तो अच्छी हो चुकी थी, परन्तु अब तक क्षत्रियोचित उपनयन, वेदाध्ययन आदि नहीं हो सका था। वसुदेव ने महर्षि गर्ग के हाथों उनका उन्नयन संस्कार

कराकर उन्हें अवन्ती नगर में स्थित संदीपनी मुनि के पास वेदाध्ययन के लिए भेज दिया। वे श्रुतिधर थे, अतः अल्प काल में ही सर्व शास्त्रों में पारंगत होकर घर लौट आए।

उग्रसेन के राजा हो जाने पर भी, व्यवहार में बलराम और कृष्ण राज्य चलाने लगे। मगध का राजा जरासन्ध कंस का श्वसुर था। अपने दामाद के वध का बदला लेने के लिए उसने मथुरा को घेर लिया, परन्तु बलराम-कृष्ण की वीरता के सम्मुख पराजित होकर उसे पलायन करना पड़ा। बलराम-कृष्ण यदुवंशी युवकों को एकत्र कर उन्हे युद्ध की शिक्षा देने लगे। जरासन्ध ने भी उत्तरोत्तर बड़ी से बड़ी सेना लेकर बारम्बार मथुरा पर आक्रमण किया। इस प्रकार वह सत्रह बार युद्ध करने आया, परन्तु हर बार पराजित होकर लौट जाने को बाध्य हुआ।

बलराम-कृष्ण ने देखा कि जरासन्ध का सारा क्रोध उन्हीं दोनों पर है और उनके मथुरा रहते जरासन्ध युद्ध करने से बाज नहीं आएगा। यादवगण युद्ध करते-करते थक चुके थे, राजकोष खाली हो चला था और दुर्ग भी टूट गया था। ऐसी अवस्था में युद्ध जारी रखना सम्भव न था। अतः उन्होंने मथुरा में ठहरना उचित न मानकर दक्षिणापथ की राह ली।

उन दिनों रेलवे, टेलीग्राफ तथा समाचार पत्रों का अस्तित्व नहीं था। बड़े कष्ट से दूतों के द्वारा एक प्रदेश का समाचार दूसरे प्रदेशों में पहुँचा करता था। बलराम-कृष्ण ने सोचा कि जरासन्ध को अब उनका समाचार नहीं मिल सकेगा। परन्तु जरासन्ध और उसके दूत बड़े चालाक थे। दूतों ने बलराम-कृष्ण विषयक सारा समाचार संग्रहित कर जरासन्ध के पास पहुँचा दिया। जरासन्ध ने मित्र-राज्यों की सम्मिलित विशाल सेना के साथ दक्षिणापथ की ओर अभियान किया। बलराम-कृष्ण के मौसा चेदिपति यह सब खबर पाकर बड़े ही विचलित हुए और उनकी सहायता के लिए एक चुनिन्दे सैनिकों को लेकर स्वयं ही जरासन्ध के पीछे पीछे चल पड़े।

बलराम-कृष्ण गोमन्त (गोवा) नामक पर्वतीय क्षेत्र में थे। जरासन्ध ने उस राज्य पर आक्रमण किया। समतल क्षेत्रों के निवासी योद्धा के लिए पर्वतीय प्रदेश में युद्ध करना बड़ा कठिन होता है और स्थान अपरिचित हो तो इसे बिल्कुल ही असम्भव समझना चाहिए। परन्तु मूर्ख अहंकारी जरासन्ध ने अपनी सेना के साथ पर्वतीय प्रदेश में प्रवेश किया। बलराम-कृष्ण उस क्षेत्र से भली-भाँति परिचित हो चुके थे। चेदिपति की सहायता से उन्होंने जरासन्ध तथा उसके मित्र राजाओं को ऐसी शिक्षा दी कि उनमें से कइयों ने तो किसी प्रकार भागकर अपने प्राण बचाए; सेना, तम्बू, रथ, रसद, अस्त्र-शस्त्र कुछ भी लौटकर नहीं आया।

भागकर भी जरासन्ध से पीछा नहीं छुड़ाया जा सकता - यह देखकर बलराम-कृष्ण चेदिपति की सलाह पर पुनः मथुरा लौट आए। मथुरा नगरी समतल भूमि पर स्थित है, अतः उसे चारों ओर से घेरा जा सकता है। यदुवंश के योद्धाओं के साथ परामर्श करने के बाद वे लोग अपनी राजधानी समुद्रवेष्ठित द्वारावती (द्वारका) में ले आए और यादव वंश के युवकों को युद्धकला में प्रशिक्षित कर दिया। उनमें से श्रेष्ठ योद्धाओं की एक अजेय सेना का गठन करके, उसका नाम "नारायणी सेना" रख दिया गया। श्रीकृष्ण युद्ध-कौशल में बेजोड़ थे। और बलराम शत्रु-संहार में अजेय तथा गदा-युद्ध में भारत के सर्वश्रेष्ठ वीर थे। उन्होंने हल के आकार का एक भयानक अस्त्र बनवाया था। उसे लेकर जब वे शत्रुसेना में प्रवेश करते तो किसी की खैर न थी। उनके शरीर में इतना बल था कि लोगों ने उन्हें बल का देवता मानकर उन्हें 'बलदेव' तथा 'बलराम' का नाम दे दिया था। हल उनका प्रधान अस्त्र था, अतः हलधर अथवा हलीराम उनका एक और नाम हुआ।

कुशस्थली के राजा रेवत की एक अतीव रूपवती कन्या थी। राजा ने बलराम को उस कन्या का दान किया। विदर्भ के राजा भीष्मक की पुत्री रूक्मिणी का हरण करके उससे श्रीकृष्ण ने विवाह किया। रूक्मिणी के पुत्र प्रदुम्न ने अपने मामा की पुत्री शुभांगी के साथ विवाह किया। उन दिनों इसी प्रकार के विवाह की प्रथा थी। इस विवाह के उपलक्ष्य में बलराम ने कई दिन विदर्भ की राजधानी कुण्डिन में बिताए। उन दिनों राजाओं के बीच बाजी लगाकर पासा खेलने की प्रभा खूबे प्रचलित थी। इस खेल में जो जितना दक्ष होता, वह उतना ही सम्मानित होता और खेल न जानना बड़े लज्जा की बात मानी जाती थी। बलराम वीर पुरूष थे, इस तरह के बच्चों के खेल उन्हें बिल्कुल भी नहीं भाते थे।

विवाह के उपलक्ष्य में कुण्डिन में दक्षिणात्य के अनेक राजा आए थे। वे सभी धर्मज्ञानरहित, जुआड़ी, छली तथा कलहप्रिय थे। बलराम बड़े सरल व्यक्ति थे। उन लोगों ने राम को पासा खेलने के लिए पकड़ा। वे सहमत हुए। अमनोयोग के साथ खेलते हुए पहले तो वे खूब हारे। राजागण और विशेषकर रूक्मी उनकी खूब हँसी उड़ाने लगे। यह उपहास क्रमशः निन्दा एवं अभद्रता में परिणत हुआ। तब बलराम के सावधानीपूर्वक खेलने पर प्रतिपक्ष हार गया। परन्तु उन लोगों ने हार को स्वीकार नहीं किया और उपहास आदि अवज्ञा करके बलराम को इतना नाराज कर दिया कि उन्होंने रूक्मी को द्वन्द्व-युद्ध के लिए चुनौती दे दी। मूर्ख राजागण बलराम के शान्त, सरल एवं निरहंकार स्वभाव को देखकर उनकी वीरता के बारे में अनुमान नहीं लगा सके थे। परन्तु जब युद्धक्षेत्र में उन्होंने खेल-खेल में ही रूक्मी का वध करने के बाद अन्य राजाओं को चुनौती दे, तो भय से सभी भाग खड़े हुए।

कन्या का हरण करके विवाह करना क्षत्रियों के लिए बड़े गौरव की बात थी, क्योंकि इसमें वीरता को खूब अभिव्यक्ति मिलती थी। दुर्योधन ने अपनी पुत्री लक्षणा के विवाह हेतु एक स्वयंवर का आयोजन किया था। श्रीकृष्ण के पुत्र शाम्ब ने लक्षणा का हरण कर लिया। परन्तु राजाओं ने मिलकर शाम्ब को पकड़ लिया। बलराम जब शाम्ब को छुड़ाने गए, तो राजागण भय के मारे शाम्ब को मुक्त करने के लिए तैयार हो गए, परन्तु दुर्योधन उनसे सहमत नहीं हुआ। उनका बलराम के साथ युद्ध हो गया। बलराम जब अपनी गदा तथा हलास्त्र के साथ मैदान में उतरे, तो हस्तिनापुर की रक्षा करना कठिन हो उठा। सेना का संहार करने के बाद बलराम अपने हलास्त्र से किले की दिवारों को उखाड़ने लगे। दुर्योधन ने भयभीत होकर शाम्ब तथा लक्षणा को उनके हाथों सौंप दिया और गदा-युद्ध सीखने की अभिलाषा से वह उनका शिष्य बन गया। आशुतोष बलराम उस पर बड़े सन्तुष्ट हुए और पूरे हृदय के साथ उसे ऐसी शिक्षा दी कि दुर्योधन भी गदा-युद्ध में अपने गुरू के समान ही अजेय हो गया।

बलराम की सुभद्रा नाम की एक बहन थी। उन्होंने अपने प्रिय शिष्य दुर्योधन को ही कन्या प्रदान करने की इच्छा व्यक्त की। परन्तु कृष्ण उसे सुभद्रा के उपयुक्त नहीं मानते थे। एक बार अर्जुन ने अपने भ्रमण के दौरान कुछ दिन उन लोगों के साथ निवास किया। कृष्ण के संकेत पर एक दिन वे सुभद्रा को लेकर भाग गये। इस पर बलराम अत्यन्त क्रुद्ध हुए और यादवसेना को अर्जुन को पकड़ लाने का आदेश दिया। यादवों ने अर्जुन पर आक्रमण किया। परन्तु सुभद्रा को सारथी के रूप में अर्जुन का रथ हाँकते देखकर वे लोग युद्ध करने को अग्रसर नहीं हुए। इस विषय में कृष्ण की भी सहमति है, यह जानकार बलराम का क्रोध क्षण मात्र में चला गया। युद्ध का उपक्रम विवाहोत्सव में परिणत हुआ।

बलराम का हृदय बड़ा ही कोमल था। कृष्ण यह भली-भाँति जानते थे और इसीलिए बीच-बीच में उन्हें चिढ़ाकर मजा लिया करते थे। बलराम चाहे जितने भी नाराज हो जायँ पर किसी को कोई कष्ट होते देख तत्काल पिघल जाते। श्रीकृष्ण से उनका इतना लगाव था कि वे किसी विषय में उन्हें बिन्दु मात्र भी नाराज नहीं करना चाहते थे। जीवन भर युद्ध में बिताने पर भी उन्हें युद्ध से प्रेम न था; अन्याय का प्रतिकार क्षत्रियों का विशेष धर्म है, अतएव कर्तव्यबोध से उन्हें युद्ध करना पड़ता था।

कौरव-पाण्डवों के बीच युद्ध की सम्भावना जानकर बलराम अत्यन्त व्यथित हुए। कृष्ण विवाद का निपटारा कराने हस्तिनापुर गए। बलराम को आशा थी कि उनके ऐसे कुशल भाई अवश्य ही विवाद को मिटाकर लौटेंगे। परन्तु दुर्योधन युद्ध करने को बड़ा उत्सुक था, अतः वह किसी भी कीमत पर समझौता करने को राजी न हुआ। श्रीकृष्ण अपने उद्देश्य में विफल होकर लौट आए। दुर्योधन बलराम के सुयोग्य शिष्य थे, अतः उन्हें दुर्योधन से बड़ा लगाव था। परन्तु जब वह श्रीकृष्ण के कहने पर भी युद्ध से विरत नहीं हुआ, तब वे बड़े मर्माहत हुए। सामने रहकर यह आपसी कलह देखना उनके लिए सम्भव न था। अतः वे तीर्थयात्रा के बहाने देश छोड़कर भ्रमण को निकल पड़े।

तीर्थदर्शन करते हुए बलराम नैमिषारण्य जा पहुँचे। ऋषिगण वहाँ एक यज्ञ का अनुष्ठान कर रहे थे। उसी उपलक्ष्य में वे लोग सूतजातीय व्यास-शिष्य रोमहर्षण को व्यासपीठ पर बैठाकर पुराण-कथा सुन रहे थे। बलराम के वहाँ पहुँचने पर मुनियों ने उनका यथाविधि स्वावगत किया, परन्तु रोमहर्षण अपने आसन पर ही स्थिर बैठे रहे। बलराम ने उनका यह अहंकार देखकर क्रोध में उन पर एक आघात किया, जिससे उनकी तत्काल मृत्यु हो

गई। ऋषिगण हाय-हाय कर उठे। बलराम द्वारा कारण पूछने पर उन लोगों ने बताया कि व्यासपीठ पर आसीन होने के बाद किसी को अभिवादन न करने का नियम है। बलराम को बड़ा पश्चाताप हुआ और उन्होंने प्रायश्चित करने की इच्छा व्यक्त की। मुनियों ने उन्हें बताया कि उनसे ब्रह्महत्या का पाप हो गया है और भारतवर्ष के समस्त तीर्थों का भ्रमण ही इसका प्रायश्चित है।

विधाता के विधान को रोकने की किसी में सामथ्र्य नहीं है। कुरूक्षेत्र के युद्ध में जैसे अन्याय व निष्ठुरता का प्रदर्शन हुआ, बलराम के उपस्थित रहने से वैसा न हो पाता। परन्तु राजाओं का चरित्र यदि युद्ध के दौरान व्यक्त नहीं होता, तो मानव-जाति की शिक्षा नहीं हो पाती, क्षत्रिय कितने कलुषित हो चुके हैं- इसका पता नहीं चल पाता; भय के कारण दोनों पक्ष युद्ध से विरत हो जाते, परन्तु भीतर ही भीतर सारा पाप रह जाता। भगवान के करूणावतार बलराम के लिए इस युद्ध में भाग लेना सम्भव न था, इसीलिए भगवान ने उन्हें विशेष प्रयास से हटा दिया। उस समय कोई सोच भी नहीं सकता था कि इस युद्ध में पूरे भारत के राजा एकत्र होंगे और इतनी अल्प अवधि में ही सारा क्षत्रियकुल निर्मूल हो जायगा।

बलदेव तीर्थों का भ्रमण करने लगे, परन्तु थोड़े ही दिनों में युद्ध सम्बन्धी भयानक संवाद पाकर वे विचलित हो उठे। प्रथमतः तो युद्ध ही बड़ा भयानक एवं वीभत्स था और फिर उसका समाचार भी काफी अतिरंजित होकर उनके पास पहुँचा था। प्रभास तीर्थ तक पहुँचते-पहुँचते उनके सुनने में आया कि क्षत्रिय वर्ण का ध्वंस हो गया है, नारायणी सेना आदि सब समाप्त हो चुकी है, परन्तु दुर्योधन अब भी जीवित है। बलराम का मन आतंक से परिपूर्ण हो उठा और वे तीव्र गति से कुरूक्षेत्र आ पहुँचे। उस समय भीम तथा दुर्योधन, के बीच युद्ध चल रहा था।

बड़ा ही बीभत्स दृश्य था। भीम तथा दुर्योधन दोनों ही क्रोध से उन्मत्त होकर पशु के समान एक-दूसरे पर आक्रमण कर रहे थे। दोनों ही मरणासन्न हो रहे थे। दुर्योधन गदा-युद्ध में अद्वितीय थे, अतः भीम हारते जा रहे थे। तभी भीम ने दुर्योधन की जाँघ पर गदा से चोट की, जिसके फलस्वरूप जाँघ टूट गई और दुर्योधन धरती पर गिर पड़ा; भीम उसके सिर पर गदाघात करने लगे। गदा-युद्ध में नाभि के नीचे आघात करने का नियम नहीं था, और गिरे हुए शत्रु को अपमानित करना तो उससे भी बड़ा अन्याय समझा जाता था। बलराम क्रोध के आवेश में हाथ में हल उठाए भीम पर आक्रमण करने को दौड़े। कृष्ण ने उन्हे पकड़कर मना किया और पूर्व की घटनाएँ बताने लगे- "इसी दुर्योधन ने अपने ही कुल की रानी द्रौपदी को सभा के बीच नंगा करने का प्रयास किया था, बारम्बार उसे अपनी जाँघ पर बैठने को कहा था; इसीलिये भीम ने प्रतिज्ञा की थी कि एक दिन वह दुर्योधन की जाँघ तोड़ डालेगा। अपनी प्रतिज्ञा के पालनार्थ ही भीम ने उसकी जाँघ पर आघात किया है।" अब कुछ और कहने की आवश्यकता नहीं हुई। बलराम को सारी बातें स्मरण हो आई। वे समझ गए कि कुरूक्षेत्र के इस जटिल घटनाक्रम के बीच श्रीकृष्ण के अतिरिक्त अन्य किसी के लिए भी अपनी मति को स्थिर रखकर कर्तव्य का निर्धारण कर पाना सम्भव नहीं है। उस भयानक स्थान पर उन्हें क्षण भर भी ठहरने की इच्छा नहीं हुई और वे तत्काल ही कुरूक्षेत्र से चल पड़े।

कुरूक्षेत्र के युद्ध में श्रीकृष्ण अकेले ही युधिष्ठिर के पक्ष में सम्मिलित हुए थे। यदुवंश की सुशिक्षित वीर योद्धाओं की नारायणी सेना ने दुर्योधन का पक्ष लिया था। इसके फलस्वरूप यदुवंश के कई प्रमुख योद्धा कुरूक्षेत्र के युद्ध में भाग लेने से रह गए। बलराम-कृष्ण के साथ रहकर अनेकों बार युद्ध करने से इन लोगों को युद्धविद्या का असाधारण ज्ञान था। महाभारत युद्ध के बाद भारत में युद्ध की आवश्यकता नहीं रह गई थी और बिना युद्ध के यदुवंशी वीरों के लिए समय बिताना कठिन हो गया। मद्य-मांस उनका नित्य का आहार था, दम्भ-अहंकार उनके चरित्र का आभूषण था और मद्यपान कर दिन-रात तर्क-वितर्क, झगड़ा-टण्टा तथा जुआ खेलना उनका नित्यकर्म हो गया। कुरूक्षेत्र के समान एक महत्वपूर्ण युद्ध में भाग न ले पाने के कारण उन लोगों के मन में बड़ा खेद था। किसी युद्ध-विवाद के लिए वे लोग प्यासे हो उठे। कुरूक्षेत्र युद्ध के बाद बलराम-कृष्ण सभी विषयों में उदासीन हो चुके थे। तथापि उनके भय से ये लोग थोड़े शान्त रहते थे। अब उनकी निश्चेष्टता पर ये लोग और भी उन्मत्त हो उठे।

बलराम-कृष्ण ने देखा कि इस युद्धप्रिय जाति को सँभालकर रखना बड़ा कठिन है। उन्हें किसी प्रकार उत्सव-आमोद-प्रमोद में बहलाकर रखने के उद्देश्य से बलराम-कृष्ण ने उन्हें लेकर प्रभास तीर्थ जाने का निश्चय

किया और तदनुसार व्यवस्था करने का आदेश दिया। बड़े उत्साहपूर्वक सारा आयोजन होने लगा। मधु-मांस की भी खूब व्यवस्था हुई।

प्रभास पहुँचकर सबने बड़ा शान्त भाव दिखलाया। परन्तु ज्यों-ज्यों यथेच्छा मधुपान करने से उन पर नशा चढ़ने लगा, त्यों-त्यों वे अदम्य हो उठे। पहले तो उनके बीच हास-परिहास शुरू हुआ और तदुपरान्त क्रमशः झगड़ा, हाथा-पाई और मार-पीट भी होने लगी। बलराम-कृष्ण ने यह सोचकर अस्त्र धारण कर लिया कि ये लोग शायद भय से शान्त हो जाएँगे। परन्तु इस पर वे लोग और भी भड़क उठे और एक-दूसरे की हत्या करने लगे। एक अन्य कुरूक्षेत्र का दृश्य अभिनीत होने लगा। सबके भीषण रूप से घायल या मृत हो जाने के बाद ही युद्ध थमा। बलराम-कृष्ण ने खड़े-खड़े सब देखा। कोमल-हृदय बलराम इतना सब सहन नहीं कर सके और वहीं योगासान में बैठ समाधिमार्ग से वैकुण्ठ-लोक चले गए। यदुवंश के वृद्धों, नारियों तथा बालकों की रक्षा का भार दूत के मुख से अर्जुन को भेजने के बाद श्रीकृष्ण ने भी अपने ज्येष्ठ भ्राता का अनुसरण किया।

कृष्णभक्त वेदव्यास ने हिन्दू धर्म की रक्षा तथा प्रचार हेतु अनेक ग्रन्थ लिखे और श्रीकृष्ण-चरित्र के आदर्श के रूप में निष्काम कर्मयोग का भारत में प्रचार किया। इससे मानव-जाति को शान्ति की उपलब्धि हुई।

श्रीकृष्ण की वाणी

निःसंदेह इस संसार में ज्ञान के समान पवित्र करने वाला कुछ भी नहीं है। योग के द्वारा शुद्धान्तकरणः हुआ पुरूष उस ज्ञान के कालक्रम में स्वयं अपनी आत्मा में अनुभव करता है। श्रद्धावान् और जितेन्द्रिय पुरूष ज्ञान की प्राप्ति करता है। तथा ज्ञान प्राप्त करके वह तत्क्षण परम शान्ति की उपलब्धि करता है। किन्तु अज्ञानी, श्रद्धारहित और संशययुक्त पुरूष विनष्ट हो जाता है। संशययुक्त पुरूष के लिए न तो यह संसार है, न परलोक और न सुख ही। जिनकी बुद्धि तद्रूप है, मन तद्रूप है। जो उस सच्चिदानन्द परमात्मा में निरन्तर एकनिष्ठ है, ऐसे तत्परायण पुरूष ज्ञान के द्वारा पापरहित होकर उस परम गति को प्राप्ति करते हैं। जहाँ से पुनरावृत्ति पुनर्जन्म नहीं आती। हे भारत तू सभी क्षेत्रो (शरीरों) में मुझे ही क्षेत्रज्ञ (जीवात्मा) जान। क्षेत्र और क्षेत्रज्ञ (विकार सहित प्रकृति और पुरूष) का ज्ञान ही मेरे विचार से तत्वज्ञान है। इन्द्रियभोग्य पदार्थों से अनासक्ति, अहंकार का अभाव, जन्म, मृत्यु, जरा और व्याधि में दुःख और दोष का दर्शन ये सब ज्ञानी व्यक्ति के सद्गुण है। पुत्र, स्त्री, घर और धन आदि में आसक्ति का अभाव और ममता का न होना तथा प्रिय-अप्रिय की प्राप्ति में चित्त का सदैव सम रहना ये सब ज्ञान कहे जाते है। मुझ परमेश्वर में अनन्य भाव से अव्यभिचारिणी भक्ति, एकान्त और शुद्ध स्थान में रहने का स्वभाव, जनसमुदाय से विरति, आध्यात्म ज्ञान में नित्य स्थिति, तत्वज्ञान के उददेश्य रूप परमात्मा का सर्वत्र दर्शन, इन सब को ज्ञान कहा गया है तथा जो इससे विपरीत है उसे अज्ञान। यह (आत्मा) न तो किसी काल में जन्म लेता है, न मरता है, न ही यह एक बार होकर फिर अस्तित्वहीन होने वाला है। यह अजन्मा, नित्य, शाश्वत और पुरातन है तथा शरीर का नाश होने पर भी इसका नाश नहीं होता है। इस आत्मा को अव्यक्त अचिन्त्य और अविकारी कहा जाता है। इसलिए इस आत्मा को ऐसा जानकर तुझे शोक करना उचित नहीं है। परमात्मा को कितने ही मनुष्य ध्यान के सहारे आत्मा के द्वारा आत्मा में देखते है। कुछ ज्ञान के सहारे, कुछ योग के सहारे और कुछ कर्मयोग के सहारे देखते है क्योंकि वह सब में समभाव में स्थित परमेश्वर को समान रूप से देखता हुआ आत्मा को आत्मा के द्वारा नष्ट नहीं करता है, इसलिए वह परमगति को प्राप्त करता है। सर्वोपरि आत्मा और परमात्मा की एकता पर सच्चिदानन्द पर, एकमात्र मुझ पर ध्यान कर। परन्तु आत्म संयमवान पुरूष राग-द्वेष से रहित होकर अपने वश में की हुई इन्द्रियों के द्वारा विषयों को भोगते हुए अन्तःकरण की प्रसन्नता को प्राप्त करता है। जिस योगी की आत्मा ज्ञान और साक्षात्कार के द्वारा सन्तुष्ट है, जो स्थिर तथा जिसकी इन्द्रियाँ उसके वश में है और जो मिट्टी, पत्थर तथा स्वर्ण को समान मानता है, उसे स्थितप्रज्ञ कहा जाता है। जिस पुरूष की इन्द्रियाँ पूर्णतः उसके वश में होती है। उसकी बुद्धि स्थिर होती है। जो सम्पूर्ण प्राणियो के लिए रात्रि है, उसमे योगी पुरूष जागता है। और जिसमें सभी प्राणी जागते है, वह तत्वदर्शी मुनि के लिए रात्रि है। हे उद्धव, न तो युग, न ज्ञान, न दया, न अध्ययन, न तप, न वैराग्य मुझे उतना आकृष्ट करते हैं, जितना मेरे प्रति उत्कृष्ट

भक्ति। मनुष्य न तो कर्मो को न करने से निष्कर्मता को प्राप्त होता है, और न मात्र सन्यास से ही उसे सिद्धि की उपलब्धि होती है। क्योंकि कोई भी व्यक्ति क्षण मात्र के लिए बिना कर्म किये नहीं रह सकता। प्रत्येक व्यक्ति प्रकृतिजात गुणों के द्वारा अवश होकर कर्म करता है। कर्म को तू ब्रह्म (वेद) से उत्पन्न हुआ जान और ब्रह्म अविनाशी (परमात्मा) से उत्पन्न हुआ। परन्तु जो व्यक्ति आत्मा ही से रति करे, आत्मा में ही तृप्त हो और आत्मा में ही सन्तुष्ट है उसके लिए कोई कर्तव्य नहीं रह जाता। यदि मैं कभी सावधान होकर कर्म करना त्याग दूँ तो हे पार्थ मनुष्य सभी प्रकार से मेरे बर्ताव का अनुकरण करने लगेंगे क्योकि श्रेष्ठ पुरूष जैसा स्थापित करता है, लोग उसी के अनुसार आचरण करते है। सत्वगुण सुख की स्पृहा में बाँधता है तथा रजोगुण कर्म स्पृहा से जबकि तमोगुण ज्ञान को आवृत्त करके प्रमाद से बाँधता है। जिस काल में इस देह में समस्त इन्द्रिय द्वारो से ज्ञान का प्रकाश विकिरित होता है। उस काल में ऐसा जानना चाहिए कि सत्वगुण वर्धित हुआ है। हे भारतवर्ष जब रजोगुण बढ़ता है तब लोभ, प्रवृत्ति कर्मो का आरम्भ, अशान्ति और लालसाएँ उत्पन्न होती है। तमोगुण बढ़ने पर अंधकार, निष्क्रियता, प्रमाद और मोह, ये सब उत्पन्न होते है। दान देना कर्तव्य है ऐसे भाव से जो दान देश-काल और पात्र के अनुसार प्रत्युपकार न कर सकने वाले के लिए दिया जाता है। वह सात्विक कहा गया है पर जो दान प्रत्युपकार के प्रयोजन से अथवा फल को उददेश्य में रखकर अथवा क्लेषपूर्वक दिया जाता है, वह राजसिक कहा गया है। जो दान बिना आदर के और तिरस्कारपूर्वक अयोग्य देश-काल मे कुपात्रो के लिए दिया जाता है, तामसिक कहा गया है। सत्य के अनेक पक्ष होते है अनन्त सत्य की अनन्त अभिव्यक्तियाँ है। यद्यपि ऋषि-मुनि भिन्न-भिन्न प्रकार से व्याख्यान करते हैं, तथापि वे एक ही सत्य को प्रकट करते हैं। यदि तू परम कल्याण को पाना चाहता है। तो तुझमें मन की शान्ति होनी चाहिए अत्यन्त प्रतिकूलताओ में भी अपने चित्त समवृत्ति को बनाए रख। हे भारत जब जब धर्म की हानि और अधर्म की वृद्धि होती है। तब तब मैं अपने आप को प्रकट करता हूँ । साधु पुरूषों का परित्राण करने के लिए तथा दूषित कर्म करने वालो का विनाश करने के लिए एवं धर्म की संस्थापना के लिए मैं युग-युग में प्रकट होता हूँ। हे पार्थ जो मुझे जैसे भजते है मैं भी उन्हे वैसे ही भजता हूँ। मनुष्य सब प्रकार से मेरे मार्ग के अनुसार ही वर्तन करते है। जहाँ भी कोई भी वैभवपूर्ण सुन्दर या शक्तिसम्पूर्ण दिखे उसे मेरे तेज की एक चिनगारी से उत्पन्न जान। यदि तू सभी पापियो से भी अधिक पाप करने वाला है, तो भी तू ज्ञान की नौका के द्वारा समस्त पापो से तर जाएगा। जिसे प्राप्त करने के उपरान्त व्यक्ति सोचता है कि इससे बड़ा लाभ कोई नहीं है। तथा जिसमें प्रतिष्ठित होकर वह भारी दुःखों से भी विचलित नहीं होता, उस स्थिति को योग कहा जाता है। यह दुःखों के सम्पर्क से अलगाव की स्थिति है। योगी, तपस्वियो से श्रेष्ठ है तथा वह ज्ञानियों से भी श्रेष्ठ माना गया है। वह कर्म करने वालो से भी श्रेष्ठ है अतः हे अर्जुन तू योगी हो। कर्म की कुशलता ही योग है। अतः योग के लिए चेष्टा कर। जो पुरूष अनासक्त होकर कर्म करता है, जिसका मन शुद्ध है जिसका शरीर और इन्द्रिया वश में है। और जिसकी आत्मा सर्वात्मा बन गयी है। वह कर्म करता हुआ भी उसके प्रभाव से अछूता रहता है। ज्ञानयोगी जिस परमधाम को प्राप्त करते है। वही कर्मयोगियो के द्वारा भी प्राप्त किया जाता है। अतः जो पुरूष ज्ञानयोग और कर्मयोग को एक देखता है। वही वस्तुतः देखता है। जो आसक्ति से रहित और मुक्त जिसका मन ज्ञान में स्थित और जो कर्मों को यज्ञवत् करता है। उसके समस्त कर्म नष्ट हो जाते है। सत्व गुण सुख की स्पृहा से बाँधता है तथा राजोगुण कर्म की स्पृहा से जबकि तमोगुण ज्ञान को आवृत्ति करके प्रमाद से बाँधता है। आत्मा पर श्रद्धा सात्विक है कर्म पर श्रद्धा राजसिक है तथा निष्ठाहीनता पर श्रद्धा तामसिक है परन्तु मेरी सेवा में श्रद्धा रखना समस्त गुणों से परे है। यह विश्व मुझसे ही निकला है तथा मैं समस्त प्राणियों के हृदयों में निवास करता हूँ। हे परन्तप ब्राह्मण, क्षत्रिय, वैश्य और शूद्र के कर्तव्यों का निर्धारण उनके स्वभाव से उत्पन्न गुणों के आधार पर किया गया है।

श्रीकृष्ण जन्म भूमि

श्रीकृष्ण जन्म भूमि मथुरा का एक प्रमुख धार्मिक स्थान है जहाँ हिन्दू धर्म के अनुयायी श्रीकृष्ण भगवान का जन्म स्थान मानते हैं। यह विवादों में भी घिरा हुआ है क्योंकि इससे लगी हुई जामा मस्जिद मुसलमानों के लिये धार्मिक स्थल है। भगवान श्री कृष्ण की जन्मभूमि का न केवल राष्ट्रीय स्तर पर महत्व है बल्कि वैश्विक स्तर पर जनपद मथुरा भगवान श्रीकृष्ण के जन्मस्थान से ही जाना जाता है। आज वर्तमान में महामना पंडित मदनमोहन मालवीय जी की प्रेरणा से यह एक भव्य आकर्षक मन्दिर के रूप में स्थापित है। पर्यटन की दृष्टि से विदेशों से भी श्रद्धालु भगवान श्रीकृष्ण के दर्शन के लिए यहाँ प्रतिदिन आते हैं। भगवान श्रीकृष्ण को विश्व में बहुत बड़ी संख्या में नागरिक आराध्य के रूप में मानते हुए दर्शनार्थ आते हैं।

इतिहास

प्रथम बार कृष्ण जन्मभूमि पर कोई निर्माण अर्जुनायन शासक अरलिक वसु ने तोरण द्वार के रूप में करवाया था लेकिन यहां प्रथम मंदिर का निर्माण यदुवंशी राजा ब्रजनाभ (भरतपुर नरेश के पूर्वज) ने 80 वर्ष ईसा पूर्व में कराया था। कालक्रम (हूण, कुषाण हमलों) में इस मंदिर के ध्वस्त होने के बाद गुप्तकाल के सम्राट चंद्रगुप्त विक्रमादित्य ने सन् 400 ई० में दूसरे वृहद् मंदिर का निर्माण करवाया। परंतु इस मंदिर को महमूद गजनवी ने ध्वस्त कर दिया। तत्पश्चात महाराज विजयपाल देव तोमर के शासन काल में जाट शासक जाजन सिंह ने तीसरे मंदिर का निर्माण करवाया। यह मथुरा क्षेत्र में मगोर्रा के सामंत शासक थे इनका राज्य नील के व्यापार के लिए जाना जाता था।

शासक जाजन सिंह तोमर (कुंतल) ने 1150 ईस्वी में करवाया। इस जाजन सिंह को जण्ण और जज्ज नाम से भी सम्बोधित किया गया है। इनके वंशज आज जाजन पट्टी, नगला झींगा, नगला कटैलिया में निवास करते है।

खुदाई में मिले संस्कृत के एक शिलालेख से भी जाजन सिंह (जज्ज) के मंदिर बनाने का पता चलता है। शिलालेख के अनुसार मंदिर के व्यय के लिए दो मकान, छः दुकान और एक वाटिका भी दान दी गई दिल्ली के राजा के परामर्श से 14 व्यक्तियों का एक समूह बनाया गया जिसके प्रधान जाजन सिंह थे।

यह मंदिर भी 16 वीं सदी में सिकंदर लोधी द्वारा ध्वस्त कर दिया गया। 1618 ई० में ओरछा के बुन्देला राजा वीरसिंह जूदेव ने विशाल मन्दिर का निर्माण जन्म भूमि पर कराया यह मंदिर इतना विशाल था कि आगरा से दिखाई देता था। इस मंदिर को भी मुगल शासक औरंगजेब ने सन् 1669 में नष्ट कर दिया। इस मंदिर को वीर गौकुला जाट ने नहीं गिराने दिया व उनके बलिदान के बाद ही इसे गिराया जा सका फिर जाटों ने मुगलों की राजधानी आगरा पर आक्रमण कर दिया था।

फिर पुनः इसका निर्माण यहां के जाट शासक महाराजा सूरजमल ने करवाया जिसका विस्तार महाराजा जवाहर सिंह ने किया।

बिड़ला द्वारा 21 फरवरी 1951 को कृष्ण जन्मभूमि ट्रस्ट की स्थापना करने के साथ ही यह मंदिर ट्रस्ट के अधीन चला गया जबकि इससे पहले इसकी जिम्मेदारी भरतपुर नरेशों के पास थी। कानूनी मुकद्दमों में जीतने के बाद यहां गर्भ गृह और भव्य भागवत भवन के पुनर्रुद्धार और निर्माण कार्य आरंभ हुआ, जो फरवरी 1982 में पूरा हुआ।

मंदिर

भगवान श्रीकृष्ण ने अपनी इहलौकिक लीला संवरण की। उधर युधिष्ठर महाराज ने परीक्षित को हस्तिनापुर का राज्य सौंपकर श्रीकृष्ण के प्रपौत्र वज्रनाभ को मथुरा मंडल के राज्य सिंहासन पर प्रतिष्ठित किया।

चारों भाइयों सहित युधिष्ठिर स्वयं महाप्रस्थान कर गये। महाराज वज्रनाभ ने महाराज परीक्षित और महर्षि शांडिल्य के सहयोग से मथुरा मंडल की पुन: स्थापना करके उसकी सांस्कृतिक छवि का पुनरूद्धार किया। वज्रनाभ द्वारा जहाँ अनेक मन्दिरों का निर्माण कराया गया, वहीं भगवान श्रीकृष्णचन्द्र की जन्मस्थली का भी महत्व स्थापित किया। यह कंस का कारागार था, जहाँ वासुदेव ने भाद्रपद कृष्ण अष्टमी की आधी रात अवतार ग्रहण किया था। आज यह कटरा केशवदेव नाम से प्रसिद्व है। यह कारागार केशवदेव के मन्दिर के रूप में परिणत हुआ। इसी के आसपास मथुरा पुरी सुशोभित हुई। यहाँ कालक्रम में अनेकानेक गगनचुम्बी भव्य मन्दिरों का निर्माण हुआ। इनमें से कुछ तो समय के साथ नष्ट हो गये और कुछ को विधर्मियों ने नष्ट कर दिया।

प्रथम मन्दिर

ईसवी सन् से पूर्ववर्ती 80-57 के महाक्षत्रप सौदास के समय के एक शिलालेख से ज्ञात होता है कि किसी वसु नामक व्यक्ति ने श्रीकृष्ण जन्मस्थान पर एक मंदिर तोरण द्वार और वेदिका का निर्माण कराया था। यह शिलालेख ब्राह्मी लिपि में है।

द्वितीय मन्दिर

दूसरा मन्दिर विक्रमादित्य के काल में सन् 800 ई. के लगभग बनवाया गया था। संस्कृति और कला की दृष्टि से उस समय मथुरा नगरी बड़े उत्कर्ष पर थी। हिन्दू धर्म के साथ बौद्ध और जैन धर्म भी उन्नति पर थे। श्रीकृष्ण जन्मस्थान के समीप ही जैनियों और बौद्धों के विहार और मन्दिर बने थे। यह मन्दिर सन 1017-18 ई. में महमूद गजनवी के कोप का भाजन बना। इस भव्य सांस्कृतिक नगरी की सुरक्षा की कोई उचित व्यवस्था न होने से महमूद ने इसे खूब लूटा। भगवान केशवदेव का मन्दिर भी तोड़ डाला गया।

तृतीय मन्दिर

महाराज विजयपाल देव तोमर के शासन काल में जाट शासक जज्ज (जाजन सिंह) ने तीसरे मंदिर का निर्माण करवाया। यह मथुरा क्षेत्र में मगोर्रा के सामंत शासक थे इनका राज्य नील के व्यापार के लिए जाना जाता था। जाजन सिंह तोमर (कुंतल) ने 1150 ईस्वी में करवाया। इस जाजन सिंह को जण्ण और जज्ज नाम से भी सम्बोधित किया गया है। इनके वंशज आज जाजन पट्टी, नगला झींगा, नगला कटैलिया में निवास करते हैं।

खुदाई में मिले संस्कृत के एक शिलालेख से भी जाजन सिंह (जज्ज) के मंदिर बनाने का पता चलता है। शिलालेख के अनुसार मंदिर के व्यय के लिए दो मकान, छः दुकान और एक वाटिका भी दान दी गई दिल्ली के राजा के परामर्श से 14 व्यक्तियों का एक समूह बनाया गया जिसके प्रधान जाजन सिंह थे। इस मंदिर को 16 वीं शताब्दी के प्रारम्भ में सिकन्दर लोदी के शासन काल में नष्ट कर डाला गया था।

चतुर्थ मन्दिर

मुगल बादशाह जहाँगीर के शासन काल में श्रीकृष्ण जन्मस्थान पर पुन: एक नया विशाल मन्दिर निर्माण कराया गया। ओरछा के शासक राजा वीरसिंह जूदेव बुन्देला द्वारा इसकी ऊँचाई 250 फीट रखी गई थी। ऐसा बताया जाता है कि यह आगरा से भी दिखाई देता था। उस समय इस निर्माण की लागत 33 लाख रुपये आयी थी। इस मन्दिर के चारों ओर एक ऊँची दीवार का परकोटा बनवाया गया था, जिसके अवशेष अब तक विद्यमान हैं। दक्षिण पश्चिम के एक कोने में कुआँ भी बनवाया गया था जिस का पानी 60 फीट ऊँचा उठाकर मन्दिर के प्रागण में फब्बारे चलाने के काम आता था। यह कुआँ और उसका बुर्ज आज तक विद्यमान है। सन 1669 ई. में पुन: यह मन्दिर नष्ट कर दिया गया और इसकी भवन सामग्री से ईदगाह बनवा दी गई जो आज विद्यमान है।

भाग-4

विश्वभारत

भारतीय शास्त्रों की एक वाक्य में शिक्षा

विश्वशास्त्र

- विश्वशास्त्र की स्थापना
- रचना क्यों?
- आविष्कार किस प्रकार हुआ?
- उपयोगिता क्या है?
- बाद का मनुष्य, समाज और शासन
- कितना छोटा और कितना बड़ा?
- एक ही शास्त्र-साहित्य के विभिन्न नाम
- विश्वव्यापी स्थापना का स्पष्ट मार्ग
- सम्बन्धित स्थान?

विश्वभारत

कर्म वेदान्त और -विकास दर्शन

कर्मवेद: प्रथम, अन्तिम तथा पंचमवेद

भारतीय शास्त्रों की एक वाक्य में शिक्षा

भारतीय शास्त्र, मनुष्य मात्र को ईश्वरत्व तक उठाने के लिए कालानुसार रची जाती रहीं हैं न कि उसकी पूजा करने के लिए। इसलिए उनके उद्देश्यों को समझना आवश्यक है। इन पर आधारित सिनेमा और दूरदर्शन के निर्माण और उसके प्रसारण से आम जनता इनसे परिचित भी हो चुकी है। अब इन शास्त्रों के व्यावहारिकरण के लिए आवश्यक है कि इनके अर्थ को समझा जाये जिससे उसका जीवन में प्रयोग हो सके।

उपरोक्त स्वतन्त्रता के मूल/जड़ सिद्धान्त होने के बावजूद मनुष्य के जीवन की दो आवश्यकताएँ, आवश्यक हो गयी हैं जिसका निर्माण वे स्वयं किये हैं। पहला - किसी राजनितिक दल का सदस्य होना और दूसरा किसी गुरू का चेला बनना। और इस प्रकृति से यह स्पष्ट भी हो चुका है कि ये दोनों आवश्यकता इनके परम लक्ष्य और स्वतन्त्रता की आवश्यकता के लिए नहीं बल्कि इनके जीवन के संसाधन के स्वार्थ पूर्ति की आवश्यकता है। इस छोटे से लक्ष्य के लिए उनकी कितनी शारीरिक-आर्थिक-मानसिक बलि चढ़ती है ये तो वही जानें परन्तु बड़े लक्ष्य और पूर्ण स्वतन्त्रता के मार्ग पर ले जाने के लिए ही यह भाग लिखा जा रहा है।

वेद की शिक्षा

वेदों को मूलतः सार्वभौम ज्ञान का शास्त्र समझना चाहिए। जिनका मूल उद्देश्य यह बताना था कि "एक ही सार्वभौम आत्मा के सभी प्रकाश हैं अर्थात बहुरूप में प्रकाशित एक ही सत्ता है। इस प्रकार हम सभी एक ही कुटुम्ब के सदस्य है।"

उपनिषद् की शिक्षा

उपनिषदों की शिक्षा उस सार्वभौम आत्मा के नाम के अर्थ की व्याख्या के माध्यम से उस सार्वभौम आत्मा को समझाना है।

पुराण की शिक्षा

जब उस सार्वभौम आत्मा का ही सब प्रकाश है, तब यह ब्रह्माण्ड ही ईश्वर का दृश्य रूप है। इसलिए पुराण की रचना कई चरणों में हुयी और प्रत्येक चरण की अलग-अलग शिक्षा है।

प्रथम चरण - इस चरण में पुराण की शिक्षा मूलतः उस सार्वभौम एक आत्मा से ब्रह्माण्ड के विकास को कथा के माध्यम से समझाया गया है।

द्वितीय चरण - इस चरण में पुराण की शिक्षा मूलतः उस सार्वभौम एक आत्मा से सौर मण्डल के विकास को कथा के माध्यम से समझाया गया है।

तृतीय चरण - इस चरण में पुराण की शिक्षा मूलतः उस सार्वभौम एक आत्मा से प्रकृति के विकास को कथा के माध्यम से समझाया गया है।

चतुर्थ चरण - इस चरण में पुराण की शिक्षा मूलतः उस सार्वभौम एक आत्मा से जीवों के विकास को कथा के माध्यम से समझाया गया है।

पंचम चरण - इस चरण में पुराण की शिक्षा मूलतः उस सार्वभौम एक आत्मा से मनुष्य के विकास को कथा के माध्यम से साथ ही मनुष्य को व्यक्तिगत, सामाजिक और वैश्विक मनुष्य तक उठने के उन गुणों को समझाया गया है। जो इस प्रकार हैं-

वैश्विक/ब्रह्माण्डिय (मानक वैश्विक चरित्र) मनुष्य के लिए - एकात्म ज्ञान, एकात्म वाणी, एकात्म कर्म, एकात्म प्रेम, एकात्म सर्मपण और एकात्म ध्यान से युक्त जीवन और वस्त्राभूषण का प्रक्षेपण शिव-शंकर परिवार।

सामाजिक (मानक सामाजिक चरित्र) मनुष्य के लिए - एकात्म ज्ञान, एकात्म वाणी, एकात्म कर्म, एकात्म प्रेम से युक्त जीवन और वस्त्राभूषण का प्रक्षेपण विष्णु परिवार।

व्यक्तिगत (मानक व्यक्ति चरित्र) मनुष्य के लिए - एकात्म ज्ञान, एकात्म वाणी से युक्त जीवन और वस्त्राभूषण का प्रक्षेपण ब्रह्मा परिवार।

रामयाण की शिक्षा

रामायण की शिक्षा आपसी सम्बन्धों में एक-दूसरे को महान बताते हुये परिस्थितियों के अनुसार कर्म करने की शिक्षा दी गयी है जिससे अन्य सभी लोग स्वयं ही अपने लोगों को महान समझने लगते हैं।

महाभारत की शिक्षा

महाभारत की शिक्षा अपनी प्रकृति में स्थित रहकर व्यक्तिगत प्रमाणित स्वार्थ (लक्ष्य) को प्राप्त करने के अनुसार सम्बन्धों का आधार बनाने की शिक्षा है।

गीता की शिक्षा

गीता की मूल शिक्षा प्रकृति में व्याप्त मूल तीन सत्व, रज और तम गुण के आधार पर व्यक्त विषयों जिसमें मनुष्य भी शामिल है, की पहचान करने की शिक्षा दी गयी है और उससे मुक्त रहकर कर्म करने को निष्काम कर्मयोग तथा उसमें स्थित रहने को स्थितप्रज्ञ और ईश्वर से साक्षात्कार करने का मार्ग समझाया गया।

विश्वभारत की शिक्षा

विश्वभारत, विश्वशास्त्र के स्थापना की योजना का शास्त्र है, जो विश्वशास्त्र का ही एक भाग है। विश्वभारत, की शिक्षा अपनी प्रकृति में स्थित रहकर सार्वजनिक प्रमाणित स्वार्थ (लक्ष्य) को प्राप्त करने के अनुसार सम्बन्धों का आधार बनाने की शिक्षा है।

विश्वशास्त्र-द नालेज आफ फाइनल नालेज की शिक्षा

विश्वशास्त्र की शिक्षा, उपरोक्त सभी को समझाना है और पूर्ण सार्वजनिक प्रमाणित ज्ञान-कर्मज्ञान से युक्त होकर कर्म करने की शिक्षा है। जिससे भारतीय शास्त्रों की वैश्विक स्वीकारीता स्थापित हो और देवी-देवताओं के उत्पत्ति के उद्देश्य से भटक गये मनुष्य को शास्त्रों के मूल उद्देश्य की मुख्यधारा में लाया जा सके।

"हिन्दू भावों को अंग्रेजी में व्यक्त करना, फिर शुष्क दर्शन, जटिल पौराणिक कथाएं और अनूठे आश्चर्यजनक मनोविज्ञान से ऐसे धर्म का निर्माण करना, जो सरल, सहज और लोकप्रिय हो और उसके साथ ही उन्नत मस्तिष्क वालों को संतुष्ट कर सके- इस कार्य की कठिनाइयों को वे ही समझ सकते हैं, जिन्होंने इसके लिए प्रयत्न किया हो। अद्वैत के गुढ़ सिद्धान्त में नित्य प्रति के जीवन के लिए कविता का रस और जीवनदायिनी शक्ति उत्पन्न करनी है। अत्यन्त उलझी हुई पौराणिक कथाओं में से जीवन प्रकृत चरित्रों के उदाहरण समूह निकालने हैं और बुद्धि को भ्रम में डालने वाली योग विद्या से अत्यन्त वैज्ञानिक और क्रियात्मक मनोविज्ञान का विकास करना है और इन सब को एक ऐसे रुप में लाना पड़ेगा कि बच्चा-बच्चा इसे समझ सके।"

"अब व्यावहारिक जीवन में उसके प्रयोग का समय आया है। अब और 'रहस्य' बनाये रखने से नहीं चलेगा। अब और वह हिमालय की गुहाओं। में, वन-अरण्यों में साधु-सन्यासियों के पास न रहेगा, लोगों के दैनन्दिन जीवन में उसको कार्यन्वित करना होगा। राजा के महल में, साधु-सन्यासी की गुफा में, मजदूर की झोपड़ी में, सर्वत्र सब अवस्थाओं में- यहाँ तक कि राह के भिखारी द्वारा भी - वह कार्‌य में लाया जा सकता है।"

- स्वामी विवेकानन्द

"सूक्ष्म परमाणु से बृहद् ब्रह्माण्ड तक सभी स्वयं अपनी स्थिरता, शान्ति और एकता के लिए क्रियाशील है। मैं (सार्वभौम आत्मा) भी अपनी स्थिरता, शान्ति और एकता के लिए क्रियाशील हूँ अर्थात सभी अपने धर्म में बद्ध होकर स्वयं या केन्द्र या CENTRE की ओर ही व्यापार या आदान-प्रदान या TRADE कर रहे हैं। प्रत्येक वस्तु के धर्म या क्रिया या व्यापार या अदान-प्रदान या TRADE का एक चक्र है। सभी के मन स्तर चक्र अर्थात धर्म का चरम विकसित और अन्तिम चक्र मैं (सार्वभौम आत्मा) है। तुम सब इस ओर ही आ रहे हो बस तुम्हें उसका ज्ञान नहीं, उसका ज्ञान होगा कार्यों से क्योंकि कर्म, ज्ञान का ही दृश्य रूप है। एक ही देश काल मुक्त अदृश्य ज्ञान है- आत्मा और एक ही देश काल मुक्त दृश्य कर्म है- आदान-प्रदान।"

-लव कुश सिंह "विश्वमानव"

"विश्वशास्त्र" की रचना क्यों?

"विश्वशास्त्र" की रचना मात्र निम्न कारणो से की गई है और अगर प्रस्तुत शास्त्र, "विश्वशास्त्र" नहीं है तो ऐसे शास्त्र की रचना मानव बुद्धि शक्ति समाज द्वारा निम्न कारणों के लिए की जानी चाहिए।

1. प्रकृति के तीन गुण- सत्व, रज, तम से मुक्त होकर ईश्वर से साक्षात्कार करने के "ज्ञान" का शास्त्र "श्रीमदभगवद्गीता या गीता या गीतोपनिषद्" उपल्ब्ध हो चुका था परन्तु साक्षात्कार के उपरान्त कर्म करने के ज्ञान अर्थात ईश्वर के मस्तिष्क का "कर्मज्ञान" का शास्त्र उपलब्ध नहीं हुआ था अर्थात ईश्वर के साक्षात्कार का शास्त्र तो उपलब्ध था परन्तु ईश्वर के कर्म करने की विधि का शास्त्र उपलब्ध नहीं था। मानव को ईश्वर से ज्यादा उसके मस्तिष्क की आवश्यकता है।
2. प्रकृति की व्याख्या का ज्ञान का शास्त्र "श्रीमदभगवद्गीता या गीता या गीतोपनिषद्" तो उपलब्ध था परन्तु काल और ब्रह्माण्ड की व्याख्या का तन्त्र शास्त्र उपलब्ध नहीं था।
3. समाज में व्यष्टि (व्यक्तिगत प्रमाणित) धर्म शास्त्र (वेद, उपनिषद्, गीता, बाइबिल, कुरान इत्यादि) तो उपलब्ध था परन्तु समष्टि (सार्वजनिक प्रमाणित) धर्म शास्त्र उपलब्ध नहीं था जिससे मानव अपने-अपने धर्मों में रहते और दूसरे धर्म का सम्मान करते हुए विश्व-राष्ट्र धर्म को भी समझ सके तथा उसके प्रति अपने कर्तव्य को जान सके।
4. शास्त्र-साहित्य से भरे इस संसार में कोई भी एक ऐसा मानक शास्त्र उपलब्ध नहीं था जिससे पूर्ण ज्ञान - कर्मज्ञान की उपलब्धि हो सके साथ ही मानव और उसके शासन प्रणाली के सत्यीकरण के लिए अनन्त काल तक के लिए मार्गदर्शन प्राप्त हो सके अर्थात भोजन के अलावा जिस प्रकार पूरक दवा ली जाती है उसी प्रकार ज्ञान - कर्मज्ञान के लिए पूरक शास्त्र उपलब्ध नहीं था जिससे व्यक्ति की आजिविका तो उसके संसाधन के अनुसार रहे परन्तु उसका ज्ञान - कर्मज्ञान अन्य के बराबर हो जाये।
5. ईश्वर को समझने के अनेक भिन्न-भिन्न प्रकार के शास्त्र उपलब्ध थे परन्तु अवतार को समझने का शास्त्र उपलब्ध नहीं था।

KNOWLEDGE BOMB (K-BOMB)

एक आइडिया जो बदल दे पूरी दुनिया, जोश सत्य का और तरक्की के लिए नया और अन्तिम नजरिया

त्रिलोक की व्यक्तिगत प्रमाणित कथा नहीं, बल्कि इस लोक की सार्वजनिक प्रमाणित "आध्यात्मिक सत्य" पर आधारित व्यावहारिक कथा

सभी शिक्षा एक तरफ, "विश्वशास्त्र" एक तरफ।

सभी पुस्तक–शास्त्र एक तरफ, "विश्वशास्त्र" एक तरफ

हर घर का शान और प्राण "विश्वशास्त्र", धरती के नागरिक का जीवनशास्त्र "विश्वशास्त्र"

स्वर्ण युग का शास्त्र "विश्वशास्त्र",

राष्ट्र का एक मात्र अन्तिम शास्त्र "विश्वशास्त्र"

(द्वापर युग में आठवें अवतार श्रीकृष्ण द्वारा प्रारम्भ किया गया कार्य "नवसृजन" के प्रथम भाग "सार्वभौम ज्ञान" के शास्त्र "गीता" के बाद कलियुग में द्वितीय और अन्तिम भाग "सार्वभौम कर्मज्ञान" और "पूर्णज्ञान का पूरक शास्त्र")

समीक्षक द्वय

–डॉ0 कन्हैया लाल, एम.ए., एम.फिल.पीएच.डी (समाजशास्त्र–बी.एच.यू.)
निवास–घासीपुर बसाढ़ी, अधवार, चुनार, मीरजापुर (उ0 प्र0)–231304, भारत

–डॉ0 श्रीराम व्यास सिंह, एम.ए., पीएच.डी (योग, आई.एम.एस–बी.एच.यू.)
निवास–कोलना, चुनार, मीरजापुर (उ0 प्र0)–231304, भारत

Yes You I Yes You

S U I S U

स्त्यकाशी ब्रह्माण्डीय एकात्म विज्ञान विश्वविद्यालय (स.ब्र.ए.वि.वि.)
(Satyakashi Universal Integration Science University (SU-ISU)
(शैक्षिक एवं जनकल्याणकारी ट्रस्ट)
ग्रा.– बघेड़ा, पो.– पुरुषोत्तमपुर, जिला–मीरजापुर (उ0 प्र0) भारत, पिन–231305

जिस प्रकार त्रेतायुग से द्वापरयुग में परिवर्तन के लिए वाल्मिकि रचित "रामायण" अवतरित हुआ, जिस प्रकार द्वापरयुग से कलियुग में परिवर्तन के लिए महर्षि व्यास रचित "महाभारत" अवतरित हुआ, उसी प्रकार कलियुग से पाँचवें युग–स्वर्णयुग में परिवर्तन के लिए "विश्वशास्त्र" अवतरित हुआ है।

विश्वशास्त्र

विश्वशास्त्र की स्थापना

विश्वशास्त्र के माध्यम से निम्नलिखित अन्तिम सत्य ज्ञान को प्रसारित व स्थापित करने की कोशिश की गई है-

1. विश्व आत्मा या विश्व मन या एकात्म या सार्वभौम आत्मा जिसे ईश्वर या शिव या ब्रह्म भी कहते हैं, सर्वत्र विद्यमान है। इसे ही वर्तमान में सर्वमान्य रूप से सार्वभौम सत्य-सिद्धान्त कहा जा रहा है और इसे समझाने या अनुभूति कराने वाले शास्त्र को "विश्वशास्त्र"।
2. सार्वभौम-सत्य से सार्वभौम-सिद्धान्त तक की यात्रा का मार्ग ईश्वरीय मार्ग है। जिसे समय-समय पर मानवीय शरीर के माध्यम से व्यक्त कर समाज में स्थापित करने वाले शरीर को अवतार कहते हैं और अवतार द्वारा दी गयी व्यवस्था को व्यक्ति में स्थापित करने वाले को गुरू कहते हैं।
3. ईश्वर या अवतार सम्पूर्ण मानव जाति सहित ब्रह्माण्डीय कल्याण के लिए कर्म करने के लिए व्यक्त होते हैं न कि किसी कथित वर्तमान किसी विशेष धर्म की सर्वोच्चता के लिए।
4. कथित वर्तमान विशेष-विशेष धर्म उसी ईश्वर को अपने-अपने संस्कृति की दृष्टि से देखते व निरूपित करते हैं।
5. कोई भी अवतार अपने जीवन काल में कोई नई व अलग सामाजिक व्यवस्था या संस्कृति की स्थापना नहीं करता बल्कि वह अपने पूर्व के अवतार के कार्यों को ही आगे बढ़ाता है। इस प्रकार प्रत्येक अवतार अपने पूर्व के अवतार का पुनर्जन्म ही होता है और उसका अन्तिम लक्ष्य सार्वभौम सत्य-सिद्धान्त को पूर्ण प्रकाशित कर उसके द्वारा ईश्वरीय समाज का निर्माण करना होता है।
6. अवतार. सार्वभौम आत्मा या सार्वभौम मन का रूप होता है। इसलिए उसका "मैं" का सम्बोधन संयुक्त या समन्वय या सार्वभौम को सम्बोधित होता है और इस ओर गति करने वाला प्रत्येक मानव महापुरूष या ईश्वर के अवतार के रूप में स्थापित होता रहता है।
7. अन्तः सूक्ष्म अदृश्य विषयों पर केन्द्रित मन अदृश्य काल में स्थित मानव की स्थिति है तथा बाह्य स्थूल दृश्य विषयों पर केन्द्रित मन दृश्य काल में स्थित मानव की स्थिति है
8. अन्तः सूक्ष्म अदृश्य विषय द्वारा ईश्वर या आत्मतत्व की अनुभूति कराने वाले शास्त्र को "व्यक्तिगत प्रमाणित विश्वशास्त्र" तथा बाह्य स्थूल दृश्य विषय द्वारा ईश्वर या आत्मतत्व की अनुभूति कराने वाले शास्त्र को "सार्वजनिक प्रमाणित विश्वशास्त्र" कहते हैं। इस प्रकार श्री कृष्ण द्वारा व्यक्त व व्यास रचित "गीता या गीतोपनिषद्" व्यक्तिगत प्रमाणित विश्वशास्त्र है तथा यह शास्त्र सार्वजनिक प्रमाणित "गीता या गीतोपनिषद्" या "विश्वशास्त्र" है।
9. काल और युग का निर्धारण किसी पूर्व निर्धारित समय सीमा या तिथि द्वारा नहीं बल्कि अधिकतम मानव के मन के केन्द्रित स्थिति द्वारा निर्धारित होती है।
10. ईश्वर नाम उस शब्द को कहते हैं जिसके माध्यम से उस ईश्वर या आत्मतत्व को जाना जाता है। अदृश्य काल में यह अदृश्य ईश्वर नाम तथा दृश्य काल में यह दृश्य ईश्वर नाम के रूप में व्यक्त होता है।
11. परिवर्तन या आदान-प्रदान या Transaction या Trade या व्यापार ही एक मात्र सार्वजनिक प्रमाणित दृश्य सत्य है और यह सम्पूर्ण ब्रह्माण्ड क्षेत्र में व्याप्त है। इस कारण यह सम्पूर्ण ब्रह्माण्ड सर्वोच्च और अन्तिम व्यापार क्षेत्र या व्यापार केन्द्र (TRADE CENTRE) है।
12. कोई किसी अन्य के लिए कर्म नहीं करता। सभी अपनी शान्ति, स्थिरता, एकता व विकास के लिए कर्म करते हैं चाहे वह मानव हो या ईश्वर हो या अवतार हो या कोई अन्य।

13. जिसका न आदि है, न अन्त है अर्थात जो शाश्वत, हमेशा और सर्वत्र है। उस आत्म तत्व का जानना ही एक मात्र धर्म को जानना है और उस धर्म का नाम सनातन धर्म है। अवतारगण बार-बार समाज के बहुमत मन और प्रचलित भाषा की दिशा से उस आत्मतत्व की ओर योग कराने के लिए ही आते रहे हैं।
14. उस आत्मतत्व को जानने के लिए ज्ञान सूत्रों के माध्यम से वेदों में, ईश्वर नाम (ओउम्) के माध्यम से उपनिषद् में, उस आत्मतत्व के गुणों व ब्रह्माण्डीय वस्तुओं (सूर्य, चाँद, ग्रह, नक्षत्र, तत्व इत्यादि) के गुणों के साकार निरूपण (मूर्ति) के माध्यम से पुराणों में, प्रकृति (सत्व, रज, तम, आसुरी, दैवी व उसके अन्य अंश गुणों) के माध्यम से गीता/गीतोपनिषद् में व्यक्त किया गया है। इन सभी माध्यमों सहित वर्तमान पदार्थ विज्ञान, समाज विज्ञान, राजनीति विज्ञान, शासन प्रणाली इत्यादि के माध्यम से "सार्वजनिक प्रमाणित गीता (समष्टि गीता)" अर्थात "विश्वशास्त्र" में व्यक्त किया गया है।
15. पौराणिक साकार चरित्रों के निरूपण से ही समाज में जो पहचान बनी वह धर्म- हिन्दू धर्म कहलाया जबकि अवतारगण (सनातन समर्थक) का इनसे कोई सम्बन्ध नहीं रहा और न ही वे इनकी पूजा करते हुये दर्शाये गये। अवतारगण मात्र शिव (आत्मा) और उसके प्रतीक रूप शिवलिंग तक ही सीमित रहे। क्योंकि वे जानते थे कि ये सब मात्र माध्यम हैं न कि लक्ष्य।
16. पिछले कुछ सौ वर्षों में जो दो सार्वाधिक महत्वपूर्ण परिवर्तन इस मानव समाज में हुए हैं वे हैं- पदार्थ (भौतिक) विज्ञान व निराकार आधारित लोकतान्त्रिक शासन का विकास व इनके प्रभुत्व की ओर सदैव बढ़ता हुआ विकास। व्यक्ति का स्वयं को संचालन व्यष्टि मन से होता है परन्तु जब वह राजा के पद पर बैठता है तब वह व्यक्ति होते हुये भी संयुक्त मन-समष्टि मन से संचालित होता है। भगवान परशुराम ने साकार आधारित लोकतंत्र व्यवस्था दी थी जिसे "परशुराम परम्परा" के नाम से जानते हैं। वाल्मीकि रचित रामायण से आदर्श मानक व्यक्ति चरित्र का प्रस्तुतीकरण व्यक्ति संचालन का आदर्श रूप प्रस्तुत हुआ। भगवान श्रीकृष्ण ने साकार आधारित परशुराम परम्परा का नाश किया (क्योंकि उस समय राजा भी व्यष्टि मन से शासन करने लगे थे) और पूर्ववर्ती सभी मतों का समन्वय व एकीकरण करते हुये निराकार आधारित लोकतंत्र व्यवस्था के प्रारम्भ का बीज शास्त्र "गीता/गीतोपनिषद्" प्रस्तुत किये। उसके उपरान्त भगवान बुद्ध ने भगवान श्रीकृष्ण के क्रम को आगे बढ़ाते हुए बुद्धि, संघ व धर्म के शरण में जाने की शिक्षा दी। वर्तमान में पूर्ववर्ती सभी धर्मों व मतों का समन्वय व एकीकरण करते हुये निराकार आधारित लोकतंत्र व्यवस्था का वृक्ष शास्त्र विश्व नागरिक धर्म का धर्मयुक्त धर्मशास्त्र-कर्मवेद: प्रथम, अन्तिम तथा पंचम वेदीय श्रृंखला, विश्व-राज्यधर्म का धर्मनिपेक्ष धर्मशास्त्र-विश्वमानक शून्य-मन की गुणवत्ता का विश्वमानक श्रृंखला, आदर्श मानक सामाजिक व्यक्ति चरित्र समाहित आदर्श मानक वैश्विक व्यक्ति चरित्र अर्थात सार्वजनिक प्रमाणित आदर्श मानक वैश्विक व्यक्ति चरित्र का प्रस्तुतीकरण लव कुश सिंह "विश्वमानव" ने इस "विश्वशास्त्र" से किया है। आत्मतत्व की ओर जो व्यक्ति को जोड़ता है वह व्यष्टि गुरू तथा जो राज्य सहित व्यक्ति को आत्मतत्व की ओर मोड़ता व जोड़ता है वह राजगुरू या राष्ट्रगुरू कहलाता है। वर्तमान समय में राष्ट्र (राज्य) को मार्गदर्शन देने वाले शास्त्र का अभाव था जिसके लिए नये धर्मशास्त्र की आवश्यकता थी जो पूर्ण हुई। यदि आवश्यकता न रहती तो अन्तिम महावतार कल्कि की क्या आवश्यकता रहती और किस कार्य के लिए रहती? विचारणीय विषय है।
17. शास्त्र में दिये गये स्थानों के नाम, वे वर्तमान में हैं, इसलिए प्रयोग किये गये हैं जबकि शास्त्र उसकी ऐतिहासिक प्रमाणिकता को सिद्ध नहीं करता है।
18. शास्त्र में व्यक्त सार्वभौम सत्य-सिद्धान्त अन्तिम है जो सत्य है, न कि परिवर्तनशील विचार। जिसे मानव विचारों के उत्तरोत्तर बढ़ते स्तर से अन्त में यही प्राप्त करेगा। विचारों का अन्त ही सत्य है।

आविष्कार किस प्रकार हुआ?

जिस प्रकार नदी में जल का सतत प्रवाह होता रहता है उसका उपयोग सिंचाईं में हो सकता है। परन्तु बाँध बनाकर जल का उपयोग करने से बिजली भी बनायी जा सकती है। उसी प्रकार मानव समाज में आकड़ों (डाटा) का सदैव प्रवाह हो रहा है उसे अपने मस्तिष्क में रोककर इकट्ठा करने से ही उसका विश्लेषण हो सकता है। जितने अधिक आकड़ों से विश्लेषण होगा परिणाम उतना ही सटीक होगा। यही बुद्धि है। कम्प्यूटर में भी यदि आकड़ें कम होगें तो विश्लेषण भी कम ही प्राप्त किये जा सकते हैं। जितने बड़े क्षेत्र के लिए कार्य करना हो उतने बड़े क्षेत्र से सम्बन्धित आकड़ें जुटाये जाते हैं। यही बुद्धि है। कोई भी कार्य सिर्फ एक कारण से नहीं होता। अधिक से अधिक कारणों को जानना, कर्म की सटीक व्याख्या है।

इसी को दूसरे रूप में ऐसे समझा जा सकता है कि कोई भी व्यक्ति जब मकान बनाने की तैयारी करता है तो सभी सामग्रीयों के आकड़ें उसके सामने होते हैं, तब वह निर्माण कार्य प्रारम्भ करता है। अन्यथा उसका कार्य कभी भी रूक सकता है। सभी अवतार यदि आप सूक्ष्म रूप में देखें तो पायेंगे वे आकड़ों की शक्ति से ही धर्म स्थापना का कार्य किये।

समाज के ऐसे व्यक्ति जो यह जानना चाहते हैं कि यह आविष्कार किस प्रकार हुआ तो उनके लिए वर्तमान तक के सभी मत, विचार, महापुरूषों के जीवनवृत्त, विज्ञान, धर्म, व्यापार, समाज, राज्य, विश्व इत्यादि के सम्बन्ध में विश्व, भारत, अन्तर्राष्ट्रीय, समाज, परिवार व व्यक्ति स्तर पर बहुमुखी न्यूनतम मूल ज्ञान का आकड़ा होना अति आवश्यक होगा। यह "विश्वशास्त्र" सभी प्रश्नों का आध्यात्मिक, सामाजिक, राजनैतिक और प्रबन्धकीय आधार सहित व्याख्या करता है जो विश्व शान्ति, एकता, स्थिरता, विकास, सुरक्षा, प्रबन्ध इत्यादि का अन्तिम, विवशता व मानवतापूर्ण मार्ग है।

उपयोगिता क्या है?

वर्तमान समय के भारत तथा विश्व की इच्छा शान्ति का बहुआयामी विचार-अन्तरिक्ष, पाताल, पृथ्वी और सारे चराचर जगत में एकात्म भाव उत्पन्न कर अभय का साम्राज्य पैदा करना और समस्याओं के हल में इसकी मूल उपयोगिता है। साथ ही विश्व में एक धर्म विश्वधर्म-सार्वभौम धर्म, एक शिक्षा-विश्व शिक्षा, एक न्याय व्यवस्था, एक अर्थव्यवस्था, एक संविधान, एक शास्त्र स्थापित करने में है। भारत के लिए यह अधिक लाभकारी है क्योंकि यहाँ सांस्कृतिक विविधता है। जिससे सभी धर्म-संस्कृति को सम्मान देते हुए एक सूत्र में बाँधने के लिए सर्वमान्य धर्म उपलब्ध हो जायेगा। साथ ही संविधान, शिक्षा व शिक्षा प्रणाली व विषय आधारित विवाद को उसके सत्य-सैद्धान्तिक स्वरूप से हमेशा के लिए समाप्त किया जा सकता है। साथ ही पूर्ण मानव निर्माण की तकनीकी से संकीर्ण मानसिकता से व्यक्ति को उठाकर व्यापक मानसिकता युक्त व्यक्ति में स्थापित किये जाने में आविष्कार की उपयोगिता है। जिससे विध्वंसक मानव का उत्पादन दर कम हो सके। ऐसा न होने पर नकारात्मक मानसिकता के मानवों का विकास तेजी से बढ़ता जायेगा और मनुष्यता की शक्ति उन्हीं को रोकने में खर्च हो जायेगी। यह आविष्कार सार्वभौम लोक या गण या या जन या स्व का निराकार रूप है इसलिए इसकी उपयोगिता स्वस्थ समाज, स्वस्थ लोकतन्त्र, स्वस्थ उद्योग तथा व्यवस्था के सत्यीकरण और स्वराज की प्राप्ति में है अर्थात मानव संसाधन की गुणवत्ता का विश्वमानक की प्राप्ति और ब्रह्माण्ड की सटीक व्याख्या में है। मनुष्य किसी भी पेशे में हो लेकिन उसके मन का भूमण्डलीयकरण, एकीकरण, सत्यीकरण, ब्रह्माण्डीयकरण करने में इसकी उपयोगिता है जिससे मानव शक्ति सहित संस्थागत और शासन शक्ति को एक कर्मज्ञान से युक्त कर ब्रह्माण्डीय विकास में एकमुखी किया जा सके।

बाद का मनुष्य, समाज और शासन

प्रकृति की व्याख्या द्वारा ज्ञान के अन्त के शास्त्र "श्रीमदभगवद्गीता या गीता या गीतोपनिषद्" के बाद ब्रह्माण्ड की व्याख्या द्वारा कर्मज्ञान के अन्त का मानक व तन्त्र शास्त्र - विश्वशास्त्र उपलब्ध होने के बाद मनुष्य, समाज और शासन का निर्माण किस दिशा की ओर होगी यह विचारणीय विषय है। जिसकी संक्षिप्त रूपरेखा निम्न प्रकार है-

1. शिक्षा में शिक्षा पाठ्यक्रम को बदले बिना एक पूरक शास्त्र मनुष्य को उपलब्ध हो जायेगा जिससे वह अपने कर्मों के विश्लेषण व तुलना से जान सकेगा कि वह पूर्ण ईश्वरीय कार्य के अंश जीवन यात्रा में कितनी यात्रा तय कर चुका है और वह यात्रा इस जीवन में पूर्ण करना चाहता है या यात्रा जारी रखना चाहता है।
2. पृथ्वी के मानसिक विवादों को समाप्त कर मनुष्य, समाज व शासन को एक संतुलित कर्मज्ञान का मानक प्राप्त होगा जिससे एकात्मकर्मवाद का जन्म होगा। इस कारण सम्पूर्ण कर्म और मनुष्यता की सम्पूर्ण शक्ति एक दिशा की ओर होगी जिससे ब्रह्माण्डीय विकास होगा।
3. व्यक्ति आधारित समाज व शासन से उठकर मानक आधारित समाज व शासन का निर्माण होगा। अर्थात जिस प्रकार हम सभी व्यक्ति आधारित राजतन्त्र में राजा से उठकर व्यक्ति आधारित लोकतन्त्र में आये, फिर संविधान आधारित लोकतन्त्र में आ गये उसी प्रकार पूर्ण लोकतन्त्र के लिए मानक व संविधान आधारित लोकतन्त्र में हम सभी को पहुँचना है।
4. सभी का ज्ञान-कर्मज्ञान समान हो जाने से हम सभी वर्तमान में जीवन जीते हुये अपनी शक्ति का अधिकतम उपयोग करने में सक्षम हो जायेंगे।
5. अन्ततः सार्वजनिक प्रमाणित दृश्य जगत व विज्ञान में अधिकतम मन केन्द्रित होने से प्रत्यक्ष पर ही विश्वास होगा और डा0 संदीप बीजे बाग, संस्थापक एवं अध्यक्ष, "विश्व सेवा तीर्थ", 106, ओस्तवाल शापिंग सेन्टर, प्रथम तल, भयन्दर (पूर्व), थाणे (महाराष्ट्र)-401105 के निम्न पाँच विचार सत्य सिद्ध होंगे।

ईश्वर के नाम पर युद्ध समाप्त करने के लिए एक प्रभु - सूर्य
देश के नाम पर युद्ध समाप्त करने के लिए एक देश - विश्व
धर्म के नाम पर युद्ध समाप्त करने के लिए एक धर्म - प्रेम
कर्म के नाम पर युद्ध समाप्त करने के लिए एक कर्म - सेवा
जाति के नाम पर युद्ध समाप्त करने के लिए एक जाति - मानव

निर्णय आपके हाथ,
एकता का प्रयास या अनेकता का विकास

कितना छोटा और कितना बड़ा?

भारत में अनेक अपराधिक और घोटाले की फाइल में "विश्वशास्त्र" से अधिक पृष्ठ होते हैं या यूँ कहे कि "विश्वशास्त्र" में निम्नलिखित के अनुसार ही पृष्ठ हैं-

01. कक्षा 8 तक की शिक्षा प्राप्त करने तक सभी विषयों को मिलाकर जिनते पृष्ठ पढ़ा जाता है, विश्वशास्त्र उससे छोटा है।
02. उच्च शिक्षा के किसी भी एक विषय के पाठ्य पुस्तक से विश्वशास्त्र छोटा है।
03. विश्वविद्यालय में किसी विषय पर किये गये 5 शोध-पत्रों से विश्वशास्त्र छोटा है।
04. किसी भी प्रतियोगी परीक्षा के लिए पढ़े गये पुस्तकों से विश्वशास्त्र छोटा है।
05. 5 उपन्यासों के कुल पृष्ठ से विश्वशास्त्र छोटा है।
06. किसी सबसे अधिक पढ़े जाने वाले हिन्दी समाचार पत्र के मात्र 15 दिनों के समाचार पत्र से विश्वशास्त्र छोटा है।
07. एक क्रिकेट टेस्ट मैच के दौरान क्रिकेट के सम्बन्ध में दूरदर्शन के चैनल पर किये गये कमेन्ट्री व वार्ता से निकले वाक्यों से विश्वशास्त्र छोटा है।
08. 10 फिल्मों के पटकथा से विश्वशास्त्र छोटा है।
09. किसी एक घोटाले के जाँच पर तैयार किये गये रिपोर्ट से विश्वशास्त्र छोटा है।
10. 4 औरतों को बिना किसी मुद्दे पर चर्चा के बात करने के लिए 1 सप्ताह एक साथ रखने पर निकले वार्ता से विश्वशास्त्र छोटा है।
11. एक सास-बहू या किसी दूरदर्शन धारावाहिक को देखने में जितना समय लगेगा, उससे कम समय में विश्वशास्त्र पढ़ा जा सकता है।
12. एक लड़की जिसका एक लड़का मित्र (ब्वाय फ्रेण्ड) हो, मोबाइल पर बात करने के लिए स्वतन्त्र कर दिया जाय तो वह 5 दिन में जितना बात करेगी, उसके मूल्य और निकले साहित्य से विश्वशास्त्र छोटा है।

और "विश्वशास्त्र" की सारांश में उपयोग

01. निरक्षर के लिए इस शास्त्र का मूल्य शून्य है, साक्षर के लिए यह उपयोगी है, पशु-प्रवृत्तियों के लिए यह विश्वशास्त्र गोवर्धन पर्वत है, योगियों के लिए यह अँगुली पर उठाने योग्य है, धनिकों के लिए यह व्यर्थ है, नई पीढ़ीयों के लिए यह भविष्य निर्माता है, नेतृत्वकर्ताओं के लिए यह नेतृत्व की कला है, ज्ञान पिपासुओं के लिए यह मार्गदर्शक और उपलब्धि है।
02. काशी क्षेत्र का विश्वशास्त्र सत्य रूप है, उसकी संस्कृति है, उसका प्रतिनिधि शास्त्र है और उसका गौरव है।
03. भारत के लिए विश्वशास्त्र भारतीयता है तथा मानवता का चरम विकसित बिन्दु है। राष्ट्र के लिए राष्ट्रीयता है।
04. युग के लिए यह युग-परिवर्तक है, व्यवस्था के लिए यह व्यवस्था-सत्यीकरण है।
05. लोकतन्त्र के लिए यह पुष्टिकारक है, संविधान के लिए यह मार्गदर्शक है, विभिन्न शास्त्रों के बीच विश्वशास्त्र ही गुरू है और आत्मतत्व का दृश्य रूप है।

और हमारे इस ग्रह पृथ्वी के देश भारत में हजारों विश्वविद्यालय, लाखों विद्यालय-महाविद्यालय, लाखों प्रोफेसर-लेक्चरर इत्यादि शिक्षा क्षेत्र से हैं। भारत के "पुनर्निर्माण व आध्यात्मिक एवं दार्शनिक विरासत के आधार एक भारत-श्रेष्ठ भारत का निर्माण" के लिए प्रस्तुत प्रथम और अन्तिम प्रारूप "विश्वशास्त्र" के 1700 पृष्ठों पर निर्णय कितने दिनों में आयेगा, इससे ही निर्धारित होगा भारत की बौद्धिकता का कालानुसार योग्यता कि वो भूतकाल में हैं या वर्तमान में या भविष्य के लिए तुरन्त कार्यवाही करने को तैयार है।

निर्णय आपके हाथ, ज्ञान-कर्मज्ञान का आस या समय का पास

एक ही विश्वशास्त्र साहित्य के विभिन्न नाम

धर्म क्षेत्र से नाम

01.कर्मवेद 02.शब्दवेद 03.सत्यवेद 04.सूक्ष्मवेद 05.दृश्यवेद 06. पूर्णवेद 07.अघोरवेद 08.विश्ववेद 09.ऋषिवेद 10.मूलवेद 11.शिववेद 12.आत्मवेद 13.अन्तवेद 14.जनवेद 15.स्ववेद 16.लोकवेद 17. कल्किवेद 18.धर्मवेद 19.व्यासवेद 20.सार्वभौमवेद 21.ईशवेद 22.ध्यानवेद 23.प्रेमवेद 24.योगवेद 25.स्वरवेद 26.वाणीवेद 27.ज्ञानवेद 28.युगवेद 29.स्वर्णयुगवेद 30.समर्पणवेद 31.उपासनावेद 32. शववेद 33.मैंवेद 34.अहंवेद 35.तमवेद 36.सत्वेद 37.रजवेद 38.कालवेद 39.कालावेद 40.कालीवेद 41.शक्तिवेद 42.शून्यवेद 43.यथार्थवेद 44.कृष्णवेद सभी प्रथम, अन्तिम तथा पंचम वेद 45. कर्मोपनिषद् - अन्तिम उपनिषद् 46.कर्म वेदान्त 47.धर्मयुक्त धर्म शास्त्र 48.ईश्वर 49.ईश्वर का संक्षिप्त इतिहास 50.ईश्वरशास्त्र 51. पुनर्जन्म 52.श्री लव कुश: पूर्ण प्रेरक अन्तिम कल्कि अवतार 53. भोगेश्वर: योगेश्वर समाहित 54.पूर्णदृश्य-मैं 55.बहुरूप में एक 56. ईश्वर का मस्तिष्क 57.सत्य-शिव-सुन्दर 58.विश्वभारत: सार्वजनिक प्रमाणित महाभारत 59.विश्व-पुराण 60.विश्व-धर्म: सर्वधर्म समाहित 61.विश्व-कला: कृष्ण-कला समाहित 62.विश्व-गुरू 63.विश्व भक्ति 64.सत्य-पुराण 65.सत्य-धर्म 66.सत्य-कला: कृष्ण-कला समाहित 67.सत्य-गुरू 68.सत्य भक्ति 69.सत्यकाशी: पंचम, सप्तम और अन्तिम काशी 70.द्वारिका: स्वर्णयुग का प्रवेश द्वार 71.कृष्ण निर्माण योजना 72. बुड्ढा कृष्ण: कृष्ण का भाग दो और अन्तिम 73.धारा और राधा 74.शिवद्वार: शिवयुग का प्रवेश द्वार 75. जीव का शिव में निर्माण 76.सत्व-रज-तम: राम-कृष्ण-लवकुश 77. लवकुश: सेतू या से तू 78.भोग माया: योग माया समाहित 79.मैं हूँ तैतीस करोड़ 80.अर्धनारीश्वर 81. काल-काली-काला 82. सृष्टि-स्थिति-प्रलय और सृष्टि 83.पशुपास्त्र: ब्रह्मास्त्र व नारायणास्त्र समाहित 84.पुराण पुरूष: सर्वोच्च व अन्तिम 85.पुराण: सर्वोच्च व अन्तिम 86.धर्म: सर्वोच्च व अन्तिम 87.आत्मा: सर्वोच्च व अन्तिम 88.गुरू: सर्वोच्च व अन्तिम 89.महायज्ञ: सर्वोच्च व अन्तिम 90.तीसरा नेत्र

धर्मनिरपेक्ष व सर्वधर्मसमभाव क्षेत्र से नाम

1.मार्ग 2.बुद्धि 3.अहंकार 4.व्यापार 5.महत्वाकांक्षा 6.युग पुरूष 7.शंखनाद 8.उपासना 9.योग 10.मानक 11.एजेण्डा 12.कला 13.ध्यान 14.समर्पण 15.लीला 16.समन्वयाचार्य 17.दर्पण 18.मन 19.शिक्षा 20.रूप 21.विश्वमानव 22.बुद्धि 23.चेतना 24.प्रकाश 25.दृष्टि 26.मार्ग 27.राजनीति 28.एकता 29.शान्ति 30.सेवा 31.भक्ति 32.बन्धुत्व 33.जातिवाद 34.अहंकार 35.दर्शन, सभी सर्वोच्च व अन्तिम 36.विकास-दर्शन 37.विनाश-दर्शन 38.एकात्मकर्मवाद 39.मस्तिष्क परावर्तक (ब्रेन टर्मिनेटर) 40.धर्मनिरपेक्ष धर्म शास्त्र 41.लोकतंत्र धर्म शास्त्र 42. लोक-शास्त्र 43.जन-शास्त्र 44.स्व-शास्त्र 45.लोक नायक शास्त्र 46. यथार्थ-प्रकाश 47.लोक/जन/स्व तंत्र 48.एकात्म विज्ञान 49.मानक विज्ञान 50.पूर्ण ज्ञान 51.कर्म ज्ञान 52.जय ज्ञान-जय कर्म ज्ञान 53. विश्व-उपासना 54.विश्व-योग 55.विश्व-मानक 56. विश्व-राष्ट्र-जन एजेण्डा 57.विश्व-ध्यान 58.विश्व-समर्पण 59. विश्व-लीला 60.विश्व-आत्मा 61.विश्व-समन्वयाचार्य 62. विश्व-दर्पण 63.विश्व-मन 64.विश्व-शिक्षा 65.विश्व-रूप 66. विश्वमानव - विश्वमन से युक्त 67.विश्व-बुद्धि 68.विश्व-चेतना 69. विश्व-प्रकाश 70.विश्व-दृष्टि 71.विश्व-मार्ग 72. विश्व-राजनीति 73. विश्व एकता 74.विश्व शान्ति 75.विश्व सेवा 76.विश्व महायज्ञ: सार्वजनिक प्रमाणित दृश्य 77.विश्व-बन्धुत्व 78.विश्व जातिवाद 79. विश्व अहंकार 80.सत्य-भारत 81.सत्य-उपासना 82.सत्य-योग 83.सत्य-ध्यान 84.सत्य-मानक 85.सत्य-राष्ट्र-जन एजेण्डा 86. सत्य-ध्यान 87.सत्य-समर्पण 88.सत्य-लीला 89.सत्य-आत्मा 90. सत्य-समन्वयाचार्य 91.सत्य-दर्पण 92.सत्य-मन 93.सत्य-शिक्षा 94. सत्य-रूप 95.सत्य-मानव: सत्य-मन से युक्त 96. सत्य-बुद्धि 97. सत्य-चेतना 98.सत्य-प्रकाश 99.सत्य-दृष्टि 100.सत्य-मार्ग 101. सत्य-राजनीति 102.सत्य एकता 103.सत्य शान्ति 104.सत्य

सेवा 105.सत्य महायज्ञ: सार्वजनिक प्रमाणित दृश्य 106.सत्य-बन्धुत्व 107. सत्य जातिवाद 108.सत्य अहंकार 109.स्वर्णयुग का प्रथम मानव 110. मात्र यही हूँ-मानो या ना मानो 111.पाँचवा और अन्तिम सूर्य 112. चक्रान्त - चक्र का अन्त 113.दिव्य-दृष्टि 114.दिव्य-रूप 115. दृश्य-योग 116.दृश्य-ध्यान 117.ज्ञान बम 118.आध्यात्मिक न्यूट्रान बम 119. सार्वभौम सत्य-सिद्धान्त 120.मानक एवं मन का विश्व मानक और पूर्ण वैश्विक मानव निर्माण की तकनीकी 121.मन का ब्रह्माण्डीयकरण 122. सार्वभौम दर्पण-व्यक्ति से ब्रह्माण्ड तक 123.सम्पूर्ण क्रान्ति-प्रथम, अन्तिम और सर्वोच्च क्रान्ति 124. सामाजिक अभियंत्रण (सोशल इंजिनीयरींग) 125.सन् 2012: पाँचवें और अन्तिम स्वर्ण युग का आरम्भ वर्ष 126.आध्यात्मिक ब्लैक होल 127.तख्तापलट 128.एक आवाज, मधुशाला से 129.आकड़ा (डाटा) 130.मंथन रत्न 131.काला किताब 132.पूर्ण सकारात्मक विचार 133.विश्व संविधान का आधार 134. एक अलग यात्रा 135.समभोग: एकात्म भाव से भोग 136.सर्वजन हिताय - सर्वजन सुखाय 137.वसुधैव कुटुम्बकम् 138.सर्वेभवन्तु सुखिनः 139.अगीतांजलि 140.सत्य शास्त्र 141. व्यवस्था परिवर्तन का प्रथम प्रारूप

उपरोक्त नाम क्यों हैं, इसकी व्याख्या "विश्वशास्त्र" के परिशिष्ट में दी गयी है।

विश्वव्यापी स्थापना का स्पष्ट मार्ग

मन (मानव संसाधन) के विश्व मानक (WS)-0 श्रृंखला के विश्वव्यापी स्थापना के निम्नलिखित शासनिक प्रक्रिया द्वारा स्पष्ट मार्ग है।

01. **जनता व जन संगठन द्वारा-** जनता व जन संगठन द्वारा जनहित के लिए सर्वोच्च न्यायालय में यह याचिका दायर की जा सकती है कि सभी प्रकार के संगठन जैसे-राजनीतिक दल, औद्योगिक समूह, शिक्षण समूह जनता को यह बतायें कि वह किस प्रकार के मन का निर्माण कर रहा है तथा उसका मानक क्या है?
02. **भारत सरकार द्वारा-** भारत सरकार इस श्रृंखला को स्थापित करने के लिए संसद में प्रस्ताव प्रस्तुत कर अपने संस्थान भारतीय मानक ब्यूरो (BIS) के माध्यम से समकक्ष श्रृंखला स्थापित कर विश्वव्यापी स्थापना के लिए अन्तर्राष्ट्रीय मानकीकरण संगठन (ISO) के समक्ष प्रस्तुत कर सकता है। साथ ही संयुक्त राष्ट्र संघ (UNO) में भी प्रस्तुत कर संयुक्त राष्ट्र संघ (UNO) के पुर्नगठन व पूर्ण लोकतंत्र की प्राप्ति के लिए मार्ग दिखा सकता है। संयुक्त राष्ट्र संघ (UNO) के सन् 2046 ई0 में 100 वर्ष पूरे होने पर विश्व सरकार के गठन व विश्व संविधान के निर्माण का यही WS-0 श्रृंखला आधार सिद्धान्त है जो भारत अभी ही खोजा जा चुका है।
03. **राजनीतिक दल द्वारा-** भारत का कोई एक राष्ट्रीय राजनीतिक दल जिसकी राजनैतिक इच्छाशक्ति हो, वह विश्व राजनीतिक पार्टी संघ (WPPO) का गठन कर प्रत्येक देश से एक राजनीतिक दल को संघ में साथ लेते हुये संयुक्त राष्ट्र संघ पर स्थापना के लिए दबाव बना सकता है।
04. **सयुंक्त राष्ट्र संघ (UNO) द्वारा-** संयुक्त राष्ट्र संघ सीधे इस मानक श्रृंखला को स्थापना के लिए अपने सदस्य देशों के महासभा के समक्ष प्रस्तुत कर अन्तर्राष्ट्रीय मानकीकरण संगठन (ISO) व विश्व व्यापार संगठन के माध्यम से सभी देशों में स्थापित करने के लिए उसी प्रकार बाध्य कर सकता है, जिस प्रकार ISO-9000 व ISO-14000 श्रृंखला का विश्वव्यापी स्थापना हो रहा है। विश्व व्यापार संगठन के ऊपर मन (मानव संसाधन) के विश्व मानक WS-0 श्रृंखला की स्थापना से भारत दबाव बना सकता है।
05. **अन्तर्राष्ट्रीय मानकीकरण संगठन (ISO) द्वारा-** अन्तर्राष्ट्रीय मानकीकरण संगठन सीधे इस श्रृंखला को स्थापित कर सभी देशों के लिए संयुक्त राष्ट्र संघ व विश्व व्यापार संगठन के माध्यम से सभी देशों में स्थापित करने के लिए उसी प्रकार बाध्य कर सकता है, जिस प्रकार ISO-9000 व ISO-14000 श्रृंखला का विश्वव्यापी स्थापना हो रहा है।

मानव एवम् संयुक्त मानव (संगठन, संस्था, ससंद, सरकार इत्यादि) द्वारा उत्पादित उत्पादों को धीरे-धीरे वैश्विक स्तर पर मानकीकरण हो रहा है। ऐसे में संयुक्त राष्ट्र संघ को प्रबन्ध और क्रियाकलाप का वैश्विक स्तर

पर मानकीकरण करना चाहिए। जिस प्रकार औद्योगिक क्षेत्र अन्तर्राष्ट्रीय मानकीकरण संगठन (International Standardization Organisation-ISO) द्वारा संयुक्त मन (उद्योग, संस्थान, उत्पाद इत्यादि) को उत्पाद, संस्था, पर्यावरण की गुणवत्ता के लिए ISO जैसे- ISO-9000, ISO-14000 श्रृंखला इत्यादि प्रदान किये जाते हैं उसी प्रकार संयुक्त राष्ट्र संघ को नये अभिकरण विश्व मानकीकरण संगठन (World Standardization Organisation-WSO) बनाकर या अन्तर्राष्ट्रीय मानकीकरण संगठन को अपने अधीन लेकर ISO-0/WSO-0 का प्रमाण पत्र योग्य व्यक्ति और संस्था को देना चाहिए जो गुणवत्ता मानक के अनुरूप हों। भारत को यही कार्य भारतीय मानक ब्यूरो (Bureau of Indiand Standard-BIS) के द्वारा ISO-0 श्रृंखला द्वारा करना चाहिए। भारत को यह कार्य राष्ट्रीय शिक्षा प्रणाली (National Education System-NES) व विश्व को यह कार्य विश्व शिक्षा प्रणाली (World Education System-WES) द्वारा करना चाहिए।

सम्बन्धित स्थान

1. रिफाइनरी टाउनशिप अस्पताल, बेगूसराय (बिहार) का जन्मस्थान सोमवार, 16 अक्टुबर 1967 (आश्विन, शुक्ल पक्ष-त्रयोदशी-विजया दशमी से तीसरा दिन, रेवतीनक्षत्र) में हुआ और टाउनशिप के E1-53, E2-53, D2F-76, D2F-45 और साइट कालोनी के D-58, C-45 में रहें।
2. नईबस्ती बघेड़ा, संतरविदास मन्दिर (मीरजापुर, उ0प्र0) के दक्षिण पैतृक भूमि का स्थान जहाँ दृश्यकाल के "शब्दब्रह्म" की प्राप्ति 1992 में हुई।
3. C-45, साइट कालोनी, रिफाइनरी, बेगूसराय (बिहार) और चित्रगुप्त नगर, खगड़िया (बिहार), का स्थान जहाँ शास्त्र का आरेख प्रारूप सन् 1994 से 1996 में तैयार किया गया।
4. श्री सियाराम सिंह पुत्र स्व0 राममन्दिल सिंह "नारदजी" का मकान "सर्वजीत साधना भवन" मुर्धवा, रेनुकूट (सोनभद्र, उ0प्र0) स्थित जहाँ शास्त्र के मूल सूत्र सन् 1998 से 2001 में लिखे गये।
5. निवास स्थान नियामतपुर कलाँ, मीरजापुर, उ0प्र0 (काशी हिन्दू विश्वविद्यालय-बी.एच.यू. वाराणसी के दक्षिण गंगा उस पार), जहाँ शास्त्र को सन् 2010 से अन्तिम रूप देने का कार्य हुआ और मथुरा में पूर्ण किया गया। बीच-बीच में चित्रकूट, वैष्णों देवी, धर्मशाला (हि.प्र), वाराणसी इत्यादि स्थानों पर शास्त्र रचना का कार्य हुआ।
6. शास्त्राकार के कारण सत्यकाशी क्षेत्र अन्तर्गत चुनार क्षेत्र के शेरपुर, बकियाबाद, धनैता मझरा, पचेवरा, फिरोजपुर, केशवपुर, भगीरथपुर, कोलना, घासीपुर बसाढ़ी, जौगढ़, रामरायपुर, जलालपुर माफी, गांगपुर, रामजीपुर, बघेड़ा, जमुहार इत्यादि गाँव भी जाने जायेंगे।
7. माधव विद्या मन्दिर इण्टरमीडिएट कालेज, पुरूषोत्तमपुर, मीरजापुर, उ0प्र0 (दसवीं -1981, 13 वर्ष 6 माह में), प्रभु नारायण राजकीय इण्टर कालेज, रामनगर, वाराणसी, उ0प्र0 (बारहवीं-1983, 15 वर्ष 6 माह में) और हरिश्चन्द्र महाविद्यालय, वाराणसी, उ0प्र0 (बी.एससी.,सन्-1985, 17 वर्ष 6 माह में) के कालेज।
8. इण्डिया एजूकेशन सेन्टर, एम-92, कनाट प्लेस, नई दिल्ली, जहाँ से 1988 (19 वर्ष 6 माह में) में कम्प्यूटर प्रोग्रामिंग और सिस्टम एनालिसिस में पोस्ट ग्रेजूएट डिप्लोमा का कोर्स पूर्ण किये।

विश्वभारत

****

ये कथा है महाकाल की
परमार्थ की, यथार्थ की, सत्यार्थ की
दृश्य स्वार्थ की
अवतारों की है ये कहानी

सार्वभौम सत्य-धर्म की स्थापना के लिए 10 अवतारों के सयुंक्त जीवन-कर्म-ज्ञान की कथा ही "विश्वभारत" की कथा है।

कर्म वेदान्त और विकास दर्शन

भारतीय आध्यात्म दर्शन के मूल विचार "सभी ईश्वर हैं" तथा अद्वैत वेदान्त दर्शन के अनुसार "सभी ईश्वर के ही प्रकाश हैं" के अनुसार सभी में विश्वात्मा ही स्थित हैं। हम उन सभी को ईश्वर का अंश या विश्वात्मा का अंश इसलिए कहते हैं कि वे स्वयं को अपने समय के सर्वोच्च क्षेत्र तक व्यक्त नहीं कर पाते। यह ब्रह्माण्ड ईश्वर से व्यक्त है और उसमें ईश्वर समाहित और व्याप्त है। उसका प्रकाट्य सार्वभौम सत्य-सिद्धान्त का ही प्रकाट्य है। विश्वात्मा का सर्वोच्च प्रकाट्य पूर्ण सार्वभौम सत्य-सिद्धान्त का प्रकटीकरण है जो अन्तिम हो।

आत्मा और विश्वात्मा, अलग-अलग नहीं एक ही है। बस उसके प्रकटीकरण क्षेत्र अर्थात प्रभाव क्षेत्र से उसके नाम अलग हैं। आत्मा जो व्यक्तिगत और सामाजिक क्षेत्र के सीमित भौगोलिक क्षेत्र तक प्रभावी रहता है वहीं विश्वात्मा अपने समय के सर्वोच्च भौगोलिक क्षेत्र तक को प्रभावी करता है।

तात्पर्य यह है कि प्रत्येक मनुष्य ही विश्वात्मा है। उसे सार्वभौम एकात्म के लिए योजना बना कर प्रकट होने के लिए उतना ही भौगोलिक क्षेत्र प्राप्त है जितना कि किसी मनुष्य या अवतार को। जिसका जितना विशाल हृदय होगा, उसका उतना विशाल प्रेम होगा और ठीक उतना ही विशाल उसका कर्मक्षेत्र होगा। यह ब्रह्माण्ड ईश्वर के विशाल हृदय से व्यक्त प्रेम का फल है। और उसके विकास, संरक्षण, विनाश, निर्माण, नव-निर्माण और पुनर्निर्माण के लिए सदैव कर्मशील है। विश्वात्मा को जानने-समझने से वर्तमान और भविष्य के मनुष्य का मस्तिष्क विशालता की ओर प्राप्त करने का अवसर देता है जिससे हृदय की विशालता भी बढ़ती है और कर्म करने के लिए अनन्त दिशाओं और जन्मों के लिए परियोजना भी मिलती है। परियोजना का नाम होता है-"सत्य-शिव-सुन्दर" निर्माण।

मन और मन का मानक। मन-व्यक्तिगत प्रमाणित अद्दश्य सत्य। मन का मानक-सार्वजनिक प्रमाणित दृश्य सत्य। अनासक्त मन अर्थात् आत्मा अर्थात् व्यक्तिगत प्रमाणित अद्दश्य आत्मा अर्थात् मन का अद्दश्य मानक। मन का मानक अर्थात् सार्वजनिक प्रमाणित दृश्य आत्मा अर्थात् सार्वजनिक प्रमाणित दृश्य अनासक्त मन। मन का मानक में मन समाहित है।

सार्वभौम आत्मा का सार्वजनिक प्रमाणित धर्मनिरपेक्ष एवं सर्वधर्मसमभाव दृश्य रुप एकात्म ज्ञान, एकात्म ज्ञान सहित एकात्म कर्म तथा एकात्म ज्ञान और एकात्म कर्म सहित एकात्म ध्यान के तीन व्यक्त होने के स्तर हैं जो क्रमशः एकात्म वाणी, एकात्म वाणी सहित एकात्म प्रेम तथा एकात्म वाणी और एकात्म प्रेम सहित एकात्म समर्पण द्वारा शक्ति प्राप्त करता है। जिनका धर्मयुक्त अद्दश्य रुप भारतीय संस्कृति के पौराणिक कथाओं में ब्रह्मा, विष्णु, महेश (शंकर) के रुप में तथा सरस्वती, लक्ष्मी और पार्वती शक्ति के रुप में प्रक्षेपित हैं। जिनकी उपयोगिता क्रमशः व्यक्ति, समाज और ब्रह्माण्ड को संतुलन, स्थिरता एवं विकास में है।

विश्व के सर्वप्राचीन अकाट्य सांख्य दर्शन के सिद्धान्त से विश्वमन तीन मन - सत्व, रज और तम में विखण्डित होता है जिससे समस्त विश्व व्यक्त होता है अर्थात निम्नलिखित मूल प्रकार के मन से युक्त आत्मा व्यक्त होकर अनेक अंश-अंशांस के रूप में मन से युकत आत्माएँ व्यक्त होती रहती हैं फिर इनका संलयन और संयुग्मन होता है तब व्यक्त होता हैं - "विश्व मन से युक्त आत्मा - एक पूर्ण मानव"

1. **रज मन -** ये मन सकारात्मक व्यक्तिगत विकासशील मन का रूप होता है। इसमें वे सभी मन आते हैं जो समाज व देश का शारीरिक, आर्थिक व मानसिक विकास करते हैं। मानव सभ्यता के संसार में इस मन को ही गृहस्थ कहते हैं। ये क्रियान्वयन दर्शन (Operating Philosophy) अर्थात् O के अन्तर्गत आता है।

2. **तम मन -** ये मन नकारात्मक व्यक्तिगत विकासशील मन का रूप होता है। इसमें वे सभी मन आते हैं जो समाज व देश का शारीरिक, आर्थिक व मानसिक नकारात्मक विकास करते हैं। भारतीय धर्मशास्त्र साहित्य

के पुराणों में इस मन को ही असुर या राक्षस कहा गया है। ये क्रियान्वयन दर्शन (Operating Philosophy) अर्थात् O के अन्तर्गत आता है।

3. **सत्व मन** - ये मन सार्वभौम आत्मा पर केन्द्रित मन होते हैं। इसके निम्नलिखित दो प्रकार होते हैं।

अ. निवृत्ति मार्गी - सार्वभौम आत्मा पर केन्द्रित इस प्रकार के मन समाज व देश के शारीरिक, आर्थिक व मानसिक आदान-प्रदान से उदासीन रहते हैं तथा स्वआनन्द में ही रहते हैं। मानव सभ्यता के संसार में इस मन को ही साधु/सन्त/ सिद्ध/ ऋषि/ वैश्विक दर्शन आचार्य/ साकार गुरू इत्यादि कहा गया है। ये व्यक्तिगत प्रमाणित मार्गदर्शक दर्शन (Guider Philosophy) अर्थात् G के अन्तर्गत आते हैं।

ब. प्रवृत्ति मार्गी - सार्वभौम आत्मा पर केन्द्रित इस प्रकार के मन समाज व देश के शारीरिक, आर्थिक व मानसिक आदान-प्रदान में भाग लेते हैं तथा स्वआनन्द के साथ रहते हैं। भारतीय धर्मशास्त्र साहित्य के पुराणों में इस मन को ही देवता/राजा कहा गया है। मानव सभ्यता के संसार में इस मन को ही क्रान्तिकारी/परिवर्तनकर्ता/विकासशील कहा गया है। ये सार्वजनिक प्रमाणित विकास/ विनाश दर्शन (Development/Destroyer Philosophy) अर्थात् D के अन्तर्गत आते हैं।

अवतारी मन

अवतारी (पुरूष), मन के तीनों गुण सत्व, रज और तम का पूर्ण संलयन का सार्वभौम साकार रूप होता है परन्तु वह तीनों गुणों से युक्त होते हुये भी उससे मुक्त रहता है और अपने पूर्ववर्ती मन के तीनों गुण से युक्त सत्व, रज और तम मनों के सर्वोच्च अवस्था की अगली कड़ी होता है। ये सार्वभौम प्रमाणित मार्गदर्शक दर्शन (Guider Philosophy) अर्थात् G, क्रियान्वयन दर्शन (Operating Philosophy) अर्थात् O और विकास/ विनाश दर्शन (Development/Destroyer Philosophy) अर्थात् D का संयुक्त रूप होता है।

पूर्ण ज्ञान अर्थात् अपने मालिक स्वयं केन्द्र में स्थित मार्गदर्शक दर्शन (Guider Philosophy) अर्थात् G एवं विकास दर्शन (Development/Destroyer Philosophy) अर्थात् D है। इसकी परिधि आदान-प्रदान या व्यापार या क्रियाचक्र या क्रियान्वयन दर्शन (Operating Philosophy) अर्थात् O है। यही आध्यात्म अर्थात् अर्थात् अदृश्य विज्ञान का सर्वोच्च एवं अन्तिम आविष्कार है। तथा यहीं पदार्थ अर्थात् दृश्य विज्ञान द्वारा आविष्कृत परमाणु की संरचना भी है। जिसके केन्द्र में G के रुप में प्रोटान P है तथा D के रुप में न्यूट्रान N है। इसकी परिधि O के रुप में इलेक्ट्रान E है। प्राच्य अदृश्य आध्यात्म विज्ञान तथा पाश्चात्य दृश्य पदार्थ विज्ञान में एकता का यही सूत्र है। विवाद मात्र नाम के कारण है। जिसके अनुसार इलेक्ट्रान या क्रियान्वयन दर्शन में विभिन्न सम्प्रदायों, संगठनों, दलों के विचार सहित व्यक्तिगत विचार जिसके अनुसार अर्थात् अपने मन या मन के समूहों के अनुसार वे समाज तथा राज्य का नेतृत्व करना चाहते हैं। जबकि ये सार्वजनिक सत्य नहीं है। इसलिए ही इन विचारों की समर्थन शक्ति कभी स्थिर नहीं रहती जबकि केन्द्र या आत्मा या एकता में विकास दर्शन स्थित है। केन्द्र में प्रोटान की स्थिति अदृश्य मार्गदर्शक दर्शन या अदृश्य विकास दर्शन की स्थिति, चूंकि यह सार्वजनिक सत्य विकास दर्शन का अदृश्य रुप है इसलिए यह व्यक्तिगत प्रमाणित है। इसी कारण आध्यात्म भी विवाद और व्यष्टि विचार के रुप में रहा जबकि यह सत्य था। लेकिन न्यूट्रान की स्थिति दृश्य मार्गदर्शक दर्शन या दृश्य विकास दर्शन की स्थिति है इसलिए यह सार्वजनिक सत्य है सम्पूर्ण मानक है, समष्टि सत्य है, सत्य सिद्धान्त है जिसकी स्थापना से व्यक्ति मन उस चरम स्थिति में स्थापित होकर उसी प्रकार तेजी से विश्व निर्माण कर सकता है जिस प्रकार पदार्थ विज्ञान द्वारा आविष्कृत न्यूट्रान बम इस विश्व का विनाश कर सकता है।

अपने मालिक स्वयं बनें

TRADE

Invisibly Visibly

GD

CENTRE

BE YOUR OWN BOSS

G

मार्गदर्शक दर्शन (Guider Philosophy) अर्थात् G

(व्यक्तिगत प्रमाणित अदृश्य विकास दर्शन (Development/Destroyer Philosophy) अर्थात् D की अवस्था)

सार्वभौम आत्मा ही प्रेरक है, मार्गदर्शक है और इसका दर्शन ही मार्गदर्शक दर्शन (Guider Philosophy) अर्थात् G (व्यक्तिगत प्रमाणित अदृश्य विकास दर्शन (Development/Destroyer Philosophy) अर्थात् D की अवस्था) है।

यह अवस्था ही व्यक्तिगत प्रमाणित अदृश्य सार्वभौम समभाव, एकात्म, सत्य, केन्द्र (CENTRE), क्रान्ति, अद्वैत, ऋृषि, सिद्ध, धर्म स्थापक, योगेश्वर, धर्म, धर्म ज्ञानी, अद्वैत वेदान्त-दर्शन में ब्रह्म, जगद्‌गुरू, अवतार की अवस्था है। यही भारतीय आध्यात्म-दर्शन है। प्राच्य दार्शनिकों (Eastern Philosopher) का सार्वभौम स्तर और सार्वभौम दृष्टिकोण है जिसमें सदैव ब्रह्माण्ड और प्रकृति के साथ समन्वय होता है। यह सम्पूर्ण मानव समाज पर प्रभावी रहती है।

"जितने दिनों से जगत है उतने दिनों से मन का अभाव-उस एक विश्वमन का अभाव कभी नहीं हुआ। प्रत्येक मानव, प्रत्येक प्राणी उस विश्वमन से ही निर्मित हो रहा है क्योंकि वह सदा ही वर्तमान है। और उन सब के निर्माण के लिए आदान-प्रदान कर रहा है।" (धर्म विज्ञान, राम कृष्ण मिशन, पृष्ठ-27)

-स्वामी विवेकानन्द

"एक तरह का सिद्ध एक ही बार होता है, दोबारा नहीं होता। क्योंकि जो सिद्ध हो गया, फिर नही लौटता। गया फिर वापस नहीं आता। एक ही बार तुम उसकी झलक पाते हो- बुद्ध की, महावीर की, क्राइस्ट ही, मुहम्मद की, एक ही बार झलक पाते हो, फिर गये सो गये। फिर विराट में लीन हो गये। फिर दोबारा उनके जैसा आदमी नहीं होगा, नहीं हो सकता। मगर बहुत लोग नकलची होंगे। उनको तुम साधु कहते हो। उन नकलीची का बड़ा सम्मान है। क्योंकि वे तुम्हारे शास्त्र के अनुसार मालूम पड़ते हैं। जब भी सिद्ध आयेगा सब अस्त व्यस्त कर देगा सिद्ध आता ही है क्रान्ति की तरह ! प्रत्येक सिद्ध बगावत लेकर आता है, एक क्रान्ति का संदेश लेकर आता है एक आग की तरह आता है- एक तुफान रोशनी का! लेकिन जो अँधेरे में पड़े हैं। उनकी आँखे अगर एकदम से उतनी रोशनी न झेल सके और नाराज हो जाय तो कुछ आश्चर्य नहीं।

जो एक गुरू बोल रहा है, वह अनन्त सिद्धों की वाणी है। अभिव्यक्ति में भेद होगा, शब्द अलग होंगे, प्रतीक अलग होंगे मगर जो एक सिद्ध बोलता है, वह सभी सिद्धों की वाणी है। इनसे अन्यथा नहीं हो सकता है। इसलिए जिसने एक सिद्ध को पा लिया, उसने सारे सिद्धों की परम्परा को पा लिया। क्योंकि उनका सूत्र एक ही है। कुंजी तो एक ही है, जिसमें ताला खुलता है अस्तित्व का।"

-आचार्य रजनीश "ओशो"

O

क्रियान्वयन दर्शन (Operating Philosophy) अर्थात् O

यह अवस्था व्यक्तिगत आत्मा ही प्रेरक है, मार्गदर्शक है और इसका दर्शन ही क्रियान्वयन दर्शन (Operating Philosophy) अर्थात् O की अवस्था है।

जब यह अवस्था मानव समाज में व्यक्तिगत आत्मा से योग कराने के लिए व्यक्त होती है तब यह व्यक्तिगत प्रमाणित दृश्य विकास दर्शन (Development/Destroyer Philosophy) अर्थात् D की अवस्था में आ जाती है।

यह अवस्था ही व्यक्तिगत प्रमाणित अदृश्य व्यक्तिगत समभाव, एकात्म, सत्य-सिद्धान्त, परिवर्तन, आदान-प्रदान (TRADE), क्रान्ति, अद्वैत, ऋषि, सिद्ध, धर्म स्थापक, भोगेश्वर, धर्म, धर्म ज्ञानी, अद्वैत वेदान्त-दर्शन में ब्रह्म, जगद्गुरू, अवतार की अवस्था है। यही सार्वभौम से मुक्त अनेक प्रकार के सम्प्रदायों, मत आधारित संगठनों का दर्शन है। पाश्चात्य दार्शनिकों (Western Philosopher) का दृष्टिकोण है। जिसमें ब्रह्माण्ड और प्रकृति के साथ समन्वय नहीं होता है और यह सम्पूर्ण मानव समाज के लिए ना होकर अंश जन समूह पर ही प्रभावी रहती है।

D

विकास/ विनाश दर्शन (Development/Destroyer Philosophy) अर्थात् D

(सार्वजनिक प्रमाणित दृश्य विकास दर्शन (Development/Destroyer Philosophy) अर्थात् D की अवस्था)

सार्वभौम आत्मा ही प्रेरक है, मार्गदर्शक है और इसका दर्शन ही मार्गदर्शक दर्शन (Guider Philosophy) अर्थात् G (व्यक्तिगत प्रमाणित अदृश्य विकास दर्शन (Development/Destroyer Philosophy) अर्थात् D की अवस्था) है।

जब यह अवस्था संसार में सार्वभौम एकात्म से योग कराने के लिए व्यक्त होती है तब यह सार्वजनिक प्रमाणित दृश्य विकास दर्शन (Development/Destroyer Philosophy) अर्थात् D की अवस्था में आ जाती है। ऐसी अवस्था में आने से पुराने दर्शन अपनी सर्वोच्चता खो देते हैं इसलिए विनाश का अनुभव दिखता है। जबकि पुराने दर्शन विकास के चरण होते हैं और वे भी प्रभावहीन होकर अस्तित्व में सदैव रहते हैं।

यह अवस्था ही सार्वजनिक प्रमाणित दृश्य सार्वभौम समभाव, एकात्म, सत्य-सिद्धान्त, परिवर्तन, आदान-प्रदान (TRADE), क्रान्ति, अद्वैत, ऋषि, सिद्ध, धर्म स्थापक, भोगेश्वर, धर्म, धर्म ज्ञानी, अद्वैत वेदान्त-दर्शन में ब्रह्म, जगद्गुरू, अवतार की अवस्था है। यही भारतीय आध्यात्म-दर्शन है। प्राच्य अवतारी श्रृंखला दार्शनिकों का सार्वभौम स्तर और सार्वभौम दृष्टिकोण है जिसमें सदैव ब्रह्माण्ड और प्रकृति के साथ समन्वय होता है। यह सम्पूर्ण

मानव समाज पर प्रभावी रहती है और सार्वभौम से युक्त क्रियान्वयन दर्शन (Operating Philosophy) अर्थात् O है।

सृष्टि विकास क्रम की एक श्रृंखला है। सार्वभौम सत्य से सार्वभौम सत्य-सिद्धान्त का मनुष्य शरीर से प्रकटीकरण ईश्वर का अवतरण है, परन्तु ईश्वर नहीं। विकास क्रम की श्रृंखला से ही मानव समाज के एकीकरण के लिए व्यक्त सार्वभौम सत्य-सिद्धान्त ही अवतारवाद के विचार के जन्म का कारण है। अवतारवाद के विचार का जन्म वेदों और पुराणों से व्यक्त होता है और लगभग सभी वर्तमान धर्मों (या सम्प्रदाय) के द्वारा माना जाता है। अवतरण, सम्पूर्ण ब्रह्माण्ड में व्याप्त सार्वभौम सत्य-सिद्धान्त का होता है इसलिए वह मानवीय नियमों से उच्च और अटलनीय-अपरिवर्तनीय-सर्वोच्च होता है। ईश्वर के अब तक नौ अवतार हो चुके है, दसवां कल्कि अवतार होना अभी बाकी है ऐसा कहा जाता है।

मानव से पूर्ण मानव के विकास क्रम के आधुनिक विचार के अनुसार - मानव से पूर्ण मानव के विकास क्रम के दृष्टि के अनुसार अवतार मानवों के सार्वभौम मस्तिष्क, सार्वभौम सत्य-सिद्धान्त और एकीकरण के लिए मानकीकरण के विकास की कहानी कहती है जो व्यावहारिक दृष्टि से अधिक उपयोगी है। अवतारों के नामकरण में उसके गुणों के तुलना के लिए प्रारम्भ में समान गुणों के जीव के नाम पर तथा बाद में स्वयं उनके व्यक्तिगत गुण के आधार पर रखे गये।

मनुष्य को अधिक पूर्ण बनाने और संचालन के लिए अवतार द्वारा आये मुख्य आपरेटिंग सिस्टम (Avatar's Operating System- AOS) संस्करण (Version) इस प्रकार हैं-

मानव-1 (AOS: Human-1)

मुख्य-गुण सिद्धान्त - इसमें धारा के विपरीत दिशा (राधा) में गति करने का विचार-सिद्धान्त मानव मस्तिष्क में डाला गया।

मानव-2 (AOS: Human-2)

मुख्य-गुण सिद्धान्त - इसमें सहनशील, शांत, धैर्यवान, लगनशील, दोनों पक्षों के बीच मध्यस्थ की भूमिका वाला गुण (समन्वय का सिद्धान्त) का विचार-सिद्धान्त मानव मस्तिष्क में डाला गया।

मानव-3 (AOS: Human-3)

मुख्य-गुण सिद्धान्त - इसमें सूझ-बुझ, सम्पन्न, पुरूषार्थी, धीर-गम्भीर, निष्कामी, बलिष्ठ, सक्रिय, शाकाहारी, अहिंसक और समूह प्रेमी, लोगों का मनोबल बढ़ाना, उत्साहित और सक्रिय करने वाला गुण (प्रेरणा का सिद्धान्त) का विचार-सिद्धान्त मानव मस्तिष्क में डाला गया।

मानव-4 (AOS: Human-4)

मुख्य-गुण सिद्धान्त - प्रत्यक्ष रूप से एका-एक लक्ष्य को पूर्ण करने वाले (लक्ष्य के लिए त्वरित कार्यवाही का सिद्धान्त) का विचार-सिद्धान्त मानव मस्तिष्क में डाला गया।

मानव-5 (AOS: Human-5)

मुख्य-गुण सिद्धान्त - भविष्य दृष्टा, राजा के गुण का प्रयोग करना, थोड़ी सी भूमि पर गणराज्य व्यवस्था की स्थापना व व्यवस्था को जिवित करना, उसके सुख से प्रजा को परिचित कराने वाले गुण (समाज का सिद्धान्त) का विचार-सिद्धान्त मानव मस्तिष्क में डाला गया।

मानव-6 (AOS: Human-6)

मुख्य-गुण सिद्धान्त - गणराज्य व्यवस्था को ब्रह्माण्ड में व्याप्त व्यवस्था सिद्धान्तों को आधार बनाने वाले गुण और व्यवस्था के प्रसार के लिए योग्य व्यक्ति को नियुक्त करने वाले गुण (लोकतन्त्र का सिद्धान्त और उसके प्रसार के लिए योग्य उत्तराधिकारी नियुक्त करने का सिद्धान्त) का विचार-सिद्धान्त मानव मस्तिष्क में डाला गया।

मानव-7 (AOS: Human-7)

मुख्य-गुण सिद्धान्त - आदर्श चरित्र के गुण के साथ प्रसार करने वाला गुण (व्यक्तिगत आदर्श चरित्र के आधार पर विचार प्रसार का सिद्धान्त) का विचार-सिद्धान्त मानव मस्तिष्क में डाला गया।

मानव-8 (AOS: Human-8)

मुख्य-गुण सिद्धान्त - आदर्श सामाजिक व्यक्ति चरित्र के गुण, समाज में व्याप्त अनेक मत-मतान्तर व विचारों के समन्वय और एकीकरण से सत्य-विचार के प्रेरक ज्ञान को निकालने वाले गुण (सामाजिक आदर्श व्यक्ति का सिद्धान्त और व्यक्ति से उठकर विचार आधारित व्यक्ति निर्माण का सिद्धान्त) का विचार-सिद्धान्त मानव मस्तिष्क में डाला गया।

मानव-9 (AOS: Human-9)

मुख्य-गुण सिद्धान्त - प्रजा को प्रेरित करने के लिए धर्म, संघ और बुद्धि के शरण में जाने का गुण (धर्म, संघ और बुद्धि का सिद्धान्त) का विचार-सिद्धान्त मानव मस्तिष्क में डाला गया।

मानव-10 (AOS: Human-10)

मुख्य-गुण सिद्धान्त - आदर्श मानक सामाजिक व्यक्ति चरित्र समाहित आदर्श मानक वैश्विक व्यक्ति चरित्र अर्थात सार्वजनिक प्रमाणित आदर्श मानक वैश्विक व्यक्ति चरित्र का विचार-सिद्धान्त मानव मस्तिष्क में डालने का मानव-10 (AOS: Human-10) संस्करण (Version) अभी तक का वर्तमान है और वो अन्तिम संस्करण भी है।

उपरोक्त मुख्य मूल संस्करण के उपरान्त अनेक अन्य मनुष्यों (संत, गुरू, माता-पिता, मित्र, सहयोगी, दल, संगठन इत्यादि) द्वारा मनुष्य के संचालन के लिए नया आपरेटिंग सिस्टम संस्करण आते गये और मनुष्य उससे संचालित होते गये। परन्तु उन्हें पता ही नहीं चल पा रहा कि कौन सा संस्करण उनके लिए उपयोगी है।

जैसे आपके आपरेटिंग सिस्टम (Operating System) में अनके सुविधाएँ हैं उसी प्रकार मानव-10 (AOS: Human-10) संस्करण में भी अनेक सुविधाएँ जैसे - काटना (Cut), चिपकाना (Paste), नकल बनाना (Copy), रद्द करना (Delete), सुधारना (Edit), नाम बदलना (Rename), रचना करना (Create), भेजना (Send), पढ़ना (Read), लिखना (Write), वाइरस (Virus), एण्टी-वाइरस (Anti-Virus) इत्यादि हैं।

जिस प्रकार एक रोबोट, वैसे ही रोबोट का निर्माण कर सकता है जैसा कि उसमें साफ्टवेयर डाला गया है उसी प्रकार एक मनुष्य, मनुष्य, वैसे ही मनुष्य का निर्माण कर सकता है जैसा कि उसमें साफ्टवेयर (विचार-सिद्धान्त) डाला गया है।

कुछ भी हो साफ्टवेयर में जितनी अधिक सुविधा, उतना ही वह परिणाम देने में सक्षम। सब कुछ "माइक्रोप्रोसेसर/मस्तिष्क" के साफ्टवेयर पर ही निर्भर होता है। और साफ्टवेयर उतना ही उच्च स्तर का बन सकता है जितना विचार का विस्तार होता है। जितना विचार का विस्तार होता है वह उतना ही व्यापारिक लाभ दे सकता है। जिसके जीवन्त उदाहरण आप हैं।

मनुष्य के संचालन के लिए नया आपरेटिंग सिस्टम मानव-10 (AOS: Human-10) संस्करण ही "विश्वशास्त्र"है। आपके आपरेटिंग सिस्टम साफ्टवेयर से कम्प्यूटर चलता है। मेरे आपरेटिंग सिस्टम मानव-10 (AOS: Human-10) संस्करण से मनुष्य और उसके संगठन चलेंगे। यही योजना है।

मानव-10 (AOS: Human-10) आपरेटिंग सिस्टम निम्नलिखित से युक्त है जो विश्व शान्ति का अन्तिम मार्ग भी है-

1- वैश्विक मानव निर्माण तकनीकी- WCM-TLM-SHYAM.C प्रणाली

S - SATYA (सत्य)

H- HEART (हृदय)

Y- YOG (योग)

A - ASHRAM (आश्रम)

M - MEDITATION (ध्यान)

. - DOT (बिन्दु या डाट या दशमलव या पूर्णविराम)

C - CONCIOUSNESS (चेतना)

2- आदर्श वैश्विक मानव/जन/गण/लोक/स्व/मैं/आत्मा/तन्त्र का सत्य रूप

3- विश्व मानक-शून्य (WS-0) : मन की गुणवत्ता का विश्व मानक श्रृखंला

1. डब्ल्यू.एस. (WS)-0 : विचार एवम् साहित्य का विश्वमानक

2. डब्ल्यू.एस. (WS)-00 : विषय एवम् विशेषज्ञों की परिभाषा का विश्वमानक

3. डब्ल्यू.एस. (WS)-00 : ब्रह्माण्ड (सूक्ष्म एवम् स्थूल) के प्रबन्ध और क्रियाकलाप का विश्वमानक

4. डब्ल्यू.एस. (WS)-0000 : मानव (सूक्ष्म तथा स्थूल) के प्रबन्ध और क्रियाकलाप का विश्वमानक

5. डब्ल्यू.एस. (WS)-00000 : उपासना और उपासना स्थल का विश्वमानक

कर्मवेदः प्रथम, अन्तिम तथा पंचमवेद
(विश्व-नागरिक धर्म का धर्मयुक्त धर्मशास्त्र)

स्वामी स्वरूपानन्द
(2 सितम्बर, 1924 -)

परिचय

स्वामी स्वरूपानन्द सरस्वती, आद्य शंकराचार्य द्वारा स्थापित चार मठों पर पीठासीन शंकराचार्यों में से हैं। स्वामी स्वरूपानन्द सरस्वती जी का जन्म ग्राम दीघोरी, जिला सिवनी, मध्य प्रदेश में सन् 1924 में हुआ था। 9 वर्ष की उम्र में वे घर छोड़ कर भारत के पवित्र स्थानों में भ्रमण करने के उपरान्त वे वाराणसी में स्वामी करपात्री (स्वामी हरिहरानन्द), गुरूदेव स्वामी ब्रह्मानन्द सरस्वती के शिष्य के साथ अध्ययन कियें। भारतीय स्वतन्त्रता आन्दोलन 1942 में वे 19 वर्ष की उम्र में स्वतन्त्रता सेनाना बनें। क्रान्तिकारी साधु के रूप में दो बार 9 महीने और 6 महीने के लिए जेल गये। 1950 में गुरूदेव ने उन्हें एक दण्डी स्वामी बनाया। गुरूदेव के 1953 में ब्रह्मलीन होने के बाद स्वामी स्वरूपानन्द, एक नये गुरू कृष्णबोधाश्रम जी महाराज के साथ हो लिये। स्वामी करपात्री जी द्वारा स्थापित "रामराज्य परिषद्" के अध्यक्ष के रूप में स्वामी स्वरूपानन्द जी नियुक्त हुए। श्री कृष्णबोधाश्रम जी के निधन पर ज्योतिर्मठ के शकराचार्य के पद पर स्वामी स्वरूपानन्द जी को स्थापित किया गया। 1982 में स्वामी स्वरूपानन्द को द्वारिका के शंकराचार्य का पद विरासत में मिला।

"हिन्दू धर्म की जो पकड़ थी, वह इस समय कमजोर पड़ गयी है क्योंकि भारतीय स्वतंत्रता आन्दोलन के समय से राजनेताओं का वर्चस्व बढ़ा और उन्होंने धर्म रक्षकों को दबा दिया, जिसके परिणामस्वरूप 163 साल तक शंकराचार्य की पदवी खाली रही। इसलिए आवश्यक है कि शिक्षा के क्षेत्र में धर्म की स्थापना हो। स्वस्थ एवं श्रेष्ठ साहित्य का सृजन हो। महापुरूषों को घूम-घूम कर सनातन धर्म का प्रचार-प्रसार करना चाहिए जिससे लोगों के हृदय में भारतीय धर्म-शास्त्र के प्रति आस्था-विश्वास बढ़े।"

- स्वामी स्वरूपानन्द (द्वारिका पीठाधीश्वर जगद्गुरू शंकराचार्य)
साभार - आज, वाराणसी, दि0 10-5-97

"सांई को भगवान कहना शास्त्र और वेद सम्मत नहीं है। इसलिए उनको भगवान, संत और गुरू नहीं माना जा सकता। सनातन धर्म ने देश को एक बनाया है। गंगा ने पूरे देश में एकता का पाठ सिखाया। लोग सांई को अवतार मान रहे हैं, जबकि अवतार उसे माना जाता है जो अपनी इच्छा से शरीर का धारण करते हैं।" (कबीरधाम, कवर्धा, छत्तीसगढ़, में आयोजित धर्म संसद का निर्णय)

- स्वामी स्वरूपानन्द (द्वारिका पीठाधीश्वर जगद्गुरू शंकराचार्य एवं संरक्षक, काशी विद्वत परिषद्)

श्री लव कुश सिंह "विश्वमानव" द्वारा स्पष्टीकरण

ईश्वर के मानवीयकरण व मानव के ईश्वरीयकरण के लिए आपके भौतिक शरीर से व्यक्त विश्वात्मा की इच्छा को "विश्वशास्त्र" के रूप में पूर्ण किया जा चुका है। धर्म क्षेत्र से नाम कर्मवेद: प्रथम, अन्तिम तथा पंचम वेद है। जिसमें पुराणों का धर्मनिरपेक्ष और सर्वधर्मसमभाव रूप भी सम्पूर्ण मानव जाति को स्पष्ट दृष्टिगत होगा। परिणामस्वरूप भारतीय धर्म शास्त्रों के प्रति विश्वव्यापी आस्था बढ़ना स्वाभाविक है। साथ ही अनेक सत्य-साहित्यों की रचना के लिए भी मार्ग प्रशस्त कर दिये गये हैं। परिणामस्वरूप सत्य-साहित्यों की रचना की वातावरण भी बनेगा। परन्तु समर्पण वही करायेगा जो अन्तिम सार्वभौम और मूल सत्य-साहित्य होगा। स्वामी जी मेरी दृष्टि में स्वस्थ व श्रेष्ठ शास्त्र-साहित्य का नाम 01.कर्मवेद 02.शब्दवेद 03.सत्यवेद 04.सूक्ष्मवेद 05.दृश्यवेद 06. पूर्णवेद 07.अघोरवेद 08.विश्ववेद 09.ऋृषिवेद 10.मूलवेद 11.शिववेद 12.आत्मवेद 13.अन्तवेद 14.जनवेद 15.स्ववेद 16.लोकवेद 17. कल्किवेद 18.धर्मवेद 19.व्यासवेद 20.सार्वभौमवेद 21.ईशवेद 22.ध्यानवेद 23.प्रेमवेद 24.योगवेद 25.स्वरवेद 26.वाणीवेद 27.ज्ञानवेद 28.युगवेद 29.स्वर्णयुगवेद 30.समर्पणवेद 31.उपासनावेद 32. शववेद 33.मैंवेद 34.अहंवेद 35.तमवेद 36.सत्वेद 37.रजवेद 38.कालवेद 39.कालावेद 40.कालीवेद 41.शक्तिवेद 42.शून्यवेद 43.यथार्थवेद 44.कृष्णवेद सभी प्रथम, अन्तिम तथा पंचम वेद इत्यादि भी गुणों के नाम से अच्छे नाम है।

सत्य से सार्वभौम सत्य-सिद्धान्त तक का मार्ग अवतारों का मार्ग है। सार्वभौम सत्य-सिद्धान्त की अनुभूति ही अवतरण है। इसके अंश अनुभूति को अंश अवतार तथा पूर्ण अनुभूति को पूर्ण अवतार कहते है। ग्रन्थों में अवतारों की कई कोटि बतायी गई है जैसे अंशाशावतार, अंशावतार, आवेशावतार, कलावतार, नित्यावतार, युगावतार इत्यादि, जो भी सार्वभौम सत्य-सिद्धान्त को व्यक्त करता है वे सभी अवतार कहलाते हैं। व्यक्ति से लेकर समाज के सर्वोच्च स्तर तक सार्वभौम सत्य-सिद्धान्त को व्यक्त करने के क्रम में ही विभिन्न कोटि के अवतार स्तरबद्ध होते हैं। अवतार मानव मात्र के लिए ही कर्म करते हैं न कि किसी विशेष मानव समूह या सम्प्रदाय के लिए। अवतार, धर्म, धर्मनिरपेक्ष व सर्वधर्मसमभाव से युक्त अर्थात एकात्म से युक्त होते है। इस प्रकार अवतार से उत्पन्न शास्त्र मानव के लिए होते हैं, न कि किसी विशेष मानव समूह के लिए। उत्प्रेरक, शासक और मार्गदर्शक आत्मा सर्वव्यापी है। इसलिए एकात्म का अर्थ संयुक्त आत्मा या सार्वजनिक आत्मा है। अवतारों के प्रत्यक्ष और प्रेरक दो कार्य विधि हैं। प्रत्यक्ष अवतार वे होते हैं जो स्वयं अपनी शक्ति का प्रत्यक्ष प्रयोग कर समाज का सत्यीकरण करते हैं। यह कार्य विधि समाज में उस समय प्रयोग होता है जब अधर्म का नेतृत्व एक या कुछ मानवों पर केन्द्रित होता है। प्रेरक अवतार वे होते हैं जो स्वयं अपनी शक्ति का अप्रत्यक्ष प्रयोग कर समाज का सत्यीकरण जनता एवं नेतृत्वकर्ता के माध्यम से करते हैं। यह कार्य विधि समाज में उस समय प्रयोग होता है जब समाज में अधर्म का नेतृत्व अनेक मानवों और नेतृत्वकर्ताओं पर केन्द्रित होता है।

इन विधियों में से कुल दस अवतारों में से प्रथम सात (मत्स्य, कूर्म, वाराह, नृसिंह, वामन, परशुराम, राम) अवतारों ने समाज का सत्यीकरण प्रत्यक्ष विधि के प्रयोग द्वारा किया था। आठवें अवतार (श्रीकृष्ण) ने दोनों विधियों प्रत्यक्ष ओर प्रेरक का प्रयोग किया था। नवें (भगवान बुद्ध) और अन्तिम दसवें अवतार की कार्य विधि प्रेरक ही है।

महाविष्णु के 24 अवतारों (1. सनकादि ऋषि (ब्रह्मा के चार पुत्र), 2. नारद, 3. वाराह, 4. मत्स्य, 5. यज्ञ (विष्णु कुछ काल के लिये इंद्र रूप में), 6.नर-नारायण, 7. कपिल, 8. दत्तात्रेय, 9. हयग्रीव, 10. हंस पुराण, 11. पृष्णिगर्भ, 12. ऋषभदेव, 13. पृथु, 14. नृसिंह, 15. कूर्म, 16. धनवंतरी, 17. मोहिनी, 18. वामन, 19. परशुराम, 20. राम, 21. व्यास, 22. कृष्ण, बलराम, 23. गौतम बुद्ध (कई लोग बुद्ध के स्थान पर बलराम को कहते हैं, अन्यथा बलराम शेषनाग के अवतार कहलाते हैं), 24. कल्कि) में एक मात्र शेष 24वाँ तथा प्रमुख 10 अवतारों (1.मत्स्य, 2.कूर्म, 3.वाराह, 4.नृसिंह, 5.वामन, 6.परशुराम, 7.राम, 8.श्रीकृष्ण, 9.बुद्ध और 10.कल्कि) में एक मात्र शेष दसवाँ और अन्तिम कल्कि अवतार, महाअवतार क्यों कहलायेगें इसे समझना आवश्यक है।

सभी अवतार अपने शारीरिक-आर्थिक-मानसिक कर्म द्वारा ही पहचाने जाते हैं। किसी मनुष्य या सिद्ध पुरूष-गुरू के अन्दर इतनी दृष्टि क्षमता किसी भी युग में नहीं रही कि वे देखते ही पहचान लें। प्रत्येक अवतार ने अपना परिचय शारीरिक-आर्थिक-मानसिक कर्म द्वारा स्वंय दिया है।

वह अवतार जो युग के आवश्यकतानुसार युग परिवर्तन के लिए सत्य-सिद्धान्त व्यक्त करता है उसे अंश युगावतार तथा जो काल सहित युग परिवर्तन के लिए अन्तिम सार्वभौम सत्य-सिद्धान्त व्यक्त करता है वह दृश्य पूर्ण महाअवतार कहलाता है।

सनातन अद्वैत दर्शन के अनुसार यह जगत ही ईश्वर का दृश्य रूप है। ऐसे में सभी ईश्वर हैं। सभी ईश्वर के बहुरूप हैं और सभी में प्रकाशित वही ईश्वरीय सत्ता है। सार्वभौम एकात्म की ओर ले जाने वाले सभी प्रक्षेपित मानक चरित्र सनातन हैं जैसे ब्रह्मा परिवार, विष्णु परिवार और महेश परिवार। इस सार्वभौम एकात्म की ओर विचार व्यक्त करने वाला अर्थात उसी का प्रचार-प्रसार व स्थापना करने वाला युगावतार तो नहीं हो सकता लेकिन वह अवतार अवश्य होता है क्योंकि उसने भी उस सार्वभौम सत्य-सिद्धान्त का साक्षात्कार किया है।

आपने कहा कि-"अवतार उसे माना जाता है जो अपनी इच्छा से शरीर का धारण करते हैं" यह मान भी लिया जाये तो कैसे सिद्ध होगा कि अपनी इच्छा से कोई शरीर धारण किया है कि नहीं। इसे सिद्ध करने के लिए स्वामी विवेकानन्द जी के इस वाणी से शायद कुछ सहायता प्राप्त हो सकती है-

"फलानुमेयाः प्रारम्भाः संस्कराः प्राक्तना इव" फल को देखकर ही कार्य का विचार सम्भव है। जैसे कि फल को देखकर पूर्व संस्कार का अनुमान किया जाता है।

- स्वामी विवेकानन्द

"एक विशेष प्रवृत्ति वाला जीवात्मा 'योग्य योग्येन युज्यते' इस नियमानुसार उसी शरीर में जन्म ग्रहण करता है जो उस प्रवृत्ति के प्रकट करने के लिए सबसे उपयुक्त आधार हो। यह पूर्णतया विज्ञान संगत है, क्योंकि विज्ञान कहता है कि प्रवृत्ति या स्वभाव अभ्यास से बनता है और अभ्यास बारम्बार अनुष्ठान का फल है। इस प्रकार एक नवजात बालक की स्वाभाविक प्रवृत्तियों का कारण बताने के लिए पुनः पुनः अनुष्ठित पूर्व कर्मों को मानना आवश्यक हो जाता है और चूंकि वर्तमान जीवन में इस स्वमाव की प्राप्ति नहीं की गयी, इसलिए वह पूर्व जीवन से ही उसे प्राप्त हुआ है।"

- स्वामी विवेकानन्द

"शास्त्र कहते है कि कोई साधक यदि एक जीवन में सफलता प्राप्त करने में असफल होता है तो वह पुनः जन्म लेता है और अपने कार्यों को अधिक सफलता से आगे बढ़ाता है।"

- स्वामी विवेकानन्द

सार्वभौम सत्य-सिद्धान्त का कोई शरीर नहीं होता, वह अपनी इच्छा से जिस शरीर में अवतरित होता है उसे ही अवतार कहते हैं। और इसको ही स्वयं अपनी इच्छा से शरीर धारण करना कहते हैं। उसका स्थिति के अनुसार रूपान्तरण ही उसे अंशाशावतार, अंशावतार, आवेशावतार, कलावतार, नित्यावतार, युगावतार इत्यादि के रूप में व्यक्त करता है।

साई बाबा ने अपने जीवन काल में कुछ ही व्यक्ति के बीच अपने विचार "सबका मालिक एक है" का मंत्र दिया। कुछ व्यक्तियों के लिए व्यक्तिगत प्रमाणित चमत्कृत घटनायें भी हुई होगी। लेकिन इन सबसे उन्हें युगावतार तो नहीं माना जा सकता। संत माना जा सकता है। गुरू भी माना जा सकता है क्योंकि -

भक्त वही, जो भगवान को बेच सके,
चेला वही, जो गुरू से कुछ ले सके,
संत वही, जो समाज को कुछ दे सके,
और
अवतार वही, जो पृथ्वी की आवाज सुन सके।

वर्तमान में सांई बाबा को लोग बेच रहे हैं इसलिए भक्त बहुत हैं क्योंकि सांई बाबा को विभिन्न प्रकार से बेचने पर उन्हें लाभ हो रहा है। उनके चेले हैं क्योंकि वे बाराबर सांई बाबा से प्राप्त कर रहे हैं। सांई बाबा ने समाज को "सबका मालिक एक है" का मंत्र दिया है-ये सभी को जानना, समझना चाहिए। वे युगावतार नहीं हैं इसलिए कि अगर होते तो अवतारों का कार्य ही समाप्त हो गया होता।

स्वामी जी सांई बाबा ने अपने जीवन काल में कोई समाज, सम्प्रदाय, मत नहीं चलाया जिससे समाज बँट रहा हो। समाज को बाँटने वाले जो अलग-अलग रंग के वस्त्र, भोजन विधि, मंत्र, मत बनाकर जातिवाद से भी घातक समाज बना डाले हैं और अपना खेती-बारी अपने भक्तों से करवा रहें है। उनके बारे में सोचें जो आपका धर्म-कर्तव्य है। मेरा तो स्वरूप ही अलग है -

सम्पूर्ण ब्रह्माण्ड देख चुका हूँ,
अक्षय-अनन्त है मेरी हाला।
कण-कण में हूँ-"मैं ही मैं",
क्षयी-ससीम है तेरी प्याला ।
जिस भी पथ-पंथ-ग्रन्थ से गुजरेगा तू,
हो जायेगा, बद्ध -मस्त और मत वाला।
"जय ज्ञान-जय कर्मज्ञान" की आवाज,
सुनाती, मेरी यह अक्षय-अनन्त मधुशाला।

और अब स्थिति तो ये है कि अपने-अपने धर्म शास्त्र-उपनिषद्-पुराण इत्यादि का अध्ययन करें कहीं ऐसा तो नहीं कि-

1. **नये मनवन्तर - 8वें सावर्णि के प्रारम्भ के लिए** "सार्वभौम" गुण से युक्त होकर मनु का आगमन हो चुका है।
2. **नये काल - दृश्य काल के प्रारम्भ के लिए** "सार्वभौम" गुण से युक्त होकर काल का आगमन हो चुका है।
3. **नये युग-स्वर्ण युग के प्रारम्भ के लिए** "सार्वभौम" गुण से युक्त होकर कल्कि अवतार का आगमन हो चुका है।
4. **नये धर्म - विश्वधर्म के प्रारम्भ के लिए** "सार्वभौम" गुण से युक्त होकर धर्म स्थापक का आगमन हो चुका है।
5. **नये शास्त्र - विश्वशास्त्र के प्रारम्भ के लिए** "सार्वभौम" गुण से युक्त होकर व्यास का आगमन हो चुका है।

यदि ऐसा नहीं तो -

1. **तुम्हारे शास्त्रों में दिये वचन और शास्त्र झूठे हो जायेंगे।**
2. **तुम्हारे भविष्यवक्ताओं की भविष्यवाणीयाँ झूठी हो जायेंगी।**
3. **तुम्हारे युग और काल गणना झूठे हो जायेंगे।**
4. **तुम्हारे अवतार-ईशदूत-ईशपुत्र-पुनर्जन्म सिद्धान्त झूठे हो जायेंगे।**
5. **तुम्हारे ईश्वर सम्बन्धी अवधारणा झूठे हो जायेंगे।**

भाग-5

चौथा युगः कलियुग

समाज रचना और व्यापार का आधार

सृष्टि, ईश्वरीय समाज और व्यापार

सार्वभौम सत्य-सिद्धान्त के अनुसार काल, युग बोध एवं अवतार

जग के सत्य हैं तीन नाम, लवकुश, कृष्ण और राम ।
तम, रज और सत्व के ये परिणाम। शंकर, विष्णु और ब्रह्मा के समान ।
समझो इनको मिलेगा पूर्ण ज्ञान।

समाज रचना और व्यापार का आधार

"आकाश शब्द मंय" अर्थात् आकाश शब्द रूप में है। विचार ही आविष्कार का जन्मदाता है। फिर वही व्यापार का मूल होता है। आध्यात्म जगत हो या भौतिक जगत विचार द्वारा ही आविष्कार और व्यापार चल रहे हैं। आविष्कारकों के साथ निम्न विचार अवश्य जुड़ जाते हैं। उनके सत्य अर्थ को जानना आवश्यक है-

1. **"बहुत पहुँचे हुये हैं"** - इसका अर्थ होता है- पहला अन्तर्जगत के सम्बन्ध में - आध्यात्मिक सार्वभौम सत्य-सिद्धान्तों का अनुभव, दूसरा बाह्य जगत के सम्बन्ध में - उच्च पीठासीन राजनेता और धर्माचार्य से सम्बन्ध। जिससे कल्याण व स्वार्थ का कार्य सम्पन्न कर सकें। तीसरा कोई अर्थ नहीं होता।

2. **"दर्शन"** - इसका अर्थ होता है- पहला अन्तर्जगत के सम्बन्ध में - उनके सम्पूर्ण रूप जीवन, ज्ञान व कर्म को देखना, दूसरा बाह्य जगत के सम्बन्ध में - केवल शरीर, संसाधन और महिमामण्डन को देखना। तीसरा कोई अर्थ नहीं होता। दूसरे प्रकार के दर्शन से दर्शन करने वाले को कोई लाभ नहीं होता।

3. **"आशीर्वाद"** - इसका अर्थ होता है- पहला अन्तर्जगत के सम्बन्ध में - उनसे अपने कल्याणार्थ शब्द सुनना।, दूसरा बाह्य जगत के सम्बन्ध में - उनसे अपने कल्याण के लिए कार्य लेना या उनके ज्ञान को अपने कल्याण के लिए जीवन में उपयोग करना। तीसरा कोई अर्थ नहीं होता। पहले प्रकार के आशीर्वाद से आशीर्वाद लेने वाले को कोई लाभ नहीं होता।

अ. भौतिक जगत द्वारा आविष्कार और व्यापार

भौतिक जगत में जैसे ही कोई आविष्कार होता है वह व्यापार बन जाता है परन्तु आविष्कारक का जीवन व्यापार नहीं बन पाता है। केवल आविष्कारक का ज्ञान और उत्पाद ही व्यापार में परिवर्तित होता है। पुनः आविष्कारक के ज्ञान और उत्पाद पर आधारित अन्य आविष्कार भी होने लगते हैं जैसे- बिजली का आविष्कार हुआ तो बिजली का आविष्कार जिस सिद्धान्त से हुआ वह और उस पर आधारित अनेक आविष्कार जैसे बल्ब, मोटर, जेनरेटर, बैटरी इत्यादि अनेक आविष्कार हो गये और उस पर आधारित अनकों प्रकार के व्यापार विकसित हो गये। लेकिन आविष्कारक का जीवन व्यापार नहीं बन पाया। वर्तमान समय में भौतिक जगत ने इतने अधिक आविष्कार दिये हैं कि मनुष्य के जन्म के पूर्व से ही वह भौतिक आविष्कारों का उपभोक्ता बन चुका है। और यह क्रम जारी भी है। भौतिक आविष्कारों से मनुष्य को संसाधन प्राप्त होता है।

ब. आध्यात्म जगत द्वारा आविष्कार और व्यापार

आध्यात्म जगत में जैसे ही कोई आविष्कार होता है वह व्यापार बन जाता है जो आविष्कारक के जीवन, ज्ञान और कर्म से जुड़ा होता है। पुनः आविष्कारक के जीवन, ज्ञान और कर्म पर आधारित अन्य आविष्कार भी होने लगते हैं। जैसे - श्रीराम, श्रीकृष्ण, शिव-शंकर, बुद्ध, माँ वैष्णों देवी, सांई बाबा, विश्व के तमाम धर्म संस्थापकों के जीवन, ज्ञान व कर्म पर अनेकों व्यापार विकसित हो गये हैं। भारतीय आध्यात्म और दर्शन जगत ऐसे उदाहरणों से भरा हुआ है। वर्तमान समय में आध्यात्म जगत ने इतने अधिक आविष्कार दिये हैं कि मनुष्य के जन्म के पूर्व से ही वह आध्यात्मिक आविष्कारों द्वारा ही संचालित है। और यह क्रम जारी भी है। आध्यात्मिक आविष्कारों से मनुष्य को सुख व ईश्वरत्व की ओर विकास प्राप्त होता है।

श्री विष्णु पुराण (तृतीय अंश, अध्याय-दो) में लिखा है कि -स्थितिकारक भगवान विष्णु चारों युगों में इस प्रकार व्यवस्था करते हैं- समस्त प्राणियों के कल्याण में तत्पर वे सर्वभूतात्मा सत्ययुग में कपिल आदिरूप धारणकर परम ज्ञान का उपदेश करते हैं। त्रेतायुग में वे सर्वसमर्थ प्रभु चक्रवर्ती भूपाल होकर दुष्टों का दमन करके त्रिलोक की रक्षा करते हैं। तदन्तर द्वापरयुग में वे वेदव्यास रूप धारण कर एक वेद के चार विभाग करते हैं और सैकड़ों शाखाओं में बाँटकर बहुत विस्तार कर देते हैं। इस प्रकार द्वापर में वेदों का विस्तार कर कलियुग के अन्त में भगवान कल्किरूप धारणकर दुराचारी लोगों को सन्मार्ग में प्रवृत्त करते हैं। इसी प्रकार, अनन्तात्मा प्रभु निरन्तर इस सम्पूर्ण जगत् के उत्पत्ति, पालन और नाश करते रहते हैं। इस संसार में ऐसी कोई वस्तु नहीं है जो उनसे भिन्न हो।

श्री विष्णु पुराण (तृतीय अंश, अध्याय-तीन) में लिखा है कि - वेद रूप वृक्ष के सहस्त्रों शाखा-भेद हैं, उनका विस्तार से वर्णन करने में तो कोई भी समर्थ नहीं है अतः संक्षेप यह है कि प्रत्येक द्वापरयुग में भगवान विष्णु व्यासरूप से अवतीर्ण होते हैं और संसार के कल्याण के लिए एक वेद के अनेक भेद कर देते हैं। मनुष्यों के बल, वीर्य और तेज को अलग जानकर वे समस्त प्राणियों के हित के लिए वेदों का विभाग करते हैं। जिस शरीर के द्वारा एक वेद के अनेक विभाग करते हैं भगवान मधुसूदन की उस मूर्ति का नाम वेदव्यास है।

इस वैवस्वत मनवन्तर (सातवाँ मनु) के प्रत्येक द्वापरयुग में व्यास महर्षियों ने अब तक पुनः-पुनः 28 बार वेदों के विभाग किये हैं। पहले द्वापरयुग में ब्रह्मा जी ने वेदों का विभाग किया। दूसरे द्वापरयुग के वेदव्यास प्रजापति हुए। तीसरे द्वापरयुग में शुक्राचार्य जी, चौथे द्वापरयुग में बृहस्पति जी व्यास हुए, पाँचवें में सूर्य और छठें में भगवान मृत्यु व्यास कहलायें। सातवें द्वापरयुग के वेदव्यास इन्द्र, आठवें के वशिष्ठ, नवें के सारस्वत और दसवें के त्रिधामा कहे जाते हैं। ग्यारहवें में त्रिशिख, बारहवें में भरद्वाज, तेरहवें में अन्तरिक्ष और चौदहवें में वर्णी नामक व्यास हुए। पन्द्रहवें में त्रय्यारूण, सोलहवें में धनंजय, सत्रहवें में क्रतुन्जय और अठ्ठारवें में जय नामक व्यास हुए। फिर उन्नीसवें व्यास भरद्वाज हुए, बीसवें गौतम, इक्कीसवें हर्यात्मा, बाइसवें वाजश्रवा मुनि, तेइसवें सोमशुष्पवंशी तृणाबिन्दु, चौबीसवें भृगुवंशी ऋक्ष (वाल्मीकि) पच्चीसवें मेरे (पराशर) पिता शक्ति, छब्बीसवें मैं पराशर, सत्ताइसवें जातुकर्ण और अठ्ठाइसवें कृष्णद्वैपायन। अगामी द्वापरयुग में द्रोणपुत्र अश्वत्थामा वेदव्यास होंगे।

"कल्कि" अवतार के सम्बन्ध में कहा गया है कि उसका कोई गुरू नहीं होगा, वह स्वयं से प्रकाशित स्वयंभू होगा जिसके बारे में अथर्ववेद, काण्ड 20, सूक्त 115, मंत्र 1 में कहा गया है कि "ऋषि-वत्स, देवता इन्द्र, छन्द गायत्री। अहमिद्धि पितुष्परि मेधा मृतस्य जग्रभ। अहं सूर्य इवाजिनि।। "अर्थात् "मैं परम पिता परमात्मा से सत्य ज्ञान की विधि को धारण करता हूँ और मैं तेजस्वी सूर्य के समान प्रकट हुआ हूँ।" जबकि सबसे प्राचीन वंश स्वायंभुव मनु के पुत्र उत्तानपाद शाखा में ब्रह्मा के 10 मानस पुत्रों में से मन से मरीचि व पत्नी कला के पुत्र कश्यप व पत्नी अदिति के पुत्र आदित्य (सूर्य) की चौथी पत्नी छाया से दो पुत्रों में से एक 8वें मनु - सावर्णि मनु होंगे जिनसे ही वर्तमान मनवन्तर 7वें वैवस्वत मनु की समाप्ति होगी। ध्यान रहे कि 8वें मनु - सावर्णि मनु, सूर्य पुत्र हैं। अर्थात् कल्कि अवतार और 8वें मनु - सावर्णि मनु दोनों, दो नहीं बल्कि एक ही हैं और सूर्य पुत्र हैं।

"सार्वभौम" गुण 8वें सावर्णि मनु का गुण है। अवतारी श्रृंखला अन्तिम होकर अब मनु और मनवन्तर श्रृंखला के भी बढ़ने का क्रम है क्योंकि यही क्रम है। वैदिक-सनातन-हिन्दू धर्म के पुराणों में 14 मनुओं का वर्णन किया गया है। इन्हीं के नाम से मन्वन्तर चलते हैं। जो निम्नलिखित हैं-

1. मनुर्भरत वंश की प्रियव्रत शाखा

अ. पौराणिक वंश

वंश	अवतार	काल
01. स्वायंभुव मनु	यज्ञ	भूतकाल
02. स्वारचिष मनु	विभु	भूतकाल
03. उत्तम मनु	सत्यसेना	भूतकाल
04. तामस मनु	हरि	भूतकाल

05. रैवत मनु	वैकुण्ठ	भूतकाल

2. मनुर्भरत वंश की उत्तानपाद शाखा

06. चाक्षुष मनु	अजित	भूतकाल

ब. ऐतिहासिक वंश

07. वैवस्वत मनु	वामन	वर्तमान

स. भविष्य के वंश

08. सावर्णि मनु	सार्वभौम	भविष्य
09. दत्त सावर्णि मनु	रिषभ	भविष्य
10. ब्रह्म सावर्णि मनु	विश्वकसेन	भविष्य
11. धर्म सावर्णि मनु	धर्मसेतू	भविष्य
12, रूद्र सावर्णि मनु	सुदामा	भविष्य
13. दैव सावर्णि मनु	योगेश्वर	भविष्य
14. इन्द्र सावर्णि मनु	वृहद्भानु	भविष्य

पहले मनु - स्वायंभुव मनु से 7वें मनु - वैवस्वत मनु तक शारीरिक प्राथमिकता के मनु का कालक्रम हैं। 8वें मनु - सावर्णि मनु से 14वें और अन्तिम - इन्द्र सावर्णि मनु तक बौद्धिक प्राथमिकता के मनु का कालक्रम है इसलिए ही 9वें मनु से 14वें मनु तक के नाम के साथ में "सावर्णि मनु" उपनाम की भाँति लगा हुआ है। अर्थात् 9वें मनु से 14वें मनु में सार्वभौम गुण विद्यमान रहेगा और बिना "विश्वशास्त्र" के उनका प्रकट होना मुश्किल होगा।

मनुष्य की रचना "पावर और प्राफिट (शक्ति और लाभ)" के लिए नहीं बल्कि असीम मस्तिष्क क्षमता के विकास के लिए हुआ है। फलस्वरूप वह स्वयं को ईश्वर रूप में अनुभव कर सके, जहाँ उसे किसी गुरू की आवश्यकता न पड़ें, वह स्वंयभू हो जाये, उसका प्रकाश वह स्वयं हो। एक गुरू का लक्ष्य भी यही होता है कि शिष्य मार्गदर्शन प्राप्त कर गुरू से आगे निकलकर, गुरू तथा स्वयं अपना नाम और कृति इस संसार में फैलाये, ना कि जीवनभर एक ही कक्षा में (गुरू में) पढ़ता रह जाये। एक ही कक्षा में जीवनभर पढ़ने वाले को समाज क्या नाम देता है, समाज अच्छी प्रकार जानता है। "विश्वशास्त्र" से कालक्रम को उसी मुख्यधारा में मोड़ दिया गया है। एक शास्त्राकार, अपने द्वारा व्यक्त किये गये पूर्व के शास्त्र का उद्देश्य और उसकी सीमा तो बता ही सकता है परन्तु व्याख्याकार ऐसा नहीं कर सकता। स्वयं द्वारा व्यक्त शास्त्र के प्रमाण से ही स्वयं को व्यक्त और प्रमाणित करूँगा- शास्त्राकार महर्षि व्यास (वर्तमान में लव कुश सिंह "विश्वमानव")

शब्द से सृष्टि की ओर...
सृष्टि से शास्त्र की ओर...
शास्त्र से काशी की ओर...
काशी से सत्यकाशी की ओर...
और सत्यकाशी से अनन्त की ओर...
एक अन्तहीन यात्रा..............................

वर्तमान सृष्टि चक्र की स्थिति भी यही हो गयी है कि अब अगले अवतार के मात्र एक विकास के लिए सत्यीकरण से काल, मनवन्तर व मनु, अवतार, व्यास व शास्त्र सभी बदलेंगे। इसलिए देश व विश्व के धर्माचार्यों, विद्वानों, ज्योतिषाचार्यों इत्यादि को अपने-अपने शास्त्रों को देखने व समझने की आवश्यकता आ गयी है क्योंकि कहीं श्री लव कुश सिंह "विश्वमानव" और "आध्यात्मिक सत्य" आधारित कार्य "विश्वशास्त्र" वही तो नहीं है? और यदि नहीं तो वह कौन सा कार्य होगा जो इन सबको बदलने वाली घटना को घटित करेगा?

शनिवार, 22 दिसम्बर, 2012 से प्रारम्भ हो चुका है-

1. काल के प्रथम रूप अदृश्य काल से दूसरे और अन्तिम दृश्य काल का प्रारम्भ।
2. मनवन्तर के वर्तमान 7वें मनवन्तर वैवस्वत मनु से 8वें मनवन्तर सावर्णि मनु का प्रारम्भ।

3. अवतार के नवें बुद्ध से दसवें और अन्तिम अवतार-कल्कि महावतार का प्रारम्भ।
4. युग के चौथे कलियुग से पाँचवें युग स्वर्ण युग का प्रारम्भ।
5. व्यास और द्वापर युग में आठवें अवतार श्रीकृष्ण द्वारा प्रारम्भ किया गया कार्य "नवसृजन" के प्रथम भाग "सार्वभौम ज्ञान" के शास्त्र "गीता" से द्वितीय अन्तिम भाग "सार्वभौम कर्मज्ञान", पूर्णज्ञान का पूरक शास्त्र", लोकतन्त्र का "धर्मनिरपेक्ष धर्मशास्त्र" और आम आदमी का "समाजवादी शास्त्र" द्वारा व्यवस्था सत्यीकरण और मन के ब्रह्माण्डीयकरण और नये व्यास का प्रारम्भ।

जिस प्रकार लोग आत्मा की महत्ता को न समझकर शरीर को ही महत्व देते हैं उसी प्रकार लोग भले ही पढ़कर ही विकास कर रहें हो परन्तु वे शास्त्राकार लेखक की महत्ता को स्वीकार नहीं करते। जबकि वर्तमान समय में चाहे जिस विषय में हो प्रत्येक विकास कर रहे व्यक्ति के पीछे शास्त्राकार, लेखक, आविष्कारक, दार्शनिक की ही शक्ति है जिस प्रकार शरीर के पीछे आत्मा की शक्ति है।

सदैव मानव समाज को एकात्म करने के लिए शास्त्र-साहित्य की रचना करना लेखक का काम रहा है। सामूहिक रूप से ऐसे कार्य करने वाले को व्यास कहते हैं। चाहे वह आध्यात्म दर्शन (अदृश्य विज्ञान) के क्षेत्र में हो या पदार्थ विज्ञान (दृश्य विज्ञान) के क्षेत्र में हो। इस प्रकार सभी लेखकों के आदर्श आदि पुरूष व्यास ही हैं।

मात्र एक विचार- "ईश्वर ने इच्छा व्यक्त की कि मैं एक हूँ, अनेक हो जाऊँ" और "सभी ईश्वर हैं", यह प्रारम्भ और अन्तिम लक्ष्य है। आध्यात्म जगत द्वारा आविष्कार और व्यापार कें मुख्य रूप में इस प्रकार हैं-

01. सत्युग (सार्वभौम सत्य)

01. वैदिक/सनातन धर्म-ऋषि-मुनि गण ई0पूर्व 6000-2500 चार वेद और वैदिक साहित्य

1. ईश्वर कृत - ऋगवेद, सामवेद, यजुवेद व अथर्ववेद

2. ऋषि-मुनि कृत - संहिता, ब्राह्मण कृत ब्राह्मण (कर्म काण्ड) व आरण्यक (ज्ञान काण्ड), उपनिषद्, वेदांग या सूत्र-साहित्य शिक्षा (स्वर विज्ञान), कल्प (धर्मानुष्ठान)-श्रौत सूत्र, शुल्व सूत्र, गृह्य सूत्र, धर्म सूत्र, व्याकरण, निघण्टु, निरूक्त (व्युत्पत्ति), छन्द, ज्योतिष, उपांग - सांख्य दर्शन (प्रकृति आधारित), वैशेषिक दर्शन (काल या समय आधारित), मीमांसा दर्शन (कर्म आधारित), चार्वाक दर्शन, अपौरूषेय दर्शन, योग दर्शन (पुरूषार्थ आधारित), न्याय दर्शन (परमाणु आधारित), वेदांत दर्शन (ब्रह्म आधारित)

उपवेद- आयुर्वेद, धनुर्वेद, गान्धर्वेद, अथर्वेद।

पुराण - मत्स्य, मार्कण्डेय, भागवत, भविष्य, ब्रह्म, ब्रह्माण्ड, ब्रह्म बैवर्त, वायु, विष्णु, बाराह, बामन, अग्नि, नारदीय, पद्म, लिंग, गरूण, कूर्म, स्कन्द।

02. त्रेतायुग यज्ञ (अदृश्य कर्म)

1. भगवान परशुराम कृत - परशुराम परम्परा - साकार आधारित लोकतंत्र व्यवस्था।
2. महाकाव्य- वाल्मीकि रचित - रामायण - आदर्श मानक व्यक्ति चरित्र का प्रस्तुतीकरण।

03. द्वापरयुग (भक्ति और प्रेम)

01. वेदान्त अद्वैत धर्म - श्रीकृष्ण - ई0 पूर्व 3000 - गीता - अद्वैत दर्शन

भगवान श्री कृष्ण कृत - साकार आधारित परशुराम परम्परा का नाश, पूर्ववर्ती सभी मतों का समन्वय व एकीकरण करत हुये निराकार आधारित लोकतंत्र व्यवस्था के प्रारम्भ का बीज शास्त्र "गीता/ गीतोपनिषद्"

व्यास रचित - महाभारत - आदर्श मानक व्यक्ति चरित्र समाहित आदर्श मानक सामाजिक व्यक्ति चरित्र अर्थात् व्यक्तिगत प्रमाणित आदर्श मानक वैश्विक व्यक्ति चरित्र का प्रस्तुतीकरण।

04. कलियुग संघ और योजना (दृश्य कर्म)

01. बौद्ध - भगवान बुद्ध - ई0पू0 1567-487 - बौद्ध दर्शन
02. कन्फ्यूसी - कन्फ्यूसियश - ई0पूर्व 551-479
03. टोईज्म - लोओत्से - ई0पूर्व 604-518
04. जैन - भगवान महावीर - ई0पूर्व 539-467 - जैन दर्शन
05. पारसी - जरथ्रुसट - ई0 पूर्व 6 - जेन्दा अवेस्ता
06. ईसाई - ईसा मसीह - सन् 33 ई0 - बाईबल
07. इस्लाम - मुहम्मद पैगम्बर - सन् 670ई0 - कुरआन शरीफ
08. वेदान्त अद्वैत धर्म - आदि शंकराचार्य - सन् 830 ई0 - अद्वैत दर्शन
09. वेदान्त विशिष्टाद्वैत धर्म - रामानुज - सन् 1200 ई0 - विशिष्टाद्वैत दर्शन
10. वेदान्त द्वैत - माध्वाचार्य - सन् 1300 ई0 - द्वैत दर्शन
11. भक्ति धर्म - चौतन्य महाप्रभु - सन् 1485-1533ई0 - भक्तियोग दर्शन
12. सिक्ख - गुरु नानक - सन् 1510 ई0 - गुरुग्रन्थ साहिब
13 वेदान्त अद्वैत धर्म - स्वामी विवेकानन्द - सन् 1863-1902ई0 - विश्व धर्म दर्शन

05. सत्ययुग/स्वर्णयुग (सार्वभौम सत्य-सिद्धान्त)

14. विश्व धर्म / वेदान्त धर्म / अद्वैत धर्म / एकता धर्म / लोकतन्त्र धर्म / समष्टि धर्म / प्राकृतिक धर्म / सत्य धर्म / संयुक्तमन धर्म / ईश्वर धर्म / हिन्दू धर्म / सार्वजनिक धर्म / दृश्यधर्म / मानवधर्म / धर्मनिरपेक्ष धर्म - लव कुश सिंह "विश्वमानव" - सन् 2012 ई0 - पूर्ववर्ती सभी धर्मों व मतों का समन्वय व एकीकरण करते हुये निराकार आधारित लोकतंत्र व्यवस्था का वृक्ष शास्त्र विश्व-नागरिक धर्म का धर्मयुक्त धर्मशास्त्र-कर्मवेद: प्रथम, अन्तिम तथा पंचम वेदीय श्रृंखला विश्व-राज्य धर्म का धर्मनिपेक्ष धर्मशास्त्र: विश्वमानक शून्य-मन की गुणवत्ता का विश्वमानक श्रृंखला, आदर्श मानक सामाजिक व्यक्ति चरित्र समाहित आदर्श मानक वैश्विक व्यक्ति चरित्र अर्थात् सार्वजनिक प्रमाणित आदर्श मानक वैश्विक व्यक्ति चरित्र का प्रस्तुतीकरण।

पूर्ण प्रत्यक्ष अवतार से पूर्ण प्रेरक अवतार तक की यात्रा यहीं समाप्त होती है।

उपरोक्त मुख्य मूल आविष्कार के उपरान्त अनेक आविष्कार पर आविष्कार होते गये और मनुष्य आविष्कारक के जीवन, ज्ञान व कर्म से सम्बन्धित व्यापार से अपने जीवन को विकास की ओर ले जा रहा है। कोई भी विचारधारा (आविष्कार) चाहे उसकी उपयोगिता कालानुसार समाज को हो या न हो, यदि वह संगठन का रूप लेकर अपना आय स्वयं संचालित करने लगती है तो उसके साथ व्यक्ति जीवकोपार्जन, श्रद्धा व विश्वास से जुड़ता है न कि ज्ञान के लिए।

सृष्टि, ईश्वरीय समाज और व्यापार

"सृष्टि" का अर्थ होता है- सम्पूर्ण ब्रह्माण्ड की रुकी स्थिति के आगे एकात्मता के साथ नवनिर्माण। "सृष्टि करने की स्थिति" में भूतकाल की चर्चा की स्थिति आ जाने पर उसे "सृष्टि रूकना" कहते हैं ऐसी ही स्थिति महाभारत युद्ध के समय श्रीकृष्ण के समक्ष आ गया था जब अर्जुन ने युद्ध से मना कर दिया था परिणामस्वरूप श्रीकृष्ण "गीता" उपदेश के लिए भूतकाल की चर्चा में उलझ गये थे। **"रचना" का अर्थ होता है-** उपलब्धता पर आधारित एकात्मता के साथ नवनिर्माण। **"विकास" का अर्थ होता है-** उपलब्धता पर आधारित नवनिर्माण। विकास का कोई लक्ष्य नहीं होता। जब विकास एकात्मता की ओर होती है तो वह रचना बन जाती है। विकास लक्ष्य विहिन होता है इसलिए कालान्तर में वह विनाश का रुप ले लेती है।

मनुष्य, अपने कर्मों का फल तुरन्त या इसी जीवन में चाहता है। अवतार, संत, महापुरूष गण प्रेरणा प्रदान करने के लिए अनेक कर्म उत्पन्न कर देते हैं। उसमें से एकाध कर्म स्वयं के लिए रखते हैं क्योंकि जीवन के समय को व्यतीत करने के लिए कुछ कर्म चाहिए होते हैं। "कर्म किये बिना कोई रह नहीं सकता"- ये श्रीकृष्ण की वाणी है। अप्रत्यक्ष कर्म (प्रेरणा या मार्गदर्शन) अन्य जिनके लिए उपयोगी हों, उनके लिए होता है। वो उसे करें ना करें अवतार, संत, महापुरूष गण को कोई मतलब नहीं होता। जिस प्रकार सूर्य के प्रकाश के भिन्न-भिन्न उपयोग हैं उसी प्रकार शास्त्र के भी भिन्न-भिन्न उपयोग होते हैं। कोई राजनीति करता है, कोई ज्ञानी बनता है, कोई समाज निर्माण करता है, कोई पुनः व्याख्या कर गुरू बन जाता है। और इन सबसे शास्त्राकार को कोई मतलब नहीं होता जिस प्रकार सूर्य के प्रकाश का उपयोग कर लेने से सूर्य को कोई मतलब नहीं होता।" अर्थात् मनुष्य पेड़ लगाता है स्वंय फल खाने की इच्छा से जबकि ईश्वर और उनके अवतार पेड़ लगाते हैं दूसरों के लिए।

ईश्वरीय समाज कोई संगठन नहीं है बल्कि यह मानव जीवन के व्यष्टि व समष्टि क्षेत्र के अनेक विषयों की ओर से ईश्वर (सार्वभौम सत्य-सिद्धान्त) से योग कराने के लिए प्रणाली का विस्तार है जिससे वे किसी भी संस्थागत धर्म/समाज से जुड़े होने के बावजूद भी सीधे ईश्वर (सार्वभौम सत्य-सिद्धान्त) से जुड़ सकें। ज्ञान के इस युग और उसी ओर बढ़ते काल क्रम में ज्ञान-कर्मज्ञान मनुष्य की विवशता है। ईश्वरीय समाज पूरी स्वतन्त्रता के साथ मनुष्य को सिर्फ "जानने के लिए" सिद्धान्त के लिए कार्य करता है न कि "मानने के लिए"।

अनिर्वचनीय कल्कि महाअवतार भोगेश्वर श्री लव कुश सिंह "विश्वमानव" के अवतरण से पुनः पूर्वानुसार उनके जीवन, कर्म व ज्ञान से अनेक दिशाओं में व्यष्टि व समष्टि केन्द्रित नये आविष्कार व व्यापार को दिशा मिली है। इन दिशाओं के कार्यों में से आविष्कारक श्री लव कुश सिंह "विश्वमानव" कुछ में शामिल हैं वे प्रत्यक्ष कार्य हैं तथा कुछ उनके मार्गदर्शन से अन्य के लिए उपलब्ध है वे अप्रत्यक्ष अर्थात् प्रेरक कार्य हैं। मनुष्य, अपने कर्मों का फल तुरन्त या इसी जीवन में चाहता है। अवतार, संत, महापुरूष गण प्रेरणा प्रदान करने के लिए अनेक कर्म उत्पन्न कर देते हैं। उसमें से एकाध कर्म स्वयं के लिए रखते हैं क्योंकि जीवन के समय को व्यतीत करने के लिए कुछ कर्म चाहिए होते हैं। कर्म किये बिना कोई रह नहीं सकता, ये श्रीकृष्ण की वाणी है। अप्रत्यक्ष कर्म (प्रेरणा या मार्गदर्शन) अन्य जिनके लिए उपयोगी हो, उनके लिए होता है। वो उसे करें ना करें अवतार, संत, महापुरूष गण को कोई मतलब नहीं होता। जिस प्रकार सूर्य के प्रकाश के भिन्न-भिन्न उपयोग है उसी प्रकार शास्त्र के भी भिन्न-भिन्न उपयोग होते हैं। कोई राजनीति करता है, कोई ज्ञानी बनता है, कोई समाज निर्माण करता है, कोई पुनः व्याख्या कर गुरू बन जाता है। और इन सबसे शास्त्राकार को कोई मतलब नहीं होता जिस प्रकार सूर्य के प्रकाश का उपयोग कर लेने से सूर्य को कोई मतलब नहीं होता।" अर्थात् मनुष्य पेड़ लगाता हैं स्वंय फल खाने की इच्छा से जबकि ईश्वर और उनके अवतार पेड़ लगाते हैं दूसरों के लिए। जो निम्न प्रकार हैं-

अ. ज्ञान से जुड़ा व्यापार - नयी प्रणाली और व्यापार

01. भारतीय आध्यात्म एवं दर्शन आधारित स्वदेशी विपणन प्रणाली: 3-एफ (3-F: Fuel-Fire-Fuel)
02. कार्पोरेट विश्वमानक मानव संसाधन विकास प्रशिक्षण

(Corporate World Standard Human Resources Development Training)

03. विश्व राजनीति पार्टी संघ (World Political Party Organisation - WPPO)

04. नयी पीढ़ी के लिए नया विषय - ईश्वर शास्त्र, मानक विज्ञान, एकात्म विज्ञान

05- विश्वशास्त्र पर आधारित आडियो-विडियो

06. मनोरंजन - नयी प्रणाली और व्यापार

01. फिल्म

02. टी0 वी सिरियल –

03. गीत

ब. जीवन से जुड़ा व्यापार - रियल स्टेट - नयी प्रणाली और व्यापार

01. "सत्यकाशी महायोजना" (वाराणसी-विन्ध्याचल-शिवद्वार-सोनभद्र के बीच का क्षेत्र)

02. डिजिटल प्रापर्टी और एजेन्ट नेटवर्क (Digital Property & Agent Network)

स. कर्म से जुड़ा व्यापार - नयी प्रणाली और व्यापार

01. उत्पाद ब्राण्ड

02. कैलेण्डर

03. शिक्षा ब्राण्ड - सत्य मानक शिक्षा (परियोजना पुनर्निर्माण- PROJECT RENEW)

04. राष्ट्र निर्माण के पुस्तक

अ. ज्ञान से जुड़ा व्यापार - नयी प्रणाली और व्यापार

01. भारतीय आध्यात्म एवं दर्शन आधारित

स्वदेशी विपणन प्रणाली: 3-एफ (3-F: Fuel-Fire-Fuel)

02. कार्पोरेट विश्वमानक मानव संसाधन विकास प्रशिक्षण

(Corporate World Standard Human Resources Development Training)

विश्व के गुणवत्ता युक्त उत्पादन के लिए मनुष्य के द्वारा दो मूल निर्माण विधि हैं-

1. उद्योग में गुणवत्तायुक्त उत्पाद निर्माण और उत्पादन की जापानी विधि (Japanese Institute of Plant Engineers-JIPE) - WCM-TPM-5S
2. गुणवत्तायुक्त मानव निर्माण और उत्पादन की भारतीय विधि (Rishi/Saint/Avatar) - WCM-TLM-SHYAM.C

03. विश्व राजनीति पार्टी संघ (World Political Party Organisation - WPPO)

04. नयी पीढ़ी के लिए नया विषय - ईश्वर शास्त्र, मानक विज्ञान, एकात्म विज्ञान

श्री लव कुश सिंह "विश्वमानव" द्वारा "ईश्वर", "मानक", "एकात्म" की अन्तिम परिभाषा का आविष्कार पूर्ण हो जाने से नागरिक शास्त्र (Civics), भौतिकशास्त्र (Physics) की भाँति ईश्वर शास्त्र (Godics), मानक विज्ञान (Standard Science) और एकात्म विज्ञान (Integration Science) शैक्षणिक विषय का मार्ग मिल गया है।

05- विश्वशास्त्र पर आधारित आडियो-विडियो

अनिर्वचनीय कल्कि महाअवतार भोगेश्वर श्री लव कुश सिंह "विश्वमानव" के विचार विश्वस्तरीय हैं जिसके कारण ज्ञान से युक्त विश्वशास्त्र पर आधारित आडियो-विडियो के लिए भी मार्ग मिला है।

06. मनोरंजन - नयी प्रणाली और व्यापार

01. फिल्म

अनिर्वचनीय कल्कि महाअवतार भोगेश्वर श्री लव कुश सिंह "विश्वमानव" के विचार विश्वस्तरीय हैं जिसके कारण मनोरजन और ज्ञान से युक्त परिकल्पना पर उन्होंने फिल्म, टी0 वी0 सिरियल और गानों के लिए भी मार्ग मिला है। जिसका और भी विस्तृत रूप आगे दिया गया है। श्री लव कुश सिंह विश्वमानव द्वारा लिखे/विचार प्रस्तुत किये गये फिल्म-

क्र.सं. टाइटल	**फिल्म/सिरियल**	**भाषा**	**स्थिति**
1. विश्वगुरू - द ब्रेन टर्मिनेटर (रिप्रेजेन्टेटिव सिनेमा आफ इण्डिया)	बालीवुड फिल्म	हिन्दी, अंग्रेजी व बंग्ला	पूर्ण
2. द डर्टी साधु- अण्डरस्टैण्डिंग ट्रांसडेन्ट	बालीवुड फिल्म	हिन्दी, अंग्रेजी	पूर्ण
3. माय टेन वाइफ आन अर्थ (अण्डरस्टैण्डिंग फिमेल)	बालीवुड फिल्म	हिन्दी	पूर्ण
4. अगरबत्ती पे करोड़पत्ती	बालीवुड फिल्म	हिन्दी	पूर्ण
5. डेमोक्रेसी - द रियल ऐम	बालीवुड फिल्म	हिन्दी, अंग्रेजी	पूर्ण
6. 9डी	हॉलीवुड फिल्म	हिन्दी, अंग्रेजी	पूर्ण
7. किरनिया (एक नारी की कहानी)	भोजपुरी फिल्म	भोजपुरी	पूर्ण
8. जय माँ कल्कि	बालीवुड फिल्म	हिन्दी	पूर्ण

02. टी0 वी सिरियल –

श्री लव कुश सिंह विश्वमानव द्वारा लिखे/विचार प्रस्तुत किये गये टी.वी सिरियल के स्क्रिप्ट "महाभारत" के बाद "विश्वभारत"

ये कथा है महाकाल की
परमार्थ की, यथार्थ की, सत्यार्थ की
दृश्य स्वार्थ की
अवतारों की है ये कहानी

03. गीत

अनिर्वचनीय कल्कि महाअवतार भोगेश्वर श्री लव कुश सिंह "विश्वमानव" के जीवन, ज्ञान व कर्म से सम्बन्धित गीत रचना का भी मार्ग मिल गया है।

ब. जीवन से जुड़ा व्यापार - रियल स्टेट - नयी प्रणाली और व्यापार

01. "सत्यकाशी महायोजना" (वाराणसी-विन्ध्याचल-शिवद्वार-सोनभद्र के बीच का क्षेत्र)

श्रीराम के कारण चित्रकूट पर्यटन व धार्मिक क्षेत्र बना, श्रीकृष्ण के कारण मथुरा, द्वारिका पर्यटन व धार्मिक क्षेत्र बना, भगवान बुद्ध के कारण सारनाथ, कुशीनगर, बोधगया, वैष्णों देवी के कारण कटरा, सांई बाबा के कारण शिरडी पर्यटन व धार्मिक क्षेत्र बना। अनिर्वचनीय कल्कि महाअवतार भोगेश्वर श्री लव कुश सिंह "विश्वमानव" के अवतरण और उनके "विश्वशास्त्र" के कारण सत्यकाशी (वाराणसी-विन्ध्याचल-शिवद्वार-सोनभद्र के बीच का क्षेत्र) स्थापित है। सत्यकाशी क्षेत्र में ही "विश्वशास्त्र" की अधिकतम रचना हुई है और अनिर्वचनीय कल्कि महाअवतार भोगेश्वर श्री लव कुश सिंह "विश्वमानव" के निवास क्षेत्र सहित लीला भूमि क्षेत्र भी यही क्षेत्र है। भगवान बुद्ध के कारण काशी के उत्तर में काशी का प्रसार हुआ, विश्वशास्त्र के कारण काशी के दक्षिण में काशी का प्रसार हो रहा है।

कितना विचित्र संयोग है कि विन्ध्य क्षेत्र से ही भारत का मानक समय निर्धारित होता है और इसी क्षेत्र से युग परिवर्तन की घोषणा हो रही है। यह भी विचित्रता ही है कि व्यासजी द्वारा काशी को शाप देने के कारण विश्वेश्वर ने व्यासजी को काशी से निष्कासित कर दिया था और वे गंगा पार आ गये और गंगा पार सत्यकाशी क्षेत्र से ही उनके बाद "विश्वशास्त्र" रचना हुई है।

हम सभी साधारण जीवन में ऐसा देखते हैं कि जहाँ कहीं भी कोई फैक्ट्री, नगर निर्माण या विस्तार का कार्य प्रारम्भ हो जाता है। वहाँ एक अलग ही दुनियाँ बसने लगती है और एक व्यापक जन समुदाय को अपने जीवन संचालन के लिए मार्ग प्राप्त हो जाता है। जो किसी जाति, सम्प्रदाय या धर्म आधारित नहीं होती। वह सिर्फ व्यक्ति की योग्यता पर आधारित और वह पीढ़ी दर पीढ़ी के लिए होती है।

सार्वभौम सत्य-सिद्धान्त और समाज समर्थित सत्यकाशी योजना जिसका क्षेत्र है- वाराणसी-विन्ध्याचल-शिवद्वार-सोनभद्र के बीच का भगवान विष्णु और भगवान शिव से जुड़ा क्षेत्र। जो धर्मक्षेत्र से व्यापक सार्थक एवं पौराणिक आधारों पर प्रश्न करता है कि- क्यों काशी नरेश होते हुए भी उनका किला काशी शहर में नहीं? क्यों देवकी के आठवें पुत्र कृष्ण के बदले में पुत्री को कंस ने मारना चाहा तो वह विन्ध्य पर्वत पर आ बसीं? क्यों समष्टि (समाज या सार्वजनिक) धर्म के स्थापनार्थ विष्णु के पाँचवे अवतार वामन अवतार ने जब राजा बलि से तीन पग जमीन मांगा तब अवतार ने पहला पग चुनार क्षेत्र में ही रखा जिसके कारण इसका पुराना नाम चरणाद्रिगढ़ था? क्यों ब्रह्मलीन श्री श्री 1008 सत्ययोगानन्द "भुईधरा बाबा" (भगवान रामकृष्ण की अगली कड़ी) ने सदी का सबसे लम्बा (दि0 13.11.97 से 22.06.98 तक) तथा अदृश्य काल का अन्तिम यज्ञ- विष्णु महायज्ञ और ज्ञानयज्ञ चुनार क्षेत्र में ही आयोजित किये? क्यों विश्व का अन्तिम शास्त्र "विश्वशास्त्र" इसी क्षेत्र से व्यक्त हुआ? क्यों विश्वव्यापी धर्म स्थापना (समष्टि धर्म स्थापना) पाँचवे अवतार वामन अवतार के बाद पुनः इस क्षेत्र से प्रारम्भ हो रहा है।

उपरोक्त प्रश्नों का जबाब भी सत्यकाशी योजना के जन्मदाता गण व्यापकता के साथ देते हैं। भौतिकवादी काशी वासीयों से मुक्त-शिवभक्त काशी नरेश की सत्यता के लिए प्रकृतिक चक्र द्वारा इनका किला काशी शहर में नहीं जिससे वे अन्त में अन्तिम काशी-सत्यकाशी के सत्यकाशी नरेश भी कहलायें। चुनार क्षेत्र पाँचवें अवतार वामन के चरणों से एक श्राप द्वारा ग्रसित हो चुका था कि इस क्षेत्र में जन्म लेने वाले व्यक्ति की चाहें जितना भी समष्टि (समाज) धर्म के लिए प्रयत्न क्यों न करें वे व्यष्टि(व्यक्तिगत) धर्म से अधिक न उठ सकेंगे। जब तक की इस क्षेत्र से बाहर जन्म लेकर कोई पुनः समष्टि धर्म स्थापनार्थ नहीं आ जाता। यह सब इसलिए है कि प्राकृतिक चक्र द्वारा विकसित और सन्तुलित क्षेत्र जो वाराणसी-विन्ध्याचल-शिवद्वार-सोनभद्र के बीच स्थित है। बस यहीं है पुराणों में वर्णित सात काशीयों में अन्तिम काशी-सत्यकाशी। यदि काशी (वाराणसी), शिवाकाशी, उत्तरकाशी और दक्षिण काशी (वैदुर्यपत्तन, बरकला, केरल प्रदेश) को मुख्य काशी माना जाय तो सत्यकाशी पंचम काशी है। और दो काशीयों को और सम्मिलित किया जाता है तो सत्यकाशी सप्तम काशी होगी। इस प्रकार शिव पुराण में वर्णित सात काशीयों में सत्यकाशी पंचम, अन्तिम तथा सप्तम काशी होगी।

इस प्रकार हम देखते है कि आध्यात्मिक, सार्थक, दूरदर्शी, प्रमाणित, पौराणिक, समाज समर्थित काशी की परम्परा का पालन करते हुए सत्यकाशी योजना है। जबकि लक्ष्य एक व्यापक जनसमुदाय को एक नयी दिशा द्वारा संरक्षण, विकास और आजिविका प्रदान करना है। इसलिए उचित स्थान पर इसका निर्माण आवश्यक है। श्री लव कुश सिंह "विश्वमानव" कृत "विश्वशास्त्र" से मुख्यतः सत्यकाशी क्षेत्र के लिए निम्नलिखित विषय व्यक्त हुये हैं जो रियल स्टेट के व्यवसाय को व्यापक रूप से विकसित करता है-

अनिर्वचनीय कल्कि महाअवतार भोगेश्वर श्री लव कुश सिंह "विश्वमानव" के अवतरण से पुनः पूर्वानुसार उनके जीवन से अनेक दिशाओं में नये आविष्कार व व्यापार को दिशा मिली है। जो निम्न प्रकार हैं -श्री लव कुश सिंह "विश्वमानव" कृत "विश्वशास्त्र" से मुख्यतः सत्यकाशी क्षेत्र के लिए निम्नलिखित विषय व्यक्त हुये हैं (पूर्ण विवरण के लिए "विश्वशास्त्र" अध्याय - दो देखें) -

01. चार शंकराचार्य पीठ के उपरान्त 5वाँ और अन्तिम पीठ "सत्यकाशी पीठ"

02. "सत्यकाशी महोत्सव" व "सत्यकाशी गंगा महोत्सव" आयोजन

03. सार्वभौम देवी माँ कल्कि देवी मन्दिर - माँ वैष्णों देवी की साकार रूप
04. भोगेश्वर नाथ - 13वाँ और अन्तिम ज्योतिर्लिङ्ग
05. सत्यकाशी पंचदर्शन
06. ज्ञान आधारित मनु-मनवन्तर मन्दिर
07. ज्ञान आधारित विश्वात्मा मन्दिर
08. विश्वधर्म मन्दिर - धर्म के व्यावहारिक अनुभव का मन्दिर
09. नाग मन्दिर
10. विश्वशास्त्र मन्दिर (Vishwshastra Temple)
11. एक दिव्य नगर - सत्यकाशी नगर
12. होटल शिवलिंगम् - शिवत्व का एहसास
13. इन्द्रलोक - ओपेन एयर थियेटर
14. हस्तिनापुर - महाभारत का लाइट एण्ड साउण्ड प्रोग्राम
15. सत्य-धर्म-ज्ञान केन्द्र: तारामण्डल की भाँति शो द्वारा कम समय में पूर्ण ज्ञान
16. सत्यकाशी आध्यात्म पार्क
17. वंश नगर - मनु से मानव तक के वंश पर आधारित नगर
18. 8वें सांवर्णि मनु - सम्पूर्ण एकता की मूर्ति (Statue of Complete Unity)
19. विस्मृत भारत रत्न स्मारक (Forgotten Bharat Ratna Memorial)
20. विश्वधर्म उपासना स्थल - उपासना और उपासना स्थल के विश्वमानक (WS-00000) पर आधारित
21. सत्यकाशी ब्रह्माण्डीय एकात्म विज्ञान विश्वविद्यालय
(Satyakashi Universal Integration Science University-SUISU)

02. डिजिटल प्रापर्टी और एजेन्ट नेटवर्क (Digital Property & Agent Network)

स. कर्म से जुड़ा व्यापार - नयी प्रणाली और व्यापार

01. उत्पाद ब्राण्ड

अनिर्वचनीय कल्कि महाअवतार भोगेश्वर श्री लव कुश सिंह "विश्वमानव" के अवतरण से शब्द को बल मिला है इस प्रकार ये शब्द एक "ब्राण्ड" के रूप में व्यक्त हुये हैं जिसे उपयोग में लाया जा सकता है। पेय जल के लिए हमारा ब्राण्ड - "मोक्षदायिनी काशी", "जीवनदायिनी काशी", और "जरगो फ्रेश"

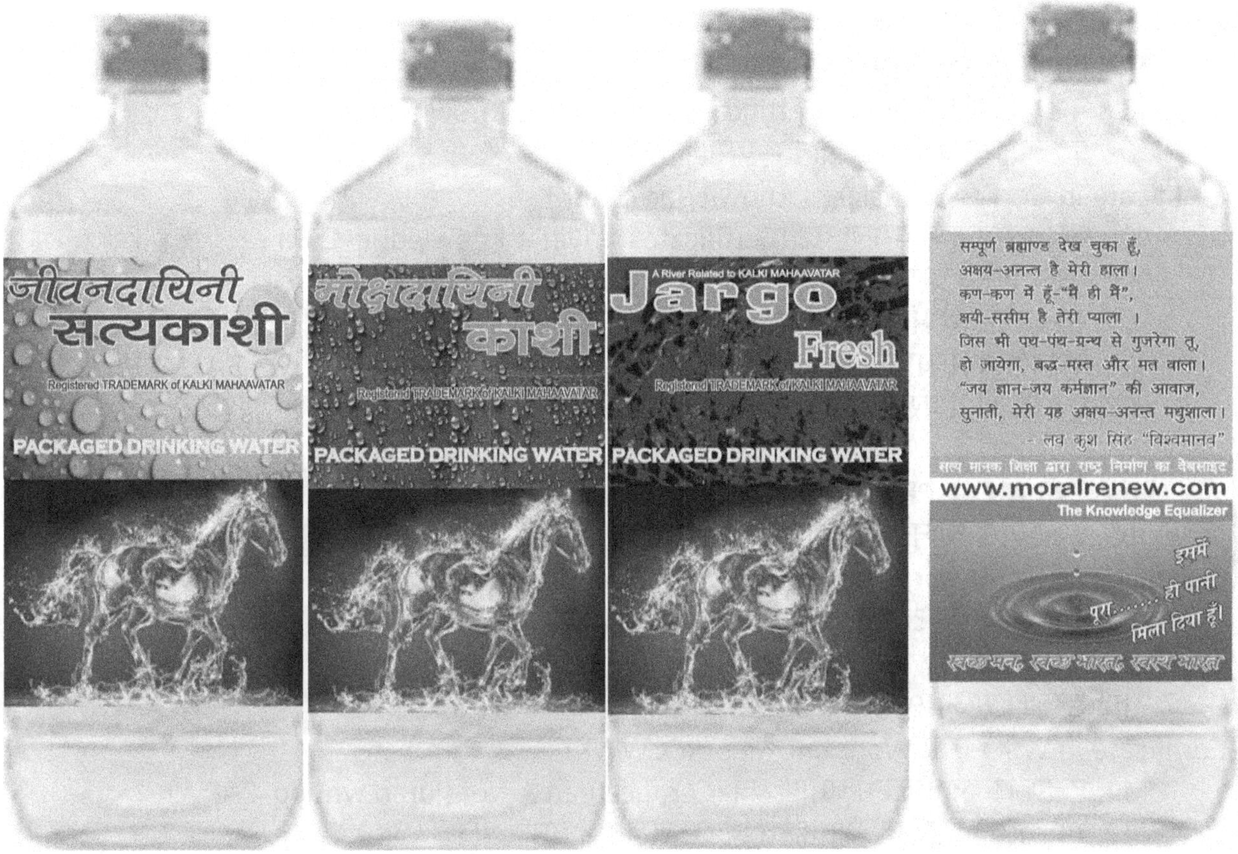

02. कैलेण्डर

जिस प्रकार अनेक धर्म संस्थापकों के जन्मदिन से नया कैलेण्डर समाज में स्थापित है उसी प्रकार काल, मनवन्तर, युग, शास्त्र और अनिर्वचनीय कल्कि महाअवतार भोगेश्वर श्री लव कुश सिंह "विश्वमानव" के अवतरण से विश्वधर्म के प्रवर्तक की योग्यता के अधिकार से उनके जन्मदिन 16 अक्टुबर 1967 से नये कैलेण्डर की शुरूआत हो गई है।

03. शिक्षा ब्राण्ड - सत्य मानक शिक्षा (परियोजना पुनर्निर्माण- PROJECT RENEW)

राष्ट्र के पूर्णत्व के लिए पूर्ण शिक्षा निम्नलिखित शिक्षा का संयुक्त रूप है-

वर्तमान समय में विशेषीकरण की शिक्षा, भारत में चल ही रहा है और वह कोई बहुत बड़ी समस्या भी नहीं है। समस्या है सामान्यीकरण शिक्षा की। व्यक्तियों के विचार से सदैव व्यक्त होता रहा है कि - मैकाले शिक्षा पद्धति बदलनी चाहिए, राष्ट्रीय शिक्षा नीति व पाठ्यक्रम बनना चाहिए। ये तो विचार हैं। पाठ्यक्रम बनेगा कैसे?, कौन बनायेगा? पाठ्यक्रम में पढ़ायेंगे क्या? ये समस्या थी। और वह हल की जा चुकी है। जो भारत सरकार के सामने सरकारी-निजी योजनाओं जैसे ट्रांसपोर्ट, डाक, बैंक, बीमा की तरह निजी शिक्षा के रूप में पुनर्निर्माण - सत्य शिक्षा का राष्ट्रीय तीव्र मार्ग (RENEW – Real Education National Express Way) द्वारा पहली बार इसके आविष्कारक द्वारा प्रस्तुत है। जो राष्ट्र निर्माण का व्यापार है। इसके अन्तर्गत निम्नलिखित नये शैक्षिक पाठ्यक्रम व्यक्त हुये हैं-

अ - सामान्यीकरण (Generalisation) शिक्षा - यह शिक्षा व्यक्ति और राष्ट्र का बौद्धिक विकास कराती है जिससे व्यक्ति व राष्ट्रीय सुख में वृद्धि होती है।

सत्य शिक्षा (REAL EDUCATION)

01. पूर्ण ज्ञान में प्रमाण पत्र (Certificate in Complete Knowledge-CCK)

02. ईश्वर शास्त्र व व्यापार ज्ञान में प्रमाण पत्र (Certificate in Godics & Business Knowledge-CGBK)

03. अवतार ज्ञान में प्रमाण पत्र (Certificate in Avatar Knowledge-CAK)

04. गुरू ज्ञान में प्रमाण पत्र (Certificate in Guru Knowledge-CGK)

05. संस्थागत धर्म में डिप्लोमा (Diploma in Institutional Religion-DIR)

06. पूर्ण शिक्षा में स्नातक (Bachelor in Complete Education-BCE)

07. पूर्ण शिक्षा में परास्नातक (Master in Complete Education-MCE)

सत्य पेशा (REAL PROFESSION)

08. दृश्य योग, ध्यान और चेतना में प्रमाण पत्र (Certificate in visible Yoga, Meditation & Consciousness - CVYMC)

09. डब्ल्यू.सी.एम-टी.एल.एम-श्याम.सी में प्रमाण पत्र (Certificate in WCM-TLM-SHYAM.C Technology-CWT)

10. डब्ल्यू.एस.ओ-0 और कर्मज्ञान में प्रमाण पत्र (Certificate in WSO-0 & Work Knowledge-CWWK)

11. पुराण लेखन कला में प्रमाण पत्र (Certificate in Art of Puran writing-CAPW)

12. सार्वभौम विचार पर आधारित फिल्म लेखन में प्रमाण पत्र (Certificate in Art of Universal thought based Film writing-CAUFW)

सत्य पुस्तक (REAL BOOK)

13. विशाल ज्ञान विज्ञान सबका समाधान (Vishal Gyan Vigyan sabka samadhan-VGVSS)

14. विश्वशास्त्र: द नालेज आफ फाइनल नालेज (VISHWSHASTRA: THE KNOWLEDGE OF FINAL KNOWLEDGE - VKFK)

सत्य स्थिति (REAL STATUS)

15. जीवन का पैमाना (Scale Your Life) - ईश्वर चक्र पर स्वयं की स्थिति का ज्ञान (Know Your Position on GOD CYCLE -KYPGC)

सत्य एस्टेट एजेन्ट (REAL ESTATE AGENT)

16. रियल इस्टेट एजेन्ट में प्रमाण पत्र (Certificate in Real Estate Agent - CRE)

सत्य किसान (REAL KISAN)

17. रियल किसान में प्रमाण पत्र (Certificate in Real Kisan - CRK)

ब - विशेषीकरण (Specialisation) शिक्षा - यह शिक्षा व्यक्ति और राष्ट्र का कौशल विकास कराती है जिससे व्यक्ति व राष्ट्रीय उत्पादकता में वृद्धि होती है।

01. सत्य कौशल (REAL SKILL)

02. सत्य डिजीटल कोचिंग (REAL DIGITAL COACHING)

स - सत्य नेटवर्क (REAL NETWORK)) - समाज में प्रकाशित होने के लिए

01. डिजिटल ग्राम नेटवर्क (Digital Village Network)
02. डिजिटल नगर वार्ड नेटवर्क (Digital City Ward Network)
03. डिजिटल एन.जी.ओ/ट्रस्ट नेटवर्क (Digital NGO/Trust Network)
04. डिजिटल विश्वमानक मानव नेटवर्क (Digital World Stanadard Human Network)
05. डिजिटल नेतृत्व नेटवर्क (Digital Leader Network)
06. डिजिटल जर्नलिस्ट नेटवर्क (Digital Journalist Network)
07. डिजिटल शिक्षक नेटवर्क (Digital Teacher Network)
08. डिजिटल शैक्षिक संस्थान नेटवर्क (Digital Educational Institute Network)
09. डिजिटल लेखक-ग्रन्थकार-रचयिता नेटवर्क (Digital Author Network)
10. डिजिटल गायक नेटवर्क (Digital Singer Network)
11. डिजिटल खिलाड़ी नेटवर्क (Digital Sports Man Network)
12. डिजिटल पुस्तक विक्रेता नेटवर्क (Digital Book Saler Network)
13. डिजिटल होटल और आहार गृह नेटवर्क (Digital Hotel & Resturant Network)

01. राष्ट्र निर्माण के पुस्तक

व्यक्ति (व्यष्टि) से राष्ट्र (समष्टि) तक के सत्यीकरण और पूर्ण निर्माण के लिए विभिन्न विषयों पर छोटी पुस्तिकाएँ। काल, मनवन्तर, युग, शास्त्र परिवर्तन और अनिर्वचनीय कल्कि महाअवतार भोगेश्वर श्री लव कुश सिंह "विश्वमानव" के अवतरण से राष्ट्र निर्माण से सम्बन्धित अनेक पुस्तक-पुस्तिकाओं का मार्ग मिल गया है जिससे "पावर और प्राफिट" की ओर बढ़ गये मनुष्यता को मस्तिष्क के विकास को ओर भी विकास का मार्ग उपलब्ध होगा।

130 करोड़ की जनसंख्या वाला भारत देश में हिन्दी भाषी जनसंख्या 70 करोड़ है। और लाल किताब - पीला किताब, धर्म ग्रन्थ इत्यादि बिकते रहते हैं। और वो किताब जिसे "विश्वशास्त्र" कहा जा रहा है जो एक काल, मनवन्तर, युग परिवर्तन से लेकर विश्व सरकार के गठन तक का मार्गदर्शन से युक्त हो जो व्यक्ति के पूर्ण ज्ञान, पूर्ण शिक्षा पाठ्यक्रम सहित नीति आयोग तक के लिए उपयोगी है। "विश्वशास्त्र" त्रिलोक के अदृश्य कल्पना/कथा नहीं बल्कि इस लोक के व्यावहारिक ज्ञान का शास्त्र है। सभी शिक्षा एक तरफ, "विश्वशास्त्र" एक तरफ। सभी पुस्तक-शास्त्र एक तरफ, "विश्वशास्त्र" एक तरफ। हर घर का शान और प्राण "विश्वशास्त्र", धरती के नागरिक का जीवनशास्त्र "विश्वशास्त्र", स्वर्ण युग का शास्त्र "विश्वशास्त्र" की स्थिति है।

भारत में हिन्दी भाषा जानने वालों की स्थिति ये है- 1. बिहार (जनसंख्या-, 103,804,637 साक्षरता - 63.82 प्रतिशत), 2. छत्तीसगढ़ (जनसंख्या-25,540,196, साक्षरता - 71.04 प्रतिशत), 3. हरियाणा (जनसंख्या-25,353,081, साक्षरता - 76.64 प्रतिशत), 4. हिमाचल प्रदेश (जनसंख्या- 6,856,509, साक्षरता - 83.78 प्रतिशत), 5. झारखण्ड (जनसंख्या- 32,966,238, साक्षरता - 67.63 प्रतिशत), 6. मध्य प्रदेश (जनसंख्या- 72,597,565, साक्षरता - 70.63 प्रतिशत), 7. महाराष्ट्र (जनसंख्या- 112,372,972, साक्षरता - 82.91 प्रतिशत), 8. पंजाब (जनसंख्या- 27,704,236, साक्षरता - 76.68 प्रतिशत), 9. राजस्थान (जनसंख्या- 68,621,012, साक्षरता - 67.06 प्रतिशत), 10. उत्तर प्रदेश (जनसंख्या- 199,581,477, साक्षरता - 69.72 प्रतिशत), 11. उत्तराखण्ड (जनसंख्या-10,116,752, साक्षरता - 79.63 प्रतिशत), 12. पश्चिम बंगाल (जनसंख्या- 91,347,736, साक्षरता - 77.08 प्रतिशत), 13. चण्डीगढ़ (जनसंख्या- 1,054,686, साक्षरता - 86.43 प्रतिशत), 14. दिल्ली (जनसंख्या- 16,753,235, साक्षरता - 86.34 प्रतिशत)

हमारे द्वारा राष्ट्र निर्माण श्रृंखला से सम्बन्धित व्यक्ति के बौद्धिक विकास के लिए बस स्टेशन व रेलवे स्टेशनों, प्रदर्शनी, स्टाल, सीधे स्कूल-कालेज से विक्रय होने वाली "विश्वशास्त्र" पर आधारित निम्नलिखित समझ पर केन्द्रित अनेक पुस्तिका विक्रय करने के लिए उपलब्ध है। जिसे विद्यार्थी को संग्रह करने और इस रूप में प्राप्त करना असंभव है।

"आध्यात्मिक सत्य एवं दार्शनिक विरासत" के आधार पर "काल, मनु ,युग, व्यास, शास्त्र परिवर्तन", "मन में अन्तर (मनवन्तर) को समाप्त करने और मन के नवीनीकरण" के लिए "सार्वभौम सत्य-सिद्धान्त" पर आधारित "विश्वशास्त्र - द नालेज आफ फाइनल नालेज" शास्त्र को The Knowledge Equalizer के रूप में निम्नलिखित शीर्षक में 64 भागों में प्रकाशित किया कर दिया गया जिसमें परिचय, ज्ञान, कर्मज्ञान कार्यवाही योजना इत्यादि सभी कुछ हैं-

भाग के अनुसार

01. विश्वशास्त्र - विषय-प्रवेश
02. विश्वशास्त्र - अध्याय-एक: ईश्वर
03. विश्वशास्त्र - अध्याय-दो: जीवन परिचय
04. विश्वशास्त्र - अध्याय-तीन: ज्ञान परिचय
05. विश्वशास्त्र - अध्याय-चार: कर्म परिचय (सार्वजनिक प्रमाणित दृश्य महायज्ञ)
06. विश्वशास्त्र - अध्याय-पाँच (भाग - 01): सार्वजनिक प्रमाणित विश्वरूप
07. विश्वशास्त्र - अध्याय-पाँच (भाग - 02): सार्वजनिक प्रमाणित विश्वरूप
08. विश्वशास्त्र - परिशिष्ट

मुख्य शास्त्र

01. विश्वशास्त्र - द नालेज आफ फाइनल नालेज

सारांश के अनुसार

02. मैं सत्यकाशी से कल्कि महावतार बोल रहा हूँ (समष्टि गीता - यथार्थ प्रकाश)

शीर्षक के अनुसार

03. विश्वस्तरीय फिल्म लेखन कला
04. प्रारम्भिक सत्य - अन्तिम दृष्टि
05. सत्य धर्म - युग परिवर्तक दृष्टि
06. सत्य दार्शनिक-दर्शन और कर्म वेदान्त-विकास दर्शन
07. सत्य शास्त्र एवं पुराण रहस्य-महर्षि व्यास कला
08. संत एवं गुरू और विश्व संत एवं गुरू
09. समाज और ईश्वरीय समाज
10. सत्य शास्त्र और विश्वशास्त्र
11. कृति और विश्व कृति
12. भारत माता मन्दिर और विश्वधर्म मन्दिर
13. महाभारत और विश्वभारत
14. संविधान और विश्व संविधान

15. शिक्षा और पूर्ण शिक्षा
16. देवता और सार्वभौम देवता कल्कि
17. देवीयाँ और सार्वभौम देवी माँ क्लिक
18. द्वादश ज्योतिर्लिंग और 13वां अन्तिम ज्योतिर्लिंग
19. काशी - मोक्षदायिनी और जीवनदायिनी
20. सत्यकाशी - स्वर्णयुग का तीर्थ
21. काशी - रहस्योद्घाटन
22. 2020 - मन का नवीनीकरण
23. ईश्वर का संक्षिप्त इतिहास
24. अवतार - अन्तिम सत्य दृष्टि
25. भविष्यवाणियाँ और कल्कि अवतार
26. स्वामी विवेकानन्द और कल्कि अवतार
27. मनु, मनवन्तर और कल्कि महावतार
28. व्यास, शास्त्र और कल्कि महावतार
29. ऋषि, ऋषि परम्परा और कल्कि महावतार
30. दूसरा आगमन या अन्तिम आगमन
31. परिवर्तन-काल, मनु, युग, व्यास और शास्त्र
32. राम, रावण और सार्वभौम एकात्म
33. मैं, व्यक्तिगत या सार्वभौम
34. लव कुश (त्रेतायुग) और लवकुश (कलियुग)
35. कल्कि महावतार आ चुके हैं (ACTION PLAN)
36. लव कुश सिंह (कल्कि महाअवतार)-जीवन, ज्ञान, कर्म और विश्वरूप
37. वैश्विक बुद्ध - बुद्ध का भाग दो और अन्तिम
38. बुड्ढा कृष्ण - कृष्ण का भाग दो और अन्तिम
39. सम्पूर्ण क्रान्ति-अन्तिम कार्य योजना
40. पुनर्निर्माण (RENEW)-समस्या, समाधान और राष्ट्र निर्माण की योजना
41. पुनर्निमाण (RENEW)- ग्राम एवं नगर वार्ड प्रेरक
42. विश्वशास्त्र द नालेज आफ फाइनल नालेज-परिचय
43. एन्टायर पालिटिक्स - पूर्ण पाठ्यक्रम
44. वसुधैव-कुटुम्बकम्
45. कर्मवेद: प्रथम, अन्तिम तथा पंचम वेद
46. आठवें अवतार श्रीकृष्ण के अनकहे संदेश
47. अयोध्या नहीं, मुंगेर है राम जन्मभूमि
48. विश्वमानव-भूतपूर्व नेतृत्वकर्ताओं का स्पष्टिकरण
49. विश्वमानव-वर्तमान नेतृत्वकर्ताओं का स्पष्टिकरण
50. विश्वमानव-वार्ता, वक्तव्य एवं वाणियाँ
51. विश्वमानव-पत्रावली, प्रसारण और अन्तिम पत्र
52. सत्य जनहित आह्वान
53. विश्व शान्ति-अन्तिम सत्य दृष्टि
54. नई विश्व व्यवस्था का रहस्य

55. समाजवाद - ब्रह्माण्डीय विकास का अवतारी मार्ग
56. भारतवाद - राष्ट्रवाद की मुख्यधारा
57. 100 वर्षीय संयुक्त राष्ट्र को अग्रिम सन्देश
58. सार्वभौम एकात्म-नव विश्व निर्माण
59. गणराज्य, संघ, मानकीकरण संगठन और सम्पूर्ण मानक
60. व्यापार केन्द्र (TRADE CENTRE)-दृश्य सत्य
61. मन का विश्वमानक और पूर्ण मानव निर्माण की तकनीकी-WCM-TLM-SHYAM.C
62. मानक विपणन प्रणाली (3F-Fire-Fuel-Fire)
63. स्वर्णयुग का मानक आदर्श नागरिक-दिशा निर्देश
64. विश्वधर्मः परिचय (स्वर्णयुग का धर्म)

व्यक्ति और विभागीय स्तर पर सफाई-सुधार का पहला प्रारूप की पुस्तक - डा0 रमेश कुमार द्वारा लिखित "विशाल ज्ञान विज्ञान सबका समाधान" है

"उसी मूल सत्य की फिर से शिक्षा ग्रहण करनी होगी, जो केवल यहीं से, हमारी इसी मातृभूमि से प्रचारित हुआ था। फिर एक बार भारत को संसार में इसी मूल तत्व का-इसी सत्य का प्रचार करना होगा। ऐसा क्यों है? इसलिए नहीं कि यह सत्य हमारे शास्त्रों में लिखा है वरन् हमारे राष्ट्रीय साहित्य का प्रत्येक विभाग और हमारा राष्ट्रीय जीवन उससे पूर्णतः ओत-प्रोत है। इस धार्मिक सहिष्णुता की तथा इस सहानुभूति की, मातृभाव की महान शिक्षा प्रत्येक बालक, स्त्री, पुरुष, शिक्षित, अशिक्षित सब जाति और वर्ण वाले सीख सकते हैं। तुमको अनेक नामों से पुकारा जाता है, पर तुम एक हो।" (जितने मत उतने पथ, रामकृष्ण मिशन, पृष्ठ-39)

- स्वामी विवेकानन्द

मेरी नीति है- प्राचीन आचार्यों के उपदेशों का अनुसरण करना। मैंने उनके कार्य का अध्ययन किया है, और जिस प्रणाली से उन्होंने कार्य किया, उसके आविष्कार करने का मुझे सौभाग्य मिला। वे सब महान समाज संस्थापक थे। बल पवित्रता और जीवन शक्ति के वे अद्‌भुत आधार थे। उन्होंने सब से अद्‌भुत कार्य किया-समाज में बल, पवित्रता और जीवन शक्ति संचारित की। हमें भी सबसे अद्‌भुत कार्य करना है। आज अवस्था कुछ बदल गयी है, इसलिए कार्‌य-प्रणाली में कुछ थोड़ा-सा परिवर्तन करना होगा; बस इतना ही, इससे अधिक कुछ नहीं। (मेरी समर नीति-पृ0-27)

- स्वामी विवेकानन्द

सार्वभौम सत्य-सिद्धान्त के अनुसार काल, युग बोध एवं अवतार

सार्वभौम सत्य-सिद्धान्त के अनुसार काल और युग परिवर्तन और उसके माध्यम अन्तिम अवतार के सम्बन्ध में समय और रूप की व्याख्या निम्नवत् है।

विश्व-ब्रह्माण्ड के सर्वोच्च और अनन्त कार्यक्षेत्र का सार्वभौम दृश्य, विवादमुक्त, सार्वजनिक प्रमाणित सत्य-सिद्धान्त है- परिवर्तन। जिसे आदान-प्रदान (TRANSACTION) या क्रिया या व्यापार (TRADE) भी कहा जा सकता है। जिसे वैदिक साहित्य ने "सिद्धान्त", गीता ने "परिवर्तन", पुराण ने "शक्ति ", कपिलमुनि ने "क्रिया" कहा है। इसे ही प्राकृतिक- ब्रह्माण्डीय सत्य, कर्म, आदान-प्रदान, परिधि, व्यापार, काल, सर्वशक्तिमान भी कहा गया। इस सत्य की व्याख्या करने वाला शास्त्र-साहित्य सार्वजनिक प्रमाणित दृश्य समष्टि वेद, उत्पन्न नाम या शब्द को समष्टि ईश्वर नाम तथा नाम के अर्थ की व्याख्या करने वाले साहित्य को समष्टि उपनिषद् कहा जाता है।

उपरोक्त परिवर्तन जिस उत्प्रेरक की उपस्थिति में संचालित होता है उसे ही वैदिक साहित्य ने "ब्रह्म" या "आत्मा", गीता ने "मैं", पुराण ने "शिव "", कपिल मुनि ने "कारण", संतों ने "एक", हिन्दुओं ने "ईश्वर", सिखों ने "वाहे गुरू", इस्लाम ने "अल्ला" ईसाई ने "यीशु" इत्यादि कहा। इसे ही पूर्ण, धर्म, ज्ञान, सम, सार्वभौम, चौतन्य, केन्द्र, GOD, सत्य, अद्वैत, सर्वव्यापी, अनश्वर, अजन्मा, शाश्वत, सनातन इत्यादि भी कहा गया है। इस सत्य की व्याख्या करने वाला शास्त्र-साहित्य व्यक्तिगत प्रमाणित अदृश्य व्यष्टि वेद, उत्पन्न नाम या शब्द को व्यष्टि ईश्वर नाम तथा नाम के अर्थ की व्याख्या करने वाले साहित्य को व्यष्टि उपनिषद् कहा जाता है। इसी को सार्वभौम सत्य-सिद्धान्त में केन्द्र (CENTRE) कहा गया है।

वर्तमान पदार्थ विज्ञान भी यह स्वीकार कर चुका है कि इस ब्रह्माण्ड में कही भी कुछ भी स्थिर नहीं है। सभी का परिवर्तन या आदान-प्रदान हो रहा है। दृश्य पदार्थ विज्ञान के महान वैज्ञानिक आइन्सटाइन $E=MC^2$ से इसे सिद्ध भी किये है।

इस प्रकार विश्व-ब्रह्माण्ड को हम सर्वोच्च व्यापार केन्द्र (TRADE CENTRE) भी कह सकते हैं और विश्व-ब्रह्माण्ड के पर्यायवाची नाम के रूप में प्रयोग कर सकते हैं।

समस्त परिवर्तन या आदान-प्रदान मुख्यतः तीन बलो द्वारा ही संचालित होता है- मानवीय बल, प्राकृतिक बल व आत्मीय बल। और ये तीनो बल मूलतः तीन क्षेत्र के माध्यम से परिवर्तन लाता है। ये हैं- शारीरिक, आर्थिक व मानसिक। इस प्रकार हम देखते हैं कि यदि सर्वप्रथम मानवीय बल परिवर्तन लाने के लिए सक्रिय होता है तब वह पहले शारीरिक, फिर आर्थिक और अन्त में मानसिक कारण को माध्यम के रूप में प्रयोग करता है। इसी प्रकार प्राकृतिक बल और आत्मीय बल भी इसी क्रम से माध्यमों का प्रयोग करता है।

जब मानवीय बल और प्राकृतिक बल, आवश्यक परिवर्तन लाने में असफल हो जाता है तब सार्वाधिक शक्तिशाली व सर्वोच्च आत्मीय बल के प्रयोग का समय आ जाता है। चक्र रूप में मानवीय बल एक छोटा परिवर्तन, प्राकृतिक बल एक मध्यम स्तर का परिवर्तन तथा अन्तिम आत्मीय बल उस समय के सर्वोच्च स्तर का परिवर्तन लाता है जिस समय वह प्रभावी होता है।

यह आत्मीय बल ही अवतारों, पैगम्बरों, स्वर्गदूतों, धर्म प्रवर्तकों-स्थापकों के बल थे जो समयानुसार अपने-अपने क्षेत्रों में प्रयोग किये गये थे और जिसके कारण आज भी उनकी पहचान वर्तमान है। जब यह आत्मीय बल अंश रूप में अवतारों, पैगम्बरों, स्वर्गदूतों, धर्म प्रवर्तकों-स्थापकों द्वारा प्रयोग किये जाते हैं तब ये अंश अवतार, पैगम्बर, स्वर्गदूत, धर्म प्रवर्तक-स्थापक कहलाते हैं और जब यह आत्मीय बल पूर्ण रूप में अवतारों, पैगम्बरों, स्वर्गदूतों, धर्म प्रवर्तकों-स्थापकों द्वारा प्रयोग किये जाते हैं तब ये पूर्ण अवतार, पैगम्बर, स्वर्गदूत, धर्म प्रवर्तक-स्थापक कहलाते हैं।

वर्तमान समय में मानवीय बल व प्राकृतिक बल द्वारा परिवर्तन लाने के लिए शारीरिक, आर्थिक व मानसिक माध्यम का प्रयोग किया जा चुका है। साथ ही आत्मीय बल द्वारा भी परिवर्तन लाने के लिए शारीरिक व आर्थिक माध्यम का प्रयोग किया जा चुका है। अब केवल एक ही मार्ग आत्मीय बल द्वारा मानसिक माध्यम का प्रयोग बचा है। जो आने वाले समय में निश्चित रूप से होगा।

काल अर्थात् समय को समय से बांधा नहीं जा सकता। कोई भी व्यक्ति समष्टि के लिए किसी निश्चित दिन का दावा नहीं कर सकता कि इस दिन से किसी युग का परिवर्तन, किसी युग का अन्तिम दिन या किसी युग के प्रारम्भ का दिन है। क्योंकि हम दिन, दिनांक या कैलेण्डर का निर्धारण ब्रह्माण्डीय गतिविधि अर्थात् सूर्य, चाँद, ग्रह इत्यादि के गति को आधार बनाकर निर्धारित करते है। इसी प्रकार युग का निर्धारण पूर्णतया मानव मन की केन्द्रित स्थिति से निर्धारित होता है न कि किसी निर्धारित अवधि के द्वारा। मन की केन्द्रित स्थिति निम्न स्थितियों में होती है-

0 या 5. स्थिति - अदृश्य मार्ग से मन का आत्मीय केन्द्रित स्थिति।

1. **स्थिति** - व्यक्तिगत प्रमाणित अदृश्य मार्ग से मन का आत्मीय केन्द्रित स्थिति अर्थात् व्यक्तिगत प्रमाणित माध्यम द्वारा आत्मा पर केन्द्रित मन। यह स्थिति सतयुग की अन्तिम स्थिति है। इस युग में कुल 6 अवतार मत्स्य, कूर्म, वाराह, नृंसिंह, वामन और परशुराम हुये।

2. **स्थिति** -सार्वजनिक प्रमाणित अदृश्य मार्ग से मन का आत्मीय केन्द्रित स्थिति अर्थात् सार्वजनिक प्रमाणित माध्यम - प्रकृति व ब्रह्माण्ड द्वारा आत्मा पर केन्द्रित मन। यह स्थिति त्रेतायुग की अन्तिम स्थिति है। इस युग में सातवें अवतार श्री राम हुयें।

3. **स्थिति** - व्यक्तिगत प्रमाणित दृश्य मार्ग से मन का आत्मीय केन्द्रित स्थिति अर्थात् व्यक्तिगत प्रमाणित व्यक्ति व भौतिक वस्तु माध्यम द्वारा आत्मा पर केन्द्रित मन। यह स्थिति द्वापर युग की अन्तिम स्थिति है। इस युग में आँठवें अवतार श्री कृष्ण हुयें।

4. **स्थिति** - सार्वजनिक प्रमाणित दृश्य मार्ग से मन का आत्मीय केन्द्रित स्थिति अर्थात् सार्वजनिक प्रमाणित व्यक्ति व भौतिक वस्तु माध्यम द्वारा आत्मा पर केन्द्रित मन। यह स्थिति कलियुग की अन्तिम स्थिति है। इस युग में नवें अवतार बुद्ध हुये और दसवें और अन्तिम अवतार श्री लव कुश सिंह "विश्वमानव" व्यक्त हैं।

0 या 5. स्थिति - दृश्य मार्ग से मन का आत्मीय केन्द्रित स्थिति।

उपरोक्त स्थिति में स्थित मन से ही उस युग में शास्त्र-साहित्यों की रचना होती रही है। और उस अनुसार ही प्रत्येक व्यक्ति अपनी स्थिति का पता लगा सकता है कि वह किस युग में जी रहा है।

उपरोक्त में से कोई भी स्थिति जब व्यक्तिगत होती है तब वह व्यक्ति उस युग में स्थित होता है चाहे समाज या सम्पूर्ण विश्व किसी भी युग में क्यों न हो। इसी प्रकार जब उपरोक्त स्थिति में से कोई भी स्थिति में समाज या सम्पूर्ण विश्व अर्थात् अधिकतम व्यक्ति उस स्थिति में स्थित होते है तब समाज या सम्पूर्ण विश्व उस युग में स्थित हो जाता है।

युग परिवर्तन सदैव उस समय होता है जब समाज के सर्वोच्च मानसिक स्तर पर एक नया अध्याय या कड़ी जुड़ता है। और एक नये विचार से व्यवस्था या मानसिक परिवर्तन होता है। इस प्रकार यह आत्मसात् करना चाहिए कि सम्पूर्ण समाज इस समय चौथे युग-कलियुग के अन्त में है और जैसे-जैसे "विश्वशास्त्र" के ज्ञान से युक्त

होता जायेगा वह पाँचवे युग-स्वर्ण युग में प्रवेश करता जायेगा। और जब बहुमत हो जायेगा तब सम्पूर्ण समाज या विश्व पाँचवे युग-स्वर्ण युग में स्थित हो जायेगा।

सम्पूर्ण आध्यात्मिक सूक्ष्म एवं स्थूल सिद्धान्तों को व्यक्त करने का माध्यम मात्र मानव शरीर और कर्म क्षेत्र मात्र मानव समाज ही है। साथ ही उसका मूल्यांकनकर्ता मानव का अपना मन स्तर ही है। इसलिए अवतार सम्पूर्ण सिद्धान्तों को कालानुसार व्यक्त सगुण रूप मानव शरीर ही होता है। मूलरूप से अवतार शिव-आत्मा-ईश्वर-ब्रह्म अर्थात् सार्वभौम सत्य-सिद्धान्त के अवतार होते हैं परन्तु एकात्म ज्ञान अर्थात् ब्रह्मा और एकात्म ध्यान अर्थात् शंकर सार्वजनिक प्रमाणित दृश्य न हो सकने के कारण एकात्म कर्म-विष्णु के ही अवतार के रूप में जाना जाता है। क्योंकि एक मात्र कर्म ही मानव समाज में सार्वजनिक प्रमाणित होता है। इस एकात्म कर्म का कारण एकात्म प्रेम और एकात्म प्रेम का कारण मात्र एकात्म कर्म होता है।

विष्णु अर्थात् एकात्मकर्म का अव्यक्त रूप एकात्म प्रेम अर्थात् लक्ष्मी हैं। एकात्म कर्म का कारण एकात्म प्रेम तथा एकात्म प्रेम का कारण एकात्म कर्म होता है। वह कर्म जो आत्मा के लिए हो और वह प्रेम जो आत्मा के लिए हो अर्थात् समभाव और कर्म युक्त मानव शरीर ही विष्णु का अवतार है।

भगवान विष्णु के 24 अवतार (1. श्री सनकादि, 2. वाराह अवतार, 3. नारद मुनि, 4. नर-नारायण, 5. कपिल, 6. दत्तात्रेय, 7. यज्ञ, 8. ऋषभदेव, 9. पृथु, 10. मत्स्यावतार, 11. कूर्म अवतार, 12. धन्वन्तरि, 13. मोहिनी, 14. हयग्रीव, 15. नृसिंह, 16. वामन, 17. गजेन्द्रोधारावतार, 18. परशुराम, 19. वेदव्यास, 20. हन्सावतार, 21. राम, 22. कृष्ण, 23. बुद्ध, 24. कल्कि) का वर्णन श्री विष्णु पुराण एवं श्री भविष्य पुराण में स्पष्ट उल्लेख है। जिनमें मुख्य 10 अवतार (1. मत्स्य, 2. कूर्म, 3. वाराह, 4. नृसिंह, 5. वामन, 6. परशुराम, 7. राम, 8. कृष्ण, 9. बुद्ध, 10. कल्कि) ही माने जाते हैं।

ग्रन्थों में अवतारों की कई कोटि बतायी गई है जैसे अंशाशावतार, अंशावतार, आवेशावतार, कलावतार, नित्यावतार, युगावतार इत्यादि, जो भी सार्वभौम सत्य-सिद्धान्त को व्यक्त करता है वे सभी अवतार कहलाते हैं। व्यक्ति से लेकर समाज के सर्वोच्च स्तर तक सार्वभौम सत्य-सिद्धान्त को व्यक्त करने के क्रम में ही विभिन्न कोटि के अवतार स्तरबद्ध होते हैं। अन्तिम सार्वभौम सत्य-सिद्धान्त को व्यक्त करने वाला ही अन्तिम अवतार के रूप में व्यक्त होगा। अब तक हुये अवतार, पैगम्बर, ईशदूत इत्यादि को हम सभी उनके होने के बाद, उनके जीवन काल की अवधि में या उनके शरीर त्याग के बाद से ही जानते हैं। परन्तु भविष्य अर्थात् "आने वाले कल" के लिए कल्पित एक मात्र महाविष्णु के अवतार-कल्कि के आने से पूर्व ही जानने लगे हैं।

अदृश्य सत्य-सिद्धान्त से सार्वजनिक या ब्रह्माण्डीय प्रमाणित दृश्य सत्य-सिद्धान्त तक के व्यक्त होने की क्रिया में प्रयुक्त मानव शरीर ही अवतारों का शरीर है। इस क्रम में प्रत्येक अगला अवतार अपने पिछले अवतार का अगला चरण अर्थात् सामाजिक आवश्यकताओं की कालानुसार पूर्तिकर्ता सहित उसका पुर्नजन्म होता है। क्योंकि सत्य-सिद्धान्त को व्यक्त करने की इच्छा तब तक अवतारों में रहती है जब तक सत्य-सिद्धान्त पूर्णरूप से दृश्य सार्वजनिक या ब्रह्माण्डीय प्रमाणित रूप नहीं ले लेता। कोई भी मानव शरीर अवतारी ज्ञान, कर्म और ध्यान को रखते हुये भी यदि सम्पूर्ण सामाजिक या ब्रह्माण्डीय आवश्यकताओं का कालानुसार हल नहीं प्रस्तुत करता तो वह गुणों को रखते हुये भी अवतारी शरीर नहीं हो सकता। इस प्रकार प्रत्येक अगला अवतार, अपने पिछले अवतार का संग्रहणीय, संक्रमणीय, गुणात्मक रूप का प्रतीक होता है। अवतारों का स्थूल शरीर किसी भी स्थूल अटलनीय, अपरिवर्तनीय, प्राकृतिक नियम-परिवर्तन या आदान-प्रदान से मुक्त नहीं होता सिर्फ उनका सूक्ष्म शरीर और व्यक्त सत्य-सिद्धान्त ही उससे मुक्त और अप्रभावी होता है जिसे दुःख-सुख, जन्म-मृत्यु इत्यादि से मुक्त कहते हैं।

सत्य से सार्वभौम सत्य-सिद्धान्त तक का मार्ग अवतारों का मार्ग है। सार्वभौम सत्य-सिद्धान्त की अनुभूति ही अवतरण है। इसके अंश अनुभूति को अंश अवतार तथा पूर्ण अनुभूति को पूर्ण अवतार कहते हैं। अवतार मानव मात्र के लिए ही कर्म करते हैं न कि किसी विशेष मानव समूह या सम्प्रदाय के लिए। अवतार, धर्म, धर्मनिरपेक्ष व सर्वधर्मसमभाव से युक्त अर्थात् एकात्म से युक्त होते हैं। इस प्रकार अवतार से उत्पन्न शास्त्र मानव के लिए होते हैं, न कि किसी विशेष मानव समूह के लिए। उत्प्रेरक, शासक और मार्गदर्शक आत्मा सर्वव्यापी है।

इसलिए एकात्म का अर्थ संयुक्त आत्मा या सार्वजनिक आत्मा है। जब एकात्म का अर्थ संयुक्त आत्मा समझा जाता है तब वह समाज कहलाता है। जब एकात्म का अर्थ व्यक्तिगत आत्मा समझा जाता है तब व्यक्ति कहलाता है। अवतार, संयुक्त आत्मा का साकार रुप होता है जबकि व्यक्ति, व्यक्तिगत आत्मा का साकार रुप होता है। शासन प्रणाली में समाज का समर्थक दैवी प्रवृत्ति तथा शासन व्यवस्था प्रजातन्त्र या लोकतन्त्र या स्वतन्त्र या मानवतन्त्र या समाजतन्त्र या जनतन्त्र या बहुतन्त्र या स्वराज कहलाता है और क्षेत्र गणराज्य कहलाता है। ऐसी व्यवस्था सुराज कहलाती है। शासन प्रणाली में व्यक्ति का समर्थक असुरी प्रवृत्ति तथा शासन व्यवस्था राज्यतन्त्र या राजतन्त्र या एकतन्त्र कहलाता है और क्षेत्र राज्य कहलाता है ऐसी व्यवस्था कुराज कहलाती है। सनातन से ही दैवी और असुरी प्रवृत्तियों अर्थात् दोनों तन्त्रों के बीच अपने-अपने अधिपत्य के लिए संघर्ष होता रहा है। जब-जब समाज में एकतन्त्रात्मक या राजतन्त्रात्मक अधिपत्य होता है तब-तब मानवता या समाज समर्थक अवतारों के द्वारा गणराज्य की स्थापना की जाती है। या यूँ कहें गणतन्त्र या गणराज्य की स्थापना ही अवतार का मूल उद्देश्य अर्थात् लक्ष्य होता है शेष सभी साधन अर्थात् मार्ग।

अवतारों के प्रत्यक्ष और प्रेरक दो कार्य विधि हैं। प्रत्यक्ष अवतार वे होते हैं जो स्वयं अपनी शक्ति का प्रत्यक्ष प्रयोग कर समाज का सत्यीकरण करते हैं। यह कार्य विधि समाज में उस समय प्रयोग होता है जब अधर्म का नेतृत्व एक या कुछ मानवों पर केन्द्रित होता है। प्रेरक अवतार वे होते हैं जो स्वयं अपनी शक्ति का अप्रत्यक्ष प्रयोग कर समाज का सत्यीकरण जनता एवं नेतृत्वकर्ता के माध्यम से करते हैं। यह कार्य विधि समाज में उस समय प्रयोग होता है जब समाज में अधर्म का नेतृत्व अनेक मानवों और नेतृत्वकर्ताओं पर केन्द्रित होता है।

इन विधियों में से कुल दस अवतारों में से प्रथम सात (मत्स्य, कूर्म, वाराह, नृसिंह, वामन, परशुराम, राम) अवतारों ने समाज का सत्यीकरण प्रत्यक्ष विधि के प्रयोग द्वारा किया था। आठवें अवतार (श्रीकृष्ण) ने दोनों विधियों प्रत्यक्ष ओर प्रेरक का प्रयोग किया था। नवें (भगवान बुद्ध) और अन्तिम दसवें अवतार की कार्य विधि प्रेरक ही है।

जल-प्लावन (जहाँ जल है वहाँ थल और जहाँ थल है वहाँ जल) के समय मछली से मार्ग दर्शन (मछली के गतीशीलता से सिद्धान्त प्राप्त कर) पाकर मानव की रक्षा करने वाला ईश्वर (सार्वभौम सत्य-सिद्धान्त) का पहला अंशावतार मत्स्यावतार के बाद मानव का पुनः विकास प्रारम्भ हुआ। दूसरे कूर्मावतार (कछुए के गुण का सिद्धान्त), तीसरे- वाराह अवतार (सुअर के गुण का सिद्धान्त), चौथे- नृसिंह (सिंह के गुण का सिद्धान्त), तथा पाँचवें वामन अवतार (ब्राह्मण के गुण का सिद्धान्त) तक एक ही साकार शासक और मार्गदर्शक राजा हुआ करते थे और जब-जब वे राज्य समर्थक या उसे बढ़ावा देने वाले इत्यादि असुरी गुणों से युक्त हुए उन्हें दूसरे से पाँचवें अंशावतार ने साकार रुप में कालानुसार भिन्न-भिन्न मार्गों से गुणों का प्रयोग कर गणराज्य का अधिपत्य स्थापित किया।

ईश्वर (सार्वभौम सत्य-सिद्धान्त) के छठें अंश अवतार परशुराम के समय तक मानव जाति का विकास इतना हो गया था कि अलग-अलग राज्यों के अनेक साकार शासक और मार्गदर्शक राजा हो गये थे उनमें से जो भी राज्य समर्थक असुरी गुणों से युक्त थे उन सबको परशुराम ने साकार रुप में वध कर डाला। परन्तु बार-बार वध की समस्या का स्थाई हल निकालने के लिए उन्होंने राज्य और गणराज्य की मिश्रित व्यवस्था द्वारा एक व्यवस्था दी जो आगे चलकर "परशुराम परम्परा" कहलायी। व्यवस्था निम्न प्रकार थी-

1. प्रकृति में व्याप्त तीन गुण- सत्व, रज और तम के प्रधानता के अनुसार मनुष्य का चार वर्णों में निर्धारण। सत्व गुण प्रधान - ब्राह्मण, रज गुण प्रधान-क्षत्रिय, रज एवं तम गुण प्रधान-वैश्य, तम गुण प्रधान-शूद्र।
2. गणराज्य का शासक राजा होगा जो क्षत्रिय होगा जैसे-ब्रह्माण्डीय गणराज्य में प्रकृति जो रज गुण अर्थात् कर्म अर्थात् शक्ति प्रधान है।
3. गणराज्य में राज्य सभा होगी जिसके अनेक सदस्य होंगे जैसे-ब्रह्माण्डीय गणराज्य में प्रकृति के सत्व, रज एवं तम गुणों से युक्त विभिन्न वस्तु हैं।
4. राजा का निर्णय राज्यसभा का ही निर्णय है जैसे-ब्रह्माण्डीय गणराज्य में प्रकृति का निर्णय वही है जो सत्व, रज एवं तम गुणों का सम्मिलित निर्णय होता है।

5. राजा का चुनाव जनता करे क्योंकि वह अपने गणराज्य में सर्वव्यापी और जनता का सम्मिलित रुप है जैसे- ब्रह्माण्डीय गणराज्य में प्रकृति सर्वव्यापी है और वह सत्व, रज एवं तम गुणों का सम्मिलित रुप है।
6. राजा और उसकी सभा राज्यवादी न हो इसलिए उस पर नियन्त्रण के लिए सत्व गुण प्रधान ब्राह्मण का नियन्त्रण होगा जैसे- ब्रह्माण्डीय गणराज्य में प्रकृति पर नियन्त्रण के लिए सत्व गुण प्रधान आत्मा का नियन्त्रण होता है।

ईश्वर (सार्वभौम सत्य-सिद्धान्त) के सातवें अंश अवतार श्रीराम द्वारा इसी "परशुराम परम्परा" का ही प्रसार और स्थापना हुआ था।

ईश्वर (सार्वभौम सत्य-सिद्धान्त) के आठवें अवतार श्रीकृष्ण के समय तक स्थिति यह हो गयी थी राजा पर नियन्त्रण के लिए नियुक्त ब्राह्मण भी समाज और धर्म की व्याख्या करने में असमर्थ हो गये। क्योंकि अनेक धर्म साहित्यों, मत-मतान्तर, वर्ण, जातियों में समाज विभाजित होने से व्यक्ति संकीर्ण और दिग्भ्रमित हो गया था और राज्य समर्थकों की संख्या अधिक हो गयी थी परिणामस्वरुप मात्र एक ही रास्ता बचा था- "नवमानव सृष्टि"। इसके लिए उन्होंने सम्पूर्ण धर्म-साहित्यों और मत-मतान्तरों के एकीकरण के लिए आत्मा के सर्वव्यापी व्यक्तिगत प्रमाणित निराकार स्वरुप का उपदेश "गीता" व्यक्त किये और गणराज्य का उदाहरण "द्वारिका नगर" का निर्माण कर किये। उनकी गणराज्य व्यवस्था उनके जीवन काल में ही नष्ट हो गयी परन्तु "गीता" आज भी प्रेरक बनी हुई है।

ईश्वर (सार्वभौम सत्य-सिद्धान्त) के नवें अवतार भगवान बुद्ध के समय पुनः राज्य एकतन्त्रात्मक होकर हिंसात्मक हो गया परिणामस्वरुप बुद्ध ने अहिंसा के उपदेश के साथ व्यक्तियों को धर्म, बुद्धि और संघ के शरण में जाने की शिक्षा दी। संघ की शिक्षा गणराज्य की शिक्षा थी। धर्म की शिक्षा आत्मा की शिक्षा थी। बुद्धि की शिक्षा, प्रबन्ध और संचालन की शिक्षा थी जो प्रजा के माध्यम से प्रेरणा द्वारा गणराज्य के निर्माण की प्रेरणा थी।

ईश्वर (सार्वभौम सत्य-सिद्धान्त) के दसवें और अन्तिम अवतार के समय तक राज्य और समाज स्वतः ही प्राकृतिक बल के अधीन कर्म करते-करते सिद्धान्त प्राप्त करते हुए पूर्ण गणराज्य की ओर बढ़ रहा था परिणामस्वरुप गणराज्य का रुप होते हुए भी गणराज्य सिर्फ राज्य था और एकतन्त्रात्मक अर्थात् व्यक्ति समर्थक तथा समाज समर्थक दोनों की ओर विवशतावश बढ़ रहा था।

भारत में निम्लिखित रुप व्यक्त हो चुका था।

1. ग्राम, विकास खण्ड, नगर, जनपद, प्रदेश और देश स्तर पर गणराज्य और गणसंघ का रुप।
2. सिर्फ ग्राम व नगर स्तर पर राजा (ग्राम व नगर पंचायत अध्यक्ष) का चुनाव सीधे जनता द्वारा।
3. गणराज्य को संचालित करने के लिए संचालक का निराकार रुप- संविधान।
4. गणराज्य के तन्त्रों को संचालित करने के लिए तन्त्र और क्रियाकलाप का निराकार रुप-नियम और कानून।
5. राजा पर नियन्त्रण के लिए ब्राह्मण का साकार रुप- राष्ट्रपति, राज्यपाल, जिलाधिकारी इत्यादि।

विश्व स्तर पर निम्नलिखित रुप व्यक्त हो चुका था।

1. गणराज्यों के संघ के रुप में संयुक्त राष्ट्र संघ का रुप।
2. संघ के संचालन के लिए संचालक और संचालक का निराकार रुप- संविधान।
3. संघ के तन्त्रों को संचालित करने के लिए तन्त्र और क्रियाकलाप का निराकार रुप- नियम और कानून।
4. संघ पर नियन्त्रण के लिए ब्राह्मण का साकार रुप-पाँच वीटो पावर।
5. प्रस्ताव पर निर्णय के लिए सदस्यों की सभा।
6. नेतृत्व के लिए राजा- महासचिव।

जिस प्रकार आठवें अवतार द्वारा व्यक्त आत्मा के निराकार रुप "गीता" के प्रसार के कारण आत्मीय प्राकृतिक बल सक्रिय होकर गणराज्य के रुप को विवशतावश समाज की ओर बढ़ा रहा था उसी प्रकार अन्तिम अवतार द्वारा निम्नलिखित शेष समष्टि कार्य पूर्ण कर प्रस्तुत कर देने मात्र से ही विवशतावश उसके अधिपत्य की स्थापना हो जाना है।

1. गणराज्य या लोकतन्त्र के सत्य रुप- गणराज्य या लोकतन्त्र के स्वरुप का अन्तर्राष्ट्रीय/ विश्वमानक।

2. राजा और सभा सहित गणराज्य पर नियन्त्रण के लिए साकार ब्राह्मण का निराकार रुप- मन का अन्तर्राष्ट्रीय/ विश्वमानक।
3. गणराज्य के प्रबन्ध का सत्य रुप- प्रबन्ध का अन्तर्राष्ट्रीय/ विश्वमानक।
4. गणराज्य के संचालन के लिए संचालक का निराकार रुप- संविधान के स्वरुप का अन्तर्राष्ट्रीय/ विश्वमानक।
5. साकार ब्राह्मण निर्माण के लिए शिक्षा का स्वरुप- शिक्षा पाठ्यक्रम का अन्तर्राष्ट्रीय/ विश्वमानक।

इस समष्टि कार्य द्वारा ही काल व युग परिवर्तन होगा न कि सिर्फ चिल्लाने से कि "सतयुग आयेगा" , "सतयुग आयेगा" से। यह समष्टि कार्य जिस शरीर से सम्पन्न होगा वही अन्तिम अवतार के रूप में व्यक्त होगा। धर्म में स्थित वह अवतार चाहे जिस सम्प्रदाय (वर्तमान अर्‌थ में धर्म) का होगा उसका मूल लक्ष्य यही शेष समष्टि कार्य होगा और स्थापना का माध्यम उसके सम्प्रदाय की परम्परा व संस्कृति होगी।

जिस प्रकार केन्द्र में संविधान-संसद है, प्रदेश में संविधान-विधान सभा है उसी प्रकार ग्राम नगर में भी संविधान होना चाहिए जिस प्रकार केन्द्र और प्रदेश के न्यायालय और पुलिस व्यवस्था है उसी प्रकार ग्राम नगर के भी होने चाहिए, कहने का अर्थ ये है कि जिस प्रकार की व्यवस्थाये केन्द्र और प्रदेश की अपनी हैं उसी प्रकार की व्यवस्था छोटे रुप में ग्राम नगर की भी होनी चाहिए। संघ (राज्य) या महासंघ (केन्द्र) से सम्बन्ध सिर्फ उस गणराज्य से होता है प्रत्येक नागरिक से नहीं संघ या महासंघ का कार्य मात्र अपने गणराज्यों में आपसी समन्वय व सन्तुलन करना होता है उस पर शासन करना नहीं तभी तो सच्चे अर्थों में गणराज्य व्यवस्था या स्वराज-सुराज व्यवस्था कहलायेगी। यही राष्ट्रपिता महात्मा गाँधी की प्रसिद्ध युक्ति "भारत ग्राम (नगर) गणराज्यों का संघ हो" और "राम राज्य" का सत्य अर्थ है।

काल का प्रथम रूप

पूर्ण मनुष्य के निर्माण प्रक्रिया में निम्नलिखित दस चरण पूरे हुए हैं अर्थात् पूर्णता के लिए इन दस चरण में व्यक्त मुख्य-गुण सिद्धान्त का संयुक्त व्यक्तित्व ही पूर्ण मनुष्य के रूप में निर्मित होता है। विष्णु के निम्न दस अवतार के मुख्य-गुण सिद्धान्त निम्न प्रकार हैं-

अदृश्य काल

धर्म ज्ञान का प्रारम्भ

01. वैदिक धर्म-ऋषि-मुनि गण-ईसापूर्व 6000-2500

पहलायुग: सत्ययुग

02. ब्राह्मण धर्म-ब्राह्मण गण-ईसापूर्व 6000-2500

अ. व्यक्तिगत प्रमाणित पूर्ण प्रत्यक्ष अवतार

01. अदृश्य काल के व्यक्तिगत प्रमाणित काल में व्यक्तिगत प्रमाणित अदृश्य प्राकृतिक चेतना से युक्त सत्य आधारित सतयुग में विष्णु के प्रथम अवतार - मत्स्य अवतार

मुख्य-गुण सिद्धान्त - मछलियों के स्वभाव जल की धारा के विपरीत दिशा (राधा) में गति करने से ज्ञान (अर्थात् राधा का सिद्धान्त) प्रथम अवतार मत्स्य अवतार का गुण था जो अगले अवतार में संचरित हुई।

02. अदृश्य काल के व्यक्तिगत प्रमाणित काल में व्यक्तिगत प्रमाणित अदृश्य प्राकृतिक चेतना से युक्त सत्य आधारित सतयुग में विष्णु के द्वितीय अवतार - कूर्म या कच्छपावतार

मुख्य-गुण सिद्धान्त - एक सहनशील, शांत, धैर्यवान, लगनशील, दोनों पक्षों के बीच मध्यस्थ की भूमिका वाला गुण (समन्वय का सिद्धान्त) सहित प्रथम अवतार के गुण सहित वाला गुण द्वितीय अवतार कूर्म अवतार का गुण था जो अगले अवतार में संचरित हुई।

03. अदृश्य काल के व्यक्तिगत प्रमाणित काल में व्यक्तिगत प्रमाणित अदृश्य प्राकृतिक चेतना से युक्त सत्य आधारित सतयुग में विष्णु के तृतीय अवतार - बाराह अवतार

मुख्य-गुण सिद्धान्त - एक मेधावी, सूझ-बुझ, सम्पन्न, पुरूषार्थी, धीर-गम्भीर, निष्कामी, बलिष्ठ, सक्रिय, अहिंसक और समूह प्रेमी, लोगों का मनोबल बढ़ाना, उत्साहित और सक्रिय करने वाला गुण (प्रेरणा का सिद्धान्त) सहित द्वितीय अवतार के समस्त गुण से युक्त वाला गुण तृतीय अवतार वाराह अवतार का गुण था जो अगले अवतार में संचरित हुई।

04. अदृश्य काल के व्यक्तिगत प्रमाणित काल में व्यक्तिगत प्रमाणित अदृश्य प्राकृतिक चेतना से युक्त सत्य आधारित सतयुग में विष्णु के चौथे अवतार - नृसिंह अवतार

मुख्य-गुण सिद्धान्त - प्रत्यक्ष रूप से एका-एक लक्ष्य को पूर्ण करने वाले (लक्ष्य के लिए त्वरित कार्यवाही का सिद्धान्त) गुण सहित तृतीय अवतार के समस्त गुण से युक्त वाला गुण चतुर्थ अवतार नरसिंह अवतार का गुण था जो अगले अवतार में संचरित हुई।

05. अदृश्य काल के व्यक्तिगत प्रमाणित काल में व्यक्तिगत प्रमाणित अदृश्य प्राकृतिक चेतना से युक्त सत्य आधारित सतयुग में विष्णु के पाचवें अवतार - वामन अवतार

मुख्य-गुण सिद्धान्त - भविष्य दृष्टा, राजा के गुण का प्रयोग करना, थोड़ी सी भूमि पर गणराज्य व्यवस्था की स्थापना व व्यवस्था को जिवित करना, उसके सुख से प्रजा को परिचित कराने वाले गुण (समाज का

सिद्धान्त) सहित चतुर्थ अवतार के समस्त गुण से युक्त गुण पाँचवें अवतार का गुण था जो अगले अवतार में संचरित हुई।

ब. सार्वजनिक प्रमाणित अंश प्रत्यक्ष अवतार

06. अदृश्य काल के व्यक्तिगत प्रमाणित काल में व्यक्तिगत प्रमाणित अदृश्य प्राकृतिक चेतना से युक्त सत्य आधारित सतयुग में विष्णु के छठवें अवतार - परशुराम अवतार

मुख्य-गुण सिद्धान्त - गणराज्य व्यवस्था को ब्रह्माण्ड में व्याप्त व्यवस्था सिद्धान्तों को आधार बनाने वाले गुण और व्यवस्था के प्रसार के लिए योग्य व्यक्ति को नियुक्त करने वाले गुण (लोकतन्त्र का सिद्धान्त और उसके प्रसार के लिए योग्य उत्तराधिकारी नियुक्त करने का सिद्धान्त) सहित पाँचवें अवतार के समस्त गुण से युक्त वाला गुण छठें अवतार परशुराम का गुण था जो अगले अवतार में संचरित हुई।

दूसरायुग: त्रेतायुग

03. वैदिक धर्म-श्रीराम-ईसापूर्व 6000-2500

स. सार्वजनिक प्रमाणित पूर्ण प्रत्यक्ष अवतार

07. अदृश्य काल के सार्वजनिक प्रमाणित काल में सार्वजनिक प्रमाणित अदृश्य प्राकृतिक चेतना से युक्त यज्ञ (अदृश्य कर्म) आधारित त्रेता युग में विष्णु के सातवें अवतार - श्री राम अवतार- रामायण (मानक व्यक्ति चरित्र)

मुख्य-गुण सिद्धान्त - आदर्श चरित्र के गुण तथा छठें अवतार तक के समस्त गुण को प्रसार करने वाला गुण (व्यक्तिगत आदर्श चरित्र के आधार पर विचार प्रसार का सिद्धान्त) सातवें अवतार श्रीराम का गुण था जो अगले अवतार में संचरित हुई।

तीसरायुग: द्वापरयुग

04. वेदान्त अद्वैत धर्म-श्रीकृष्ण-ईसापूर्व 3000

द. व्यक्तिगत प्रमाणित पूर्ण प्रेरक अवतार

08. दृश्य काल के व्यक्तिगत प्रमाणित काल में व्यक्तिगत प्रमाणित पूर्ण दृश्य सत्य चेतना से युक्त भक्ति और प्रेम आधारित द्वापर युग में विष्णु के आठवें अवतार -योगेश्वर श्री कृष्ण अवतार महाभारत (मानक सामाजिक व्यक्ति चरित्र)

मुख्य-गुण सिद्धान्त - आदर्श सामाजिक व्यक्ति चरित्र के गुण, समाज में व्याप्त अनेक मत-मतान्तर व विचारों के समन्वय और एकीकरण से सत्य-विचार के प्रेरक ज्ञान को निकालने वाले गुण (सामाजिक आदर्श व्यक्ति का सिद्धान्त और व्यक्ति से उठकर विचार आधारित व्यक्ति निर्माण का सिद्धान्त) सहित सातवें अवतार तक के समस्त गुण आठवें अवतार श्रीकृष्ण का गुण था। जिससे व्यक्ति, व्यक्ति पर विश्वास न कर अपने बुद्धि से स्वयं निर्णय करें और प्रेरणा प्राप्त करता रहे। जो अगले अवतार में संचरित हुई।

चौथा युग: कलियुग

05. यहूदी धर्म
06 .पारसी धर्म-जरथुस्ट-ईसापूर्व 1700
07. बौद्ध धर्म-भगवान बुद्ध-ईसापूर्व 1567-487
08. कन्फ्यूसी धर्म-कन्फ्यूसियश-ईसापूर्व 551-479

09. टोईज्म धर्म-लोओत्से-ईसापूर्व 604-518
10. जैन धर्म-भगवान महावीर-ईसापूरव 539-467
11. ईसाइ धर्म-ईसा मसीह-सन् 33 ई0
12. इस्लाम धर्म-मुहम्मद पैगम्बर-सन् 670 ई0
13. सिक्ख धर्म-गुरु नानक-सन् 1510 ई0

य. सार्वजनिक प्रमाणित अंश प्रेरक अवतार

09. दृश्य काल के व्यक्तिगत प्रमाणित काल में सार्वजनिक प्रमाणित अंश दृश्य सत्य चेतना से युक्त संघ और योजना आधारित कलियुग के प्रारम्भ में विष्णु के नवें अवतार - बुद्ध अवतार

मुख्य-गुण सिद्धान्त - प्रजा को प्रेरित करने के लिए धर्म, संघ और बुद्धि के शरण में जाने की मूल शिक्षा देना नवें अवतार भगवान बुद्ध का गुण (धर्म, संघ और बुद्धि का सिद्धान्त) था। जो अगले अवतार में संचरित हुई।

काल का द्वितीय और अन्तिम रूप

दृश्य काल

धर्म ज्ञान का अन्त

पाँचवाँयुग: सत्ययुग/स्वर्णयुग

14. विश्व/सत्य/धर्मनिरपेक्ष/लोकतन्त्र धर्म-लव कुश सिंह "विश्वमानव"-सन् 2012 ई0

र. सार्वजनिक प्रमाणित पूर्ण प्रेरक अवतार

10. दृश्य काल के सार्वजनिक प्रमाणित काल में सार्वजनिक प्रमाणित पूर्ण दृश्य सत्य चेतना से युक्त संघ और योजना (दृश्य यज्ञ या कर्म) आधारित कलियुग के अन्त में विष्णु के दसवाँ और अन्तिम - भोगेश्वर श्री लव कुश सिंह "विश्वमानव" निष्कलंक कल्कि अवतार - विश्वभारत (मानक वैश्विक व्यक्ति चरित्र)

आदर्श वैश्विक व्यक्ति चरित्र सहित सभी अवतारों का सम्मिलित गुण व मन निर्माण की प्रक्रिया से निर्मित अन्तिम मन स्वामी विवेकानन्द के मन के गुण मिलकर दसवें अन्तिम अवतार श्री लव कुश सिंह "विश्वमानव" में व्यक्त हुआ।

मुख्य-गुण सिद्धान्त - विश्व धर्म / वेदान्त धर्म / अद्वैत धर्म / एकता धर्म / लोकतन्त्र धर्म / समष्टि धर्म / प्राकृतिक धर्म / सत्य धर्म / संयुक्तमन धर्म / ईश्वर धर्म / हिन्दू धर्म / सार्वजनिक धर्म / दृश्य धर्म / मानव धर्म / धर्मनिरपेक्ष धर्म - लव कुश सिंह "विश्वमानव" - सन् 2012 ई0 - पूर्ववर्ती सभी धर्मों व मतों का समन्वय व एकीकरण करते हुये निराकार आधारित लोकतंत्र व्यवस्था का वृक्ष शास्त्र विश्व-नागरिक धर्म का धर्मयुक्त धर्मशास्त्र-कर्मवेद: प्रथम, अन्तिम तथा पंचम वेदीय श्रृंखला विश्व-राज्य धर्म का धर्मनिपेक्ष धर्मशास्त्र- विश्वमानक-शून्य: मन की गुणवत्ता का विश्वमानक श्रृंखला, आदर्श मानक सामाजिक व्यक्ति चरित्र समाहित आदर्श मानक वैश्विक व्यक्ति चरित्र अर्थात् सार्वजनिक प्रमाणित आदर्श मानक वैश्विक व्यक्ति चरित्र का प्रस्तुतीकरण।

भाग-6

पाँचवाँयुगः सत्ययुग/स्वर्णयुग

"सम्पूर्ण मानक" का विकास भारतीय आध्यात्म-दर्शन का मूल और अन्तिम लक्ष्य

“सम्पूर्ण मानक” का विकास भारतीय आध्यात्म-दर्शन का मूल और अन्तिम लक्ष्य

अब मानक एवं मानकीकरण हमारे दैनिक जीवन के अभिन्न अंग बन चुके हैं। अगर हम अपने दैनिक जीवन की गतिविधियों का अवलोकन करते हैं तो यह देखने को मिलता है कि हम जाने-अनजाने में ही कितने ही रूपों में मानकों और मानकीकृत पद्धतियों को अपनायें हुये है। दैनिक जीवन में सर्वत्र स्वीकृत मानक के उदाहरण हैं- करेंसी नोट एवं सिक्के, माप या तोल के साधन, यातायात के संकेत, देशों के झण्डे, धार्मिक प्रतीक इत्यादि। वैवाहिक एवं पूजा पद्धति, हमारी परम्परा एवं आचार व्यवहार आदि हमारी प्राचीन मानकीकृत पद्धतियों के उदाहरण है। अब प्रत्येक मनुष्य के लिए अपना जीवन सुखद बनाने हेतु दूसरों से सेवाएं प्राप्त करना एवं उन पर निर्भर रहना अनिवार्य हो गया है। व्यक्तियों के बीच आदान-प्रदान सुगम एवं सुलभ हो इसके लिए सर्वस्वीकृत मानदण्डों की आवश्यकता महसूस की गई।

मानकीकरण का महत्व समाज के उत्थान के लिए है। जैसे संस्कृति मानव समाज में अनुशासन एवं सही दिशा में प्रगति के लिए मार्गदर्शन देती है। उसी प्रकार उद्योगों को सही दिशा में ले जाने को मानकीकरण महत्वपूर्ण भूमिका अदा करता है। अब दैनिक जीवन में मानकों की महती योगदान को नकारा नहीं जा सकता है। ये उपभोक्ता संरक्षण, ग्रामीण विकास, विश्व व्यापार प्रतिस्पर्धा, औद्योगिक क्रान्ति, शिक्षा एवं स्वास्थ्य का मूल तन्त्र है। जिनके द्वारा मानकीकरण से मानक के रूप में नवीन वैज्ञानिक तकनीकी व कलात्मक जानकारी से सतत् उन्नति का मार्ग प्रशस्त होता है। जो समाज के सभी वर्गो के लिए प्रत्यक्ष व अप्रत्यक्ष रूप से दैनिक जीवन में काम आते है।

मानकीकरण और मानक के मान्य क्षेत्रानुसार अनेक स्तर हो सकते है। जो व्यक्ति, परिवार, ग्राम, विकास खण्ड, जनपद, राज्य, देश व अन्तर्राष्ट्रीय व सर्वोच्च और अन्तिम रूप से विश्व या ब्रह्माण्डीय स्तर तक हो सकता है। भारत में इसके उदाहरण- राज्यों के मानक तथा देश स्तर पर आई.एस.आई. मार्क (भारतीय मानक ब्यूरो) है। विश्व या अन्तर्राष्ट्रीय स्तर पर उदाहरण आई.एस.ओ. (अन्तर्राष्ट्रीय मानक संगठन) आई.ई.सी0, आई.टी.यू. इत्यादि हैं।

सम्पूर्ण विश्व में सादृश्यता व्यापार सम्बन्धों में एकरूपता और सादृश्यता लाने के उद्देश्य से यह आवश्यक था कि एक ही मात्रक प्रणाली सम्पूर्ण विश्व में लागू की जाए। इस उद्देश्य की पूर्ति के लिए सन् 1870 में एकीकृत मीट्रिक मात्रक का विकास करने के लिए विभिन्न देशों का एक सम्मेलन बुलाया गया। सन् 1875 में पेरिस में मीटर के समझौते पर हस्ताक्षर हुये। इस समझौते के परिणामस्वरूप अन्तर्राष्ट्रीय माप तौल ब्यूरो लागू किया गया। साथ ही समय-समय पर मिलकर आवश्यकतानुसार नये मानकों के निश्चय के लिए माप-तौल का महासम्मेलन भी स्थापित हुआ।

1954 में आयोजित माप-तौल महासम्मेलन ने मीट्रिक प्रणाली को अन्तर्राष्ट्रीय रूप से अपनाया। 1960 में इसे "सिस्टम इण्टरनेशनल डी यूनिट्स" अर्थात् "अन्तर्राष्ट्रीय मात्रक प्रणाली" के नाम से परिभाषित किया गया।

यह प्रणाली समय, तापमान, लम्बाई और भार के चार स्वतन्त्र बुनियादी मात्रकों को आधार बनाकर रखी गई। लम्बाई और भार के मात्रक क्रमशः मीटर और किलोग्राम है। समय का मात्रक सेकेण्ड है जो कि परमाणु घड़ी के रूप में निर्धारित है। तापमान का मात्रक सेल्सियस डिग्री (सेंटीग्रेड) को रखा गया है और इसके द्वारा फारेनहाइट डिग्री का प्रतिस्थापन हो गया है। सम्मेलन ने समय मात्रक, मिनट, घंटा आदि के साथ-साथ डिग्री मिनट, सेकण्ड जैसे कोणीय मापों तथा नाटिकल मील-नाट आदि सुप्रतिष्ठित मात्रकों को भी स्वीकार किया।

इस प्रकार सम्पूर्ण विश्व में ही पद्धति विकसित करने के लिए प्रत्येक विषय क्षेत्रों में जो व्यावहारिक जीवन से विश्व स्तर को प्रभावित करते है, की और विश्व गतिशील है। उपरोक्त क्षेत्रों- लम्बाई, क्षेत्रीय, भार, द्रव, आयतन तथा घन माप के अलावा विभिन्न गणितीय अंक और विज्ञान के क्षेत्रों के मात्रक भी निर्धारित कर दिये गये

जिससे विश्व के किसी भी कोने से मात्रक की भाषा में बोलने से विश्व के किसी कोने में बैठा व्यक्ति उसे उसी रूप में समझ सकने में सक्षम हो गया जबकि लम्बाई में- इंच, फुट, गज, क्षेत्र में- वर्ग इंच, वर्ग फुट, वर्ग गज (भारत में- विस्वा, बीघा), भार में - औंस, पौंड, द्रव आयतन में- पिंट, गैलन, वैरल, का देश स्तर पर प्रचलन था। भारत में भार के लिए- रत्ती, माशा, तोला, कुंचा, छटांक, सेर, पसेरी, मन तथा क्षेत्र के लिए राज्यों के अनुसार भिन्न-भिन्न मात्रक और अर्थ प्रचलित थे।

विश्व व्यापार में पूंजी तथा उपभोक्ता वस्तुओं और सेवाओं का आदान-प्रदान सदियों से होता आ रहा है। यह आदान-प्रदान बहुत सी मुश्किलों को जन्म देता है, विशेषतया औद्योगिक तथा विकासशील देशों में व्यापार करने पर। इस दिशा में द्वितीय विश्व युद्ध के तुरन्त बाद व्यापार को एक जैसा उदार बनाने के उद्देश्य से भौगोलिक दृष्टि से मुक्त व्यापार क्षेत्र बनाए गये। तकनीकी अवरोध, सीमा या अन्य अवरोधों की अपेक्षा अधिक घातक व बाधक सिद्ध हुए। राष्ट्रीय उत्पाद, दूसरे देशों को बाजारों में खरे नहीं उतरे क्योंकि वहाँ तकनीकी भिन्न थे। उदाहरण-बिजली के साकेट को भिन्न-भिन्न देशों में भिन्न-भिन्न पाये गये। इसी प्रकार वोल्टता व फ्रिक्रेंशी इत्यादि। इस पर विचार विमर्श करने वालों ने व्यापार में आने वाले इस तकनीकी अवरोधों से निपटने के लिए बैठकें बुलाई, वार्तालाप किये, परिणामस्वरूप सन् 1995 में संयुक्त राष्ट्र संघ के अधीन विश्व व्यापार संगठन (डब्ल्यु.टी.ओ.) का जन्म हुआ, जिसमें हस्ताक्षर करने वाले देशों को शर्तो के पालन के लिए कड़े दिशा निर्देश दिए गये। विश्व मानकों की महत्ता को स्वीकार करते हुये विश्व व्यापार संगठन ने समझौते में एक परिशिष्ट "मानक निर्धारण, अधिग्रहण और अनुप्रयोग की उपयुक्त रीति संहिता" जोड़ा और इस प्रकार विश्व मानकों पर आधारित उत्पादों का एक देश से दूसरे देश में आदान-प्रदान होने लगा। अन्तर्राष्ट्रीय मानक पूरे विश्व में समान गुणवत्ता की चीजें उपलब्ध कराते है। इनके अपनाने से विश्व बाजार में साख बनती है। अन्तर्राष्ट्रीय व्यापार करना आसान हो जाता है। अतंतः यह विश्वास के साथ कहा जा सकता है कि विश्वमानक ही विश्व व्यापार के आधार हैं।

सभी सम्बन्धित विशेषज्ञों की सहमति से किसी वस्तु पदार्थ अथवा कार्यशैली के सभी तकनीकी एवं गैर तकनीकी पहलुओं सहित एक ऐसा विस्तार पूर्वक तैयार किया गया विवरण जो सब सम्बन्धित जनों के हित में एवं वैज्ञानिक गुणता, सुरक्षा एवं आर्थिक दृष्टि से उत्तम हो, मानकीकरण कहलाता है। मानक वे साधन है जो मानकीकृत गतिविधियों के परिणामों को अधिक परिष्कृत और अभीष्ट बनाते है। इस रूप में इनकी लगातार समीक्षा की जाती है ताकि वे स्वतः पूर्ण सुनिश्चित और स्पष्ट, विरोधाभास तथा असुविधा से मुक्त हों। इन सबसे महत्वपूर्ण यह है कि वे समय से पिछड़े हुये न रहे इसके लिए हमें सतत प्रयत्नशील रहना है।

मानकीकरण एवं मानक उतने ही प्राचीन हैं जितनी कि मानव सभ्यता। भारत में मानकीकरण का इतिहास बहुत पुराना है। मोहन जोदड़ो एवं हड़प्पा के उत्खनन से मिली वस्तुओं की जाँच से यह सिद्ध होता है कि भारत 4000 ई0 सदी के पीछे के समय से मानकीकरण पद्धतियों को अपनाये हुये हैं। उत्खनन से मिर्ली इंटों के नाप एक जैसे थे व चौड़ाई व लम्बाई 1:2 का अनुपात था जो अब भी प्रचलित है। पुरातन युग से ही भारतवासी मानक एवं मानकीकृत पद्धतियों को अपनाकर विभिन्न कार्यों को पूर्व निर्धारित योजना के अनुरूप नियन्त्रित कर सूक्ष्मता एवं यथार्थता के साथ करना जानते थे।

जैसे-जैसे मानव सभ्यताओं का मिश्रण होगा वैसे-वैसे मात्रक और मानक के द्वारा एकीकरण की आवश्यकता ही नहीं मनुष्य की विवशता भी होगी। मानक के परिचय और उपयोगिता इस प्रकार स्पष्ट हो जाती है।

भारतीय आध्यात्म-दर्शन-संस्कृति के लिए यह एक नयी और आधुनिक सूक्ष्म दृष्टि ही है कि मानव समाज के एकीकरण के लिए सदैव अपने विचार-सिद्धान्त से मानकीकरण करना ही भारतीय आध्यात्म-दर्शन-संस्कृति का मूल उद्देश्य रहा है जबकि समाज के मानव उसे न अपनाकर मानकीकरण के आविष्कारक और उनके जीवन की ओर बढ़ गये। इतना ही नहीं आविष्कार के आधार पर अनेक आविष्कार भी करते चले गये परिणास्वरूप मानव समाज मानकीकरण के मूल उद्देश्य से इतना दूर आ चुका है कि इस मूल उद्देश्य को

स्वीकारना भी उन्हें गलत लगेगा जबकि इस उद्देश्य के बिना उनका पूर्णता की ओर बढ़ना असम्भव भी है और अन्तिम मार्ग भी है।

सृष्टि में साकार और निराकार सृष्टि के दो रूप हैं। साकार सृष्टि यह हमारा दृश्य ब्रह्माण्ड है तो निराकार सृष्टि सार्वभौम सत्य-सिद्धान्त है। इसी प्रकार मानव के सम्बन्ध में भी है निराकार मानव, मानव का अपना विचार है और साकार मानव, मानव का दृश्य शरीर है। भारतीय आध्यात्म-दर्शन इसे मानव सभ्यता के विकास के प्रारम्भ में ही समझ गया था इसलिए वह सदैव मानव समाज के एकीकरण के लिए मानक का विकास करता रहा है। जिसके निम्न विकास क्रम हैं-

अ. व्यक्तिगत प्रमाणित अदृश्य निराकार एवं साकार मानक

01. सार्वभौम मानक - सार्वभौम आत्मा या ईश्वर का आविष्कार।
02. सार्वभौम मानक के पुस्तक - वेद का आविष्कार।
03. सार्वभौम मानक का नाम - ॐ का आविष्कार।
04. सार्वभौम मानक के नाम के व्याख्या का पुस्तक उपनिषद् का आविष्कार।
05. सार्वभौम व्यक्तिगत व्यक्ति का मानक - ब्रह्मा (सत्व गुण) का आविष्कार।
06. सार्वभौम सामाजिक व्यक्ति का मानक - विष्णु (सत्व-रज गुण) का आविष्कार।
07. सार्वभौम वैश्विक व्यक्ति का मानक - शिव-शंकर (सत्व-रज-तम गुण) का आविष्कार।
08. सार्वभौम व्यक्तिगत व्यक्ति के मानक के कृति का पुस्तक - ब्रह्मा आधारित पुराण का आविष्कार।
09. सार्वभौम सामाजिक व्यक्ति के मानक के कृति का पुस्तक - विष्णु आधारित पुराण का आविष्कार।
10. सार्वभौम वैश्विक व्यक्ति के मानक के कृति का पुस्तक-शिव-शंकर आधारित पुराण का आविष्कार।

ब. सार्वजनिक प्रमाणित दृश्य निराकार एवं साकार मानक

01. शरीर की अवस्था- आश्रम के मानक का निम्न रूप है-

1. ब्रह्मचर्य आश्रम -5 से 25 वर्ष उम्र तक - ज्ञान-विज्ञान-तकनीकी शिक्षा तथा व्यवहार।
2. गृहस्थ आश्रम -26 से 50 वर्ष उम्र तक - पारिवारिक जीवन में ज्ञान युक्त कर्तव्य और दायित्व।
3. वानप्रस्थ आश्रम -51 से 75 वर्ष उम्र तक - मांगें जाने पर अपने अनुभव से परिवार व समाज का मार्गदर्शन।
4. सन्यास आश्रम -76 से शरीर त्याग तक - आत्मा में स्थित होकर ब्रह्माण्डीय दायित्व व कर्तव्य।

02. कर्म की अवस्था- वर्ण के मानक का निम्नरूप है-

1. ब्राह्मण वर्ण - सूक्ष्म बुद्धि व आत्मा में स्थित हो धर्म से कार्य।
2. क्षत्रिय वर्ण - भाव व मन में स्थित हो बल से कार्य।
3. वैश्य वर्ण - इन्द्रिय व प्राण में स्थित हो धन से कार्य।
4. शूद्र वर्ण - शरीर में स्थित हो शरीर से कार्य।

03. मानव का मानक – अवतारवाद

अवतारवाद का मुख्य उद्देश्य मानव समाज में मानव का मानक निर्धारित करना है। जिसका विकास क्रम निम्न प्रकार है-

01. मत्स्यावतार - इस अवतार द्वारा धारा के विपरीत दिशा (राधा) में गति करने का मानक विचार-सिद्धान्त स्थापित हुआ।

02. कच्छप अवतार - इस अवतार द्वारा सहनशील, शांत, धैर्यवान, लगनशील, दोनों पक्षों के बीच मध्यस्थ की भूमिका वाला गुण (समन्वय का सिद्धान्त) का मानक विचार-सिद्धान्त स्थापित हुआ।

03. बाराह अवतार - इस अवतार द्वारा सूझ-बुझ, सम्पन्न, पुरूषार्थी, धीर-गम्भीर, निष्कामी, बलिष्ठ, सक्रिय, अहिंसक और समूह प्रेमी, लोगों का मनोबल बढ़ाना, उत्साहित और सक्रिय करने वाला गुण (प्रेरणा का सिद्धान्त) का मानक विचार-सिद्धान्त स्थापित हुआ।

04. नरसिंह अवतार - इस अवतार द्वारा प्रत्यक्ष रूप से एका-एक लक्ष्य को पूर्ण करने वाले (लक्ष्य के लिए त्वरित कार्यवाही का सिद्धान्त) का मानक विचार-सिद्धान्त स्थापित हुआ।

05. वामन अवतार - इस अवतार द्वारा भविष्य दृष्टा, राजा के गुण का प्रयोग करना, थोड़ी सी भूमि पर गणराज्य व्यवस्था की स्थापना व व्यवस्था को जिवित करना, उसके सुख से प्रजा को परिचित कराने वाले गुण (समाज का सिद्धान्त) का मानक विचार-सिद्धान्त स्थापित हुआ।

06. परशुराम अवतार - इस अवतार द्वारा गणराज्य व्यवस्था को ब्रह्माण्ड में व्याप्त व्यवस्था सिद्धान्तों को आधार बनाने वाले गुण और व्यवस्था के प्रसार के लिए योग्य व्यक्ति को नियुक्त करने वाले गुण (लोकतन्त्र का सिद्धान्त और उसके प्रसार के लिए योग्य उत्तराधिकारी नियुक्त करने का सिद्धान्त) का मानक विचार-सिद्धान्त स्थापित हुआ।

07. राम अवतार - इस अवतार द्वारा आदर्श चरित्र के गुण के साथ प्रसार करने वाला गुण (व्यक्तिगत आदर्श चरित्र के आधार पर विचार प्रसार का सिद्धान्त) का मानक विचार-सिद्धान्त स्थापित हुआ।

08. कृष्ण अवतार - इस अवतार द्वारा आदर्श सामाजिक व्यक्ति चरित्र के गुण, समाज में व्याप्त अनेक मत-मतान्तर व विचारों के समन्वय और एकीकरण से सत्य-विचार के प्रेरक ज्ञान को निकालने वाले गुण (सामाजिक आदर्श व्यक्ति का सिद्धान्त और व्यक्ति से उठकर विचार आधारित व्यक्ति निर्माण का सिद्धान्त) का मानक विचार-सिद्धान्त स्थापित हुआ।

09. बुद्ध अवतार - इस अवतार द्वारा प्रजा को प्रेरित करने के लिए धर्म, संघ और बुद्धि के शरण में जाने का गुण (धर्म, संघ और बुद्धि का सिद्धान्त) का मानक विचार-सिद्धान्त स्थापित हुआ।

10. कल्कि अवतार- इस अवतार द्वारा आदर्श मानक सामाजिक व्यक्ति चरित्र समाहित आदर्श मानक वैश्विक व्यक्ति चरित्र अर्थात् सार्वजनिक प्रमाणित आदर्श मानक वैश्विक व्यक्ति चरित्र का मानक विचार-सिद्धान्त स्थापित करने का काम वर्तमान है और वो अन्तिम भी है।

उपरोक्त दस अवतार द्वारा स्थापित विचार-सिद्धान्त का संयुक्त रूप ही मानक पूर्ण मानव का रूप है। प्रत्येक पूर्व के अवतार द्वारा स्थापित विचार-सिद्धान्त अगले अवतार में वह संक्रमित अर्थात् विद्यमान रहते हुये अवतरण होता है। इस प्रकार अन्तिम अवतार में पूर्व के सभी अवतार के गुण विद्यमान होंगे और अन्तिम अवतार ही मानव समाज के लिए मानक मानव होगा।

भाग-7
परिवर्तन

सीधी समझ

नये भारत में, नये मनुष्य के उदय के लिए

व्यवस्था के परिवर्तन या सत्यीकरण का पहला प्रारूप और उसकी कार्य विधि

वे शब्द जिसके बिना युग परिवर्तन सम्भव नहीं

उपाधियाँ मिलती है- पीएच0 डी0, डी0 लिट0 और डी0 फिल0 और उनका बड़ा सम्मान होता है। उनका काम क्या है? उनका काम यह है कि वे तय करते हैं कि गोरखनाथ कब पैदा हुए थे। कोई कहता है दसवीं सदी के अंत में, कोई कहता है ग्यारहवीं सदी के प्रारम्भ में। इस पर बड़ा विवाद चलता है। बड़े-बड़े विश्वविद्यालयों के ज्ञानी सिर खपा कर खोज में लगे रहते हैं। शास्त्रों की, प्रमाणों की, इसकी, उसकी। उनकी पूरी जिन्दगी इसी में जाती है। इससे बड़ा अज्ञान और क्या होगा? गोरख कब पैदा हुए, इसे जानकर करोगे क्या? इसे जान भी लिया तो पाओगे क्या? गोरख न भी पैदा हुए, यह भी सिद्ध हो जाये, तो भी क्या फायदा? हुए हों या न हुए हों, अर्थहीन है। गोरख ने क्या जिया उसका स्वाद लो। इसलिए तुम्हारे विश्वविद्यालय ऐसी व्यर्थता के कामों में संलग्न हैं कि बड़ा आश्चर्य होता है कि इन्हें विश्वविद्यालय कहो या न कहो। इनका काम ही........तुम्हारे विश्वविद्यालय में चलने वाली जितनी शोध है, सब कूड़ा-करकट है।

-आचार्य रजनीश "ओशो"

(अक्टुबर व नवम्बर 1978 में दिये गये प्रवचन का अंश)

FINAL KNOWLEDGE BOMB BLAST

AFTER FIRST NOBEL DISCOVERY OF ZERO BY INDIA AGAIN ZERO BASED FINAL DISCOVERY

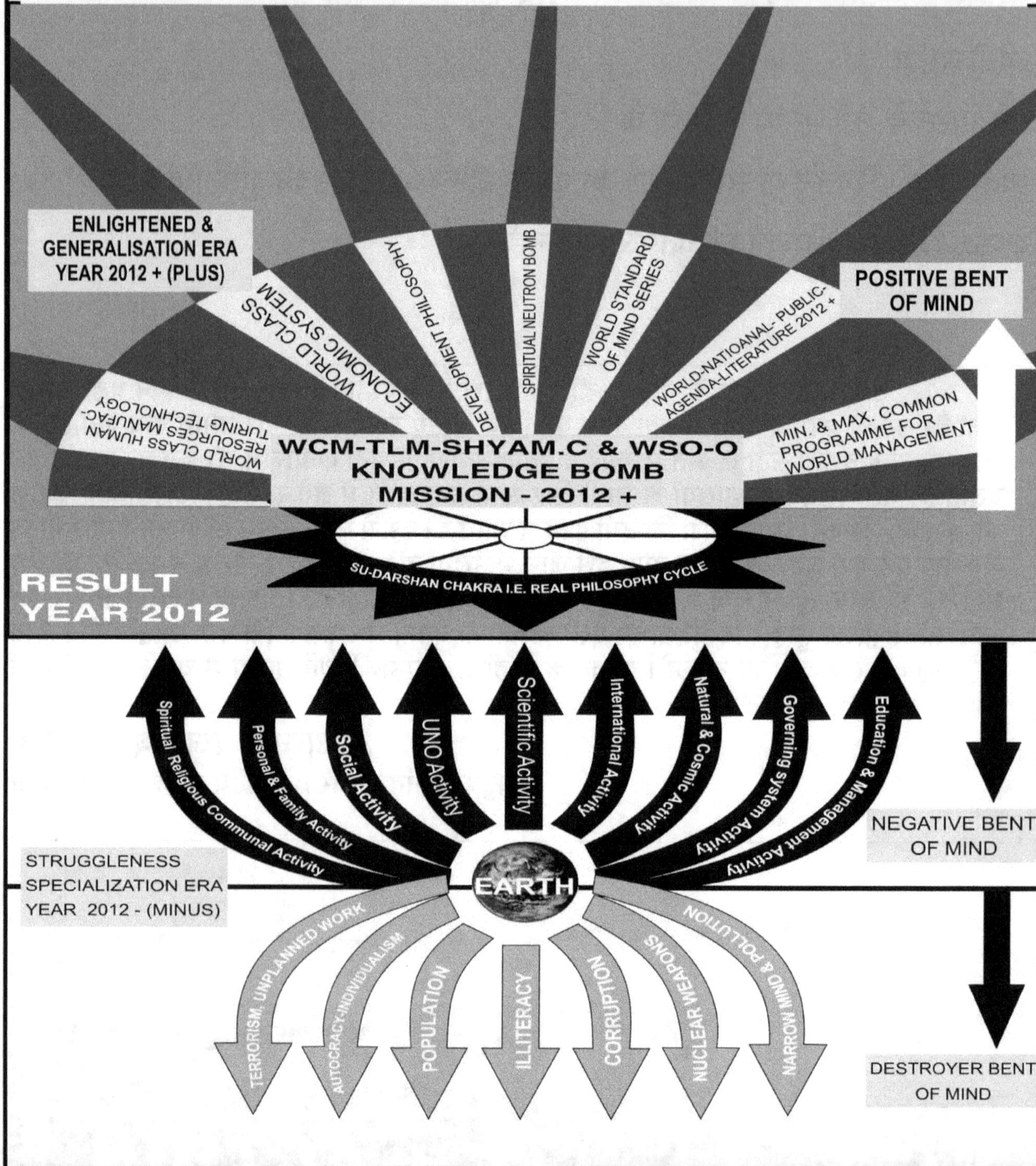

मैकाले शिक्षा पद्धति हम बदल नहीं सकते लेकिन अलग से "सत्य मानक शिक्षा" ग्रहण तो कर सकते हैं।

सरकारी पाठ्यक्रम बनाम नीजी पाठ्यक्रम / सार्वभौम आत्मीय पाठ्यक्रम / ईश्वरीय पाठ्यक्रम

ज्ञान के इस युग में ज्ञान की ओर चलें

FINAL KNOWLEDGE BOMB BLAST

यह चित्र **"FINAL KNOWLEDGE BOMB BLAST"** एक गहन वैचारिक मानचित्र है, जो मानव चेतना, ज्ञान, दर्शन और वैश्विक व्यवस्था के परिवर्तन को प्रतीकात्मक रूप में प्रस्तुत करता है।

इसमें यह दिखाया गया है कि वर्ष 2012 को एक *युग-संधि* के रूप में देखा गया है- जहाँ संघर्ष, विशेषज्ञता और विखंडन (2012–minus) से निकलकर मानवता को प्रबोधन, सामान्यीकरण और समन्वय (2012–plus) की ओर बढ़ना है।

चित्र के केंद्र में **WCM–TLM–SHYAM.C & WSO-O Knowledge Bomb Mission** और **सु-दर्शन चक्र (Real Philosophy Cycle)** को रखा गया है, जो यह संकेत देता है कि वास्तविक परिवर्तन शस्त्रों से नहीं, बल्कि दर्शन, विवेक और समग्र ज्ञान से आता है। ऊपर की ओर उठती संरचना *Positive Bent of Mind* को दर्शाती है, जहाँ विश्व-स्तरीय सोच, आध्यात्मिक दर्शन, मानवीय मूल्य, वैश्विक एजेंडा और कॉमन प्रोग्राम के माध्यम से मानव चेतना का विस्तार होता है।

चित्र के निचले भाग में पृथ्वी को केंद्र बनाकर मानव गतिविधियों-आध्यात्मिक, सामाजिक, वैज्ञानिक, अंतरराष्ट्रीय, शैक्षिक और प्रशासनिक-को दर्शाया गया है, जो यदि संतुलित हों तो उन्नति का मार्ग बनती हैं, और यदि असंतुलित हों तो *Negative* तथा *Destroyer Bent of Mind* की ओर ले जाती हैं।

वहीं नीचे की ओर गिरते तीर आतंकवाद, तानाशाही, जनसंख्या विस्फोट, अशिक्षा, भ्रष्टाचार, परमाणु खतरे और संकीर्ण सोच जैसे विनाशकारी तत्वों का प्रतिनिधित्व करते हैं। समग्र रूप से यह चित्र यह संदेश देता है कि वर्तमान युग में मानवता के सामने विकल्प स्पष्ट है-या तो संकीर्ण, नकारात्मक और विनाशकारी सोच, या फिर **"ज्ञान आधारित सार्वभौमिक दर्शन"** के माध्यम से पृथ्वी और मानव सभ्यता का संतुलित, शांतिपूर्ण और प्रबुद्ध भविष्य।

सीधी समझ

बड़ा वट वृक्ष (Big Banyan Tree), सैकड़ों वर्ष पुराना एक विशाल क्षेत्र में फैला वट वृक्ष है। जिसका मूल वृक्ष अब अस्तित्व में नहीं है उसके तनों से निकले सैंकड़ों जड़ वर्तमान में स्वयं एक वृक्ष, फिर उनके तनों से निकले सैंकड़ों जड़ भी वर्तमान में एक-एक वृक्ष के रूप में स्थापित हैं और सभी एक-दूसरे से जुड़े हुये हैं, बस जो नहीं है, वह है मूल वृक्ष। इस प्रकार सम्पूर्ण वृक्ष परिवार एक बड़े क्षेत्र में फैल चुका है और निरन्तर जारी भी है। प्रत्येक स्वयं स्वतन्त्र वृक्ष के रूप में स्थापित वृक्ष का अपने परिवार के रूप में तना, पत्ता, फूल और फल सब निकलते रहते हैं और जिसे जहाँ अर्थात् नजदीकी स्रोत से सुविधा अर्थात् खुराक मिल सकता हैं वहाँ से प्राप्त करते हुये विकास कर रहे हैं। इस कार्य में आपस में कोई विवाद नहीं है। कोई किसी पर अधिपत्य जमाना नहीं चाहता, ना ही अन्य के विकास में कोई बाधा पहुँचाता है। जिसको जिस ओर उचित वातावरण मिलता जाता है, उस ओर वह विकास कर रहा है। कुल मिलाकर स्व प्रेरित सुशासन की भाँति संचालित है। इस वट वृक्ष के सबसे बाद अर्थात् वर्तमान के तनों-पत्तों के लिए उसका जन्मदाता व पालनकर्ता के रूप में उसका नजदीकी जड़ ही है इसलिए उसकी कथा-कहानी वहीं से शुरू होती है और वहीं तक उसका ज्ञान है जो एक संकुचित और सीमित ज्ञान है। वह पूर्ण को नहीं जान रहा, उसका पूर्णत्व, सार्वभौम पूर्णत्व नहीं बल्कि सीमित पूर्णत्व है। सीमित पूर्णत्व में भी वह आनन्द में हैं और विकासशील है। उसका विकास होना सार्वभौम का ही विकास होना है परन्तु उसे उसका ज्ञान नहीं है और वह उस सार्वभौम के विकास में अपने योगदान को करते हुये भी स्वयं को गौरवान्वित नहीं अनुभव कर रहा है। सार्वभौम से युक्त होने के बाद भी उसे अपने परिवार से ही जुड़ा रहना उसकी विवशता भी है और इसके अलावा कोई अन्य मार्ग भी नहीं हैं। उसके सार्वभौम का मार्ग भी उसके अपने परिवार के ही मार्ग से होकर जाता है। वृक्ष के साथ यह मजबूरी भी है कि क्योंकि वह स्थिर है इसलिए उसका छोटा परिवार केवल पड़ोस तक के ही दायरे के सम्पर्क में है। दूसरे छोर के परिवार का क्या हाल है उसे कुछ नहीं पता।

हे मानवों, ये संसार भी उपरोक्त वट वृक्ष के सामन ही फैला हुआ है। परन्तु उस भाँति विकास नहीं कर रहा है। मनुष्य के अन्दर बीमारी की भाँति अधिकतम "शक्ति और लाभ (पावर और प्राफिट)" की दौड़ ने उसे अधिपत्य, अत्याचार, दूसरे को दबाना इत्यादि से युक्त कर दिया है। और जो इस दौड़ में नहीं हैं वे सीमित पूर्णत्व में आनन्द के साथ विकासशील हैं। उन्हें और भी तेज विकास की इच्छा है परन्तु उनके बुद्धि का दायरा ही सीमित है इसलिए उन्हें मार्ग नहीं मिल रहा है। यदि उनको मार्ग भी मिल रहा हो तो वट वृक्ष की भाँति उसके नजदीकी जन्मदाता ने उसे यह बता रखा है कि जब उस सार्वभौम का मार्ग मेरे ही रास्ते से जाता है तो जो मैं कह रहा हूँ उसे करो। और इसके लिए वे अपने परिवार के लिए अनेक प्रकार की प्रणाली दे रखे हैं। जबकि ये प्रणाली देने वाले उनके नजदीकी जन्मदाता स्वयं कहाँ से आये हैं स्वयं उन्हे भी नहीं पता। क्योंकि वे स्वयं भी उस वट वृक्ष के खो गये मूल जड़ की तरह अपने मूल जड़ को नहीं जानते। वे भी अपने नजदीकी जन्मदाता का ही अनुसरण कर रहे होते हैं। ये प्रणालीयाँ अनेक प्रकार की हैं उदाहरणस्वरूप कुछ मुख्य निम्नवत् हैं-

1 उनके द्वारा प्रस्तुत कुछ पुस्तकें होती हैं जिन्हें नियमानुसार प्रतिदिन पढ़ना होता है। पढ़ने के पूर्व शुद्धता की भी प्रक्रिया अनिवार्य होती है अन्यथा पुस्तकें परिणाम नहीं दे पायेंगी, ये भी शर्त होती हैं।

2 उनके द्वारा भोजन से सम्बन्धित कुछ नियम बना दिये जाते हैं कि क्या खाना है और क्या नहीं खाना है।

3 उनके द्वारा कोई मन्त्र दे कर उसे नियमानुसार जपने के लिए दे दिया जाता है।

4 उनके द्वारा किसी यन्त्र-तन्त्र द्वारा समस्या मुक्ति का उपाय बता दिया जाता है।

5 उनके द्वारा किसी विशेष प्रकार के रंग और ढ़ग के वस्त्र निर्धारित कर दी जाती है जिससे उनकी पहचान एक अलग रूप में हो। अर्थात् समाज का एक और विभाजन कर उसे प्रस्तुत कर देते हैं।

सामान्य रूप से सभी द्वारा अनिवार्य रूप से ये भी निर्धारित कर दी जाती है कि किसी दूसरे के नियमों को न तो जानना है, न सुनना है, न पढ़ना है और न ही उसमें शामिल होना है। अर्थात् एक गतिशील प्राणी मनुष्य को जिसे सदैव श्रेष्ठ से, श्रेष्ठतम और सर्वोच्च तक उठने-विकास करने के लिए निर्मित किया गया था, उसे एक सीमित

दायरे में बुद्धिबद्ध कर दिया गया। मनुष्य जिसका निर्माण अपनी मस्तिष्क को असीम क्षमता को विकसित कर ईश्वर रूप में व्यक्त होना था, उसे जड़ (स्थिर) बना दिया गया।

हे मानवों, मनुष्यों की सबसे बड़ी कमजोरी "स्वयं में गुणों का विकास कर स्वयं बन जाने या हो जाने" में नहीं बल्कि "पाने" की इच्छा है। इस पाने की इच्छा की कमजोरी का परिणाम ही है उपरोक्त अनेक प्रकार के बुद्धिबद्ध करने की विधियाँ।

हे मानवों, उपरोक्त के पृष्ठभूमि में उनका उद्देश्य केवल अपने स्वार्थ की पूर्ति के सिवाय कुछ नहीं होता। क्योंकि मार्गदर्शक या प्रेरक या शिक्षक का उद्देश्य स्वयं से श्रेष्ठ मानव का निर्माण होता है न कि सदैव जीवन भर एक ही प्रणाली या प्रक्रिया या कक्षा में पढ़ते-दुहराते रहने के लिए विवश करना। उपरोक्त के पृष्ठभूमि में शारीरिक-आर्थिक-मानसिक शोषण का ही कार्य विभिन्न प्रकार से चल रहा है। कोई अपने कृषि कार्य को मुफ्त में हल करवा रहा है, तो कोई अपने नाम के उत्पादों को सिर्फ उन्हें ही खरीदने के लिए बुद्धिबद्ध कर दिया है।

हे मानवों, इन सबको आस्था का व्यापार कहते हैं। जबकि मैं देख रहा हूँ कि प्रत्येक संस्कारित करने की क्रिया जो उस काल के लिए आस्था का विषय था। उसके अगले काल के लिए संस्कारित करने की नयी क्रिया उपलब्ध हो जाने के बावजूद, मानव शरीर पिछले काल के संस्कारित करने वाली क्रिया के प्रति आस्था रखते हुये मूर्खता का स्पष्ट प्रदर्शन कर रहा है। सभी कालों में, सभी संस्कारित करने की क्रियाओं में मैं (सार्वभौम आत्मा) ही आस्था का विषय था परन्तु क्रिया के प्रति आस्था रखना मूर्खता का स्पष्ट प्रमाण ही तो है। चाहे वह व्यक्तिगत इच्छा से हो या सामाजिक प्रदर्शन की इच्छा से। इन समस्त संस्कारित करने के क्रिया के पीछे जो रहस्य आज तक गोपनीय था उसे मैंने तुम्हारें समक्ष सार्वजनिक प्रकाशित कर दिया है। अब कुछ भी गोपनीय नहीं। बावजूद इसके प्रत्येक मनुष्य अपनी मूर्खता रूपी आस्था को प्रदर्शित करने के लिए स्वतन्त्र है। परन्तु वह मुझ (सार्वभौम आत्मा) को प्राप्त नहीं कर सकता। हे मानवों, ईश्वर बहुमत से नहीं निर्धारित किया जाता इसलिए ही उसे अनिवर्चनीय कहा गया है। किसी भी वस्तु के प्रति आस्था के विकास से और समस्त मानवों को उसके प्रति आस्थावान् बना देने से वह वस्तु गुण प्रकट कर वैसा नहीं बन सकती जैसा आप उम्मीद करते हो।

हे मानवों, एक तरह से देखा जाये तो उपरोक्त व्यवस्था से कोई समस्या है ही नहीं क्योंकि जिसकी इच्छा जहाँ से पूर्ति हो रही है और विकास का मार्ग मिल रहा है, वह वहाँ से जुडा हुआ है। इसलिए मानव सभ्यता पर आया यह दसवाँ और अन्तिम संकट, संकट होते हुये भी संकट जैसा नहीं दिखता। इस व्यवस्था से हमें कोई समस्या भी नहीं है। समस्या ये है कि धर्म को जिस उद्देश्य के लिए निर्मित किया गया था वही धर्म, संकट में है। यह धर्म ही उस वट वृक्ष का मूल है, सार्वभौम है, समष्टि है। इसके ज्ञान से युक्त दोनों को अर्थात् विशाल संसार रूपी वट वृक्ष के छोटे-छोटे परिवार के नेतृत्वकर्ता मुखिया सहित उसके सदस्यों को होना आवश्यक है। तभी परिवार के नेतृत्वकर्ता मुखिया द्वारा बनाये गये उपरोक्त प्रणाली-नियम परिणाम-फल दे पायेंगे जिसकी इच्छा परिवार के सदस्य करते हैं।

हमारी उत्पत्ति ज्ञान से हुई है। जिन्हें ज्ञान है वही अपने आप को संघर्ष में पाते हैं और सर्वश्रेष्ठता के लिए कर्मशील हैं। शेष सभी तो प्रकृति के अनुसार आते-जाते रहते हैं। इस ज्ञान को ही ब्रह्म (सार्वभौम एकात्म ज्ञान) कहते हैं। देवता रूप में इस ज्ञान को ब्रह्मा के रूप में प्रक्षेपित किया गया है। यह ज्ञान जिस-जिस अंगो द्वारा प्राथमिकता से अनुभव में आता है उतने प्रकार के मानव अपने-आप को उत्पन्न समझते हैं।

पुराण रचनाकार महर्षि व्यास ने ब्रह्मा अर्थात ज्ञान के पुत्रों का प्रक्षेपण किये हैं। ब्रह्मा के 10 मानस पुत्रों

01.मन (विचार) से ज्ञान प्राप्त करने वाले मरीचि

02.नेत्रों (देखकर) ज्ञान प्राप्त करने वाले अत्रि

03.मुख (वाणी) से ज्ञान प्राप्त करने वाले अंगिरा

04.कान (सुन) कर ज्ञान प्राप्त करने वाले पुलस्त्य

05.नाभि (केन्द्र) से ज्ञान प्राप्त करने वाले पुलह

06.हाथ (कर्म) से ज्ञान प्राप्त करने वाले कृतु

07.त्वचा (स्पर्श) से ज्ञान प्राप्त करने वाले भृगु

08.प्राण (श्वास) से ज्ञान प्राप्त करने वाले वशिष्ठ

09.अँगूठे (आत्मा) से ज्ञान प्राप्त करने वाले दक्ष

10.गोद (प्रेम) से ज्ञान प्राप्त करने वाले नारद

ये दस प्रकार ज्ञान से उत्पन्न है और इतने प्रकार के मानव निर्मित होकर संसार में विचरण कर रहे हैं। इसे ये न समझना चाहिए कि मन या नेत्र इत्यादि से कैसे ब्रह्मा ने अपने पुत्रों को उत्पन्न किया? चूंकि शरीर का अस्तित्व अस्थायी है इसलिए विचार के आधार पर ये मनुष्य के वर्ग या श्रेणी का निर्धारण है। इसे मानकीकरण (Standardization) या वर्गीकरण (Classification) भी कहा जा सकता है। जिस प्रकार आजकल मानकीकरण के शब्द ISOऔर ISI मार्का दिये जाते हैं।

नये भारत में, नये मनुष्य के उदय के लिए

आप लंगोट से जौकी पर आ गये...पायजामे से पतलून पर आ गये...नाड़े से बेल्ट पर आ गये...खड़ाऊँ से बूट पर आ गये...कलम से कीबोर्ड पर आ गये। पगडंडियों से एक्सप्रेस वे पर आ गये...चूल्हे से इंडक्शन कुकर पर आ गये...जंगलो से अपार्टमेंट तक आ गये। हल से ट्रैक्टर पर आ गये...पैदल से लक्ज़री जहाज़ों पर आ गये...दीये-मशाल से एलईडी पर आ गये...आप लैंडलाइन से ओरियो एंड्रॉयड तक आ गये...तीर-कमान और गदा से ऑटोमैटिक बंदूकों और मिसाइलों पर आ गये। दुनियां चाँद पे चली गई...मंगल की छाती पर नासा ने रोबोट उतार दिया....शनि मंगल सूर्यग्रहण-चन्द्रग्रहण के हर रहस्य से पर्दा उठ गया!

आप पाँच हज़ार ईसापूर्व और पाँचवी-छठवीं शताब्दी से इक्कीसवी शताब्दी में आ गये...आप लगातार अपडेट होते रहे हैं!!! मगर फिर भी तुम ग्रह-नक्षत्रों को...शनि-मंगल को जन्मकुंडली में देख-देख कर काँप रहे हो। अपना भविष्य सुधारने के लिए बाबा-बाबियों का रास्ता नाप रहे हो। क्या इसी दिन के लिए तुमने बी.एससी, एम.एससी पीएच.डी की थी?? कि तुम पढ़े-लिखे जाहिलों की फौज में शामिल हो जाना! क्या इसी दिन के लिए तुम डॉक्टर, इंजीनियर, वकील, मजिस्ट्रेट या प्रोफेसर बने थे? कि बंगले पर काली हांडी टांगना! निम्बू मिर्ची टांगना! नजर न लगने से एक पैर में काला धागा बांधना?? और अपने उज्ज्वल भविष्य की भीख किसी बाबा-बाबी के दर पर नाक रगड़ के मांगना?

देश आजाद हो गया! दुनिया आजाद हो गई! आखिर कब मिलेगी तुम्हें आजादी?? इस अंधी मानसिक गुलामी से? दुनिया रोज नए-नए आविष्कार कर रही है! तुम हजारों साल पुरानी भाषा, संस्कृति, रीति, रिवाजो की वैज्ञानिक व्याख्या करने में लगे हो! क्या भारत पुनः विश्वगुरु तुम्हारे जैसे मनोरोगियों की वजह से कभी बन पाएगा? बंद कमरे में तुम्हारी चोटी कट जाती! अँधेरे में अकेले में तुम्हें भूत-पलीत सताते हैं! तुम्हें ही सारी दुनिया की नजर लगती है! डायन तो तुम्हारे हर घर में मौजूद है!! तुम्हारे तंत्र-मंत्र-यंत्र काम क्यों नहीं करते हैं? एक पैर में काले धागे वाला रक्षा सूत्र तुम्हारी चोंटी क्यों नहीं बचाता है? आखिर कब तक तुम मानसिक गुलाम रहोगे?

तुम्हारी समस्याएं लौकिक है। मगर तुम्हें हर समस्या का हल परलोक में नजर आता है! संसार तुम्हारे लिए स्वप्नवत् है माया है! भगवान की लीला है! नाटक है! भ्रम है! आखिर तुम्हें इस सपने से कौन जगाए? कब तक शब्दों के साथ बलात्कार करोगे? कब तक धोखे में रहोगे? कब तक हर सिद्धान्त हर आविष्कार को शास्त्रों ऋषि-मुनियों के माथे मड़ोगे??

तुम लोग को जो जगाए वही धर्मद्रोही, देशद्रोही, जातिवादी या नास्तिक है? चारुवाक, बुद्ध, महावीर, कपिल, कणाद गौतम, नागसेन, अश्वघोष, कबीर, नानक, रविदास, ओशो, फुले, शाहू, पेरियार, भीम, भगतसिंह, कोवूर, राहुल संस्कृत्यायन, दयानन्द, विवेकानंद, सबने विवेक लगाया! मगर फिर भी तुम्हारा विवेक नहीं जागा!

तुम्हारा धर्म कब अपडेट (Update) होगा?
तुम्हारी आस्था कब अपडेट (Update) होगी?
तुम्हारा ईश्वर कब अपडेट (Update) होगा?
तुम्हारी सोच कब अपडेट (Update) होगी?
तुम्हारे धर्म की किताबें कब अपडेट (Update) होंगी?

कम्प्यूटर और मोबाइल का साफ्टवेयर तो तुरन्त करते हो, तुम्हारे मस्तिष्क का साफ्टवेयर कब अपडेट (Update) होगा?

क्योंकि तुम विश्वगुरु के अहंकार की दारू पीकर गरीबी, अनपढ़ता, लिंगभेद, जातिभेद, भाषाभेद, क्षेत्रभेद, साम्प्रदायिकता की नाली में पड़े हो! आखिर तुम्हें कब मिलेगी आजादी? इस उम्दा मानसिक गुलामी से?

सोच के बता देना!!
आओ एक कदम शब्दों के उँचाइयों की ओर..........

IDEAS + ACTION = CHANGE

व्यवस्था के परिवर्तन या सत्यीकरण का पहला प्रारूप और उसकी कार्य विधि

उदाहरण के रूप में, यदि किसी शिक्षित व्यक्ति जिसे अंकगणित का ज्ञान हो, उसके समक्ष संख्या 5 लिख दिया जाये और उससे कहा जाये कि इस संख्या के आगे और पीछे की संख्या लिखें तो वह आसानी से उसे लिख देगा परन्तु अंकगणित का अज्ञानी ऐसा नहीं कर पायेगा। उसका सारा ध्यान केवल संख्या 5 पर ही टिका रह जायेगा क्योंकि वह संख्या पद्धति से अपरिचित है। अगर वह कुछ लिख भी देगा तो वह आवश्यक नहीं कि सत्य हो और उसमें सुधार की पूरी सम्भावना बनी रहेगी। समाज सुधार के क्षेत्र में भी यही बात है। हम एक समस्या देखते हैं फिर उसमें कुछ सुधार कर देते हैं। फल यह होता है कि कुछ समय बाद पुनः उसमें सुधार की आवश्यकता आ जाती है।

जितने अधिक आकड़ों को विश्लेषित कर हम परिणाम को खोजेंगे उतने ही सत्य परिणाम हमारे सामने आयेंगे। प्रस्तुत शास्त्र व्यक्त अधिकतम आकड़ों के व्यवस्थित प्रस्तुतीकरण का शास्त्र है। दूसरे रूप में इसे धर्म ज्ञान का बैलेन्ससीट भी कह सकते है। इन सम्पूर्ण आकड़ों पर आधारित होकर व्यक्ति, समाज और विश्व राष्ट्र के लिए लिया गया निर्णय ही एक सत्य निर्णय हो सकता है। समाज सुधार के सम्बन्ध में स्वामी विवेकानन्द का कहना है कि-"तथाकथित समाज-सुधार के विषय में हस्तक्षेप न करना क्योंकि पहले आध्यात्मिक सुधार हुये बिना अन्य किसी भी प्रकार का सुधार हो नहीं सकता (राम पृष्ठ मिशन, पत्रावली भाग-1, पृष्ठ-29), भारत के शिक्षित समाज से मैं इस बात पर सहमत हूँ कि समाज का आमूल परिवर्तन करना आवश्यक है। पर यह किया किस तरह जाये? सुधारकों की सब कुछ नष्ट कर डालने की रीति व्यर्थ सिद्ध हो चुकी है। मेरी योजना यह है, हमने अतीत में कुछ बुरा नहीं किया। निश्चय ही नहीं किया। हमारा समाज खराब नहीं, बल्कि अच्छा है। मैं केवल चाहता हूँ कि वह और भी अच्छा हो। हमें असत्य से सत्य तक अथवा बुरे से अच्छे तक पहुँचना नहीं है। वरन् सत्य से उच्चतर सत्य तक, श्रेष्ठ से श्रेष्ठतर और श्रेष्ठतम तक पहुँचना है। मैं अपने देशवासियों से कहता हूँ कि अब तक जो तुमने किया, सो अच्छा ही किया है, अब इस समय और भी अच्छा करने का मौका आ गया है।"-(राम पृष्ठ मिशन, जितने मत उतने पथ, पृष्ठ-46)

व्यक्ति हो या ज्ञानी, समाज हो या राज्य, देश हो या विश्व, समाज नेता हों या राजनेता सभी को अब यह जान लेना चाहिए कि विश्व एक परिवार है और उस परिवार का शास्त्र-"विश्वशास्त्र" है। जब तक यह शास्त्र उपलब्ध नहीं था तब तक इस विश्व परिवार के एकीकरण का मार्ग नहीं खुला था, अब वह मार्ग मिल चुका है। कोई भी समाज निर्माण या युग परिवर्तन का कार्य एक क्षण का कार्य नहीं है। यह एक लम्बी अवधि की प्रक्रिया का कार्य है। इसे हम उन समाज सुधारकों के संस्थाओं के कार्य को देख कर अनुभव कर सकते हैं।

व्यवस्था परिवर्तन, एक राजनीतिक लुभावना वाला शब्द है। वह कैसे होगा, इसके लिए एक प्रारूप की आवश्यकता होती है अगर वह नहीं है तो व्यवस्था परिवर्तन चिल्लाने से नहीं होता। फिर व्यवस्था परिवर्तन किस बात का? मानव समाज को संचालित करने के लिए तो सिर्फ दो ही मूल व्यवस्था है-एक राजतन्त्र, जिसका युग जा चुका है। दूसरा-लोकतन्त्र, जिसका युग चल रहा है और यही अन्तिम व्यवस्था भी बनी रहेगी क्योंकि ब्रह्माण्डीय व्यवस्था भी लोकतन्त्र से ही चल रहा है और मनुष्य के मस्तिष्क से अन्ततः वही व्यक्त हो रहा है। लोकतन्त्र से हम राजतन्त्र में नहीं जा सकते इसलिए व्यवस्था परिवर्तन का अर्थ ही निरर्थक है।

आवश्यकता है वर्तमान लोकतन्त्र व्यवस्था को ही सत्य आधारित करने की जिसे व्यवस्था सत्यीकरण कहा जा सकता है। इस कार्य में हमें मानकशास्त्र की आवश्यकता है जिससे तोल कर यह देख सके कि इस लोकतन्त्र व्यवस्था में कहाँ सुधार करने से सत्यीकरण हो जायेगा। यह मानकशास्त्र ही "विश्वशास्त्र" है। सिर्फ मतदाता बनने व वोट डालने से ही लोकतन्त्र स्वस्थ नहीं हो सकता। उसके लिए देश व विश्व के पूर्ण ज्ञान की आवश्यकता होगी। इसलिए आवश्यक है कि प्रत्येक मतदाता "विश्वशास्त्र" के ज्ञान से युक्त हो।

अच्छा होता कि हमारे राजनेतागण कुछ दिनों के लिए सन्यास लेकर थोड़ा कुछ अध्ययन-चिंतन करते रहते ताकि उन्हें बार-बार लक्ष्य के लिए शब्दों का परिवर्तन न करना पड़ता। एक ही स्थिति में बहुत समय तक रहने पर बुद्धि, बद्ध हो जाती है। एक-एक सीढ़ी चढ़कर, पहुँच गये-पहुँच गये चिल्लाने से अच्छा है कि अन्तिम सीढ़ी पर पर बैठकर चिल्लाना कि पहुँच गये।

चाहे कुछ हो यदि प्रारूप नहीं, तो न तो व्यवस्था परिवर्तन हो सकता है, न ही व्यवस्था सत्यीकरण हो सकता है, न ही सम्पूर्ण क्रान्ति। भीड़ से क्रान्ति नहीं सिर्फ हंगामा होता है। भीड़ में जोश होता है, होश नहीं।

इस मानक शास्त्र के प्रस्तुत हो जाने से व्यवस्था परिवर्तन की नहीं बल्कि व्यवस्था के सत्यीकरण का मार्ग खुल चुका है। जिसका व्यक्ति, समाज और विश्व राष्ट्र को आवश्यकता भी है। किसी एक विषय पर बहुत अधिक पुस्तक मस्तिष्क को भ्रमित ही करती है। यह शास्त्र प्रारम्भ से अन्त तक के विकास को क्रमबद्ध प्रस्तुत करता है जिससे हम सभी एक सत्य निर्णय करने में सक्षम हों और पूर्ण ज्ञान से युक्त हो जायें और हमारा कोई भी सुधार एक स्थायी, अच्छा और दूरगामी परिणाम देने वाला हो।

प्रश्न यह भी उठता है कि परिवार का मुखिया जिसके द्वारा परिवार का संचालन होता है, यदि वह परिवार के हित व विकास के विषय में कर्म न करता हो तो क्या परिवार का सदस्य उसमें हस्तक्षेप करने का अधिकारी है या नहीं? यही बात देश को चलाने वाले संसद के विषय में भी है। यदि संसद स्वयं देशहित व जनहित के प्रति उदासीन हो जाये तो क्या जनता संसद को मार्गदर्शन देने का अधिकार नहीं रखती? यदि नहीं तो संविधान की धारा-51(ए) के अन्तर्गत नागरिक का मौलिक कर्तव्य की उपयोगिता क्या है? ध्यान रखने योग्य विषय यह है कि कोई भी चुना हुआ प्रतिनिधि सिर्फ उतने ही बड़े क्षेत्र का प्रतिनिधि होता है जिस क्षेत्र से वह चुना जाता है। भारत में ऐसा कोई प्रतिनिधि जनता से नहीं चुना जाता जो भारत का प्रतिनिधित्व करता हो और जब तक भारत का प्रतिनिधित्व करने वाला चुनाव नहीं होता या भारत की जनता का राष्ट्रीय मुद्दों पर विचार कर संसद के कर्तव्य का बोध कराने वाली स्वतन्त्र संस्था नहीं बन जाती, तब तक जनता को संसद को संविधान की धारा-51(ए) के अन्तर्गत नागरिक का मौलिक कर्तव्य के अनुसार न्यायालय व संसद के माध्यम से सरकार को मार्गदर्शन देने का कर्तव्य करना चाहिए जो उसका अधिकार भी है।

वे शब्द जिसके बिना युग परिवर्तन सम्भव नहीं

सन् 1893 से सन् 1993 के 100 वर्षों के समय में विश्व के बौद्धिक शक्ति को जिन्होंने सबसे अधिक हलचल दी वे हैं-धर्म की ओर से स्वामी विवेकानन्द और धार्मिकता की ओर से आचार्य रजनीश"ओशो"। मनुष्य जिस प्रकार भौतिक विज्ञान के नवीन आविष्कारों को आसानी से ग्रहण करता है उसी प्रकार धर्म-आध्यात्म-दर्शन के नवीन आविष्कारों को भी मनुष्य को ग्रहण करना चाहिए, तभी मानसिक-आध्यात्मिक स्वतन्त्रता का अनुभव हो सकेगा। अन्यथा पूर्ण शारीरिक गुलामी का समय बीत चुका, आर्थिक गुलामी का काल चल रहा है और मानसिक गुलामी के काल चक्र में मनुष्य फँस जायेगा।

स्वामी विवेकानन्द जी का कहना था-

- "उसी मूल सत्य की फिर से शिक्षा ग्रहण करनी होगी, जो केवल यहीं से, हमारी इसी मातृभूमि से प्रचारित हुआ था। फिर एक बार भारत को संसार में इसी मूल तत्व का-इसी सत्य का प्रचार करना होगा। ऐसा क्यों है? इसलिए नहीं कि यह सत्य हमारे शास्त्रों में लिखा है वरन् हमारे राष्ट्रीय साहित्य का प्रत्येक विभाग और हमारा राष्ट्रीय जीवन उससे पूर्णतः ओत-प्रोत है। इस धार्मिक सहिष्णुता की तथा इस सहानुभूति की, मातृभाव की महान शिक्षा प्रत्येक बालक, स्त्री, पुरुष, शिक्षित, अशिक्षित सब जाति और वर्ण वाले सीख सकते हैं। तुमको अनेक नामों से पुकारा जाता है, पर तुम एक हो।" (जितने मत उतने पथ, राम कृष्ण मिशन, पृष्ठ-39)।
- "अत: यदि भारत को महान बनाना है, तो इसके लिए आवश्यकता है संगठन की, शक्ति संग्रह की और बिखरी हुई इच्छाशक्ति को एकत्र कर उसमें समन्वय लाने की। अथर्ववेद संहिता की एक विलक्षण ऋचा याद आ गयी जिसमें कहा गया है, "तुम सब लोग एक मन हो जाओ, सब लोग एक ही विचार के बन जाओ। एक मन हो जाना ही समाज गठन का रहस्य है बस इच्छाशक्ति का संचय और उनका समन्वय कर उन्हें एकमुखी करना ही सारा रहस्य है।" (देखें "नया भारत गढ़ो" पृष्ठ संख्या-55)
- "यह भी न भूलना चाहिए कि हमारे बाद जो लोग आएंगे, वे उसी तरह हमारे धर्म और ईश्वर सम्बन्धी धारणा पर हँसेंगे, जिस तरह हम प्राचीन लोगों के धर्म और ईश्वर की धारणा पर हँसते हैं। यह सब होने पर भी, इन सब ईश्वर सम्बन्धित धारणाओं का संयोग करने वाला एक स्वर्ण सूत्र है और वेदान्त का उद्देश्य है-इस सूत्र की खोज करना। भागवान कृष्ण ने कहा है-""भिन्न भिन्न मणियाँ जिस प्रकार एक सूत्र में पिरोयी जा सकती हैं, उसी प्रकार इन सब विभिन्न भावों के भीतर भी एक सूत्र विद्यमान है।" (देखें "ज्ञानयोग", पृष्ठ संख्या-65) ,
- "एक शब्द में वेदान्त का आदर्श है-मनुष्य के सच्चे स्वरूप को जानना।" (देखें "विवेकानन्द राष्ट्र को आह्वान", पृष्ठ सं0-48)।
- यदि हम अपने व्यक्तिगत एवं सामूहिक जीवन में वैज्ञानिक चेतना सम्पन्न एवं आध्यात्मिक एक साथ न हो पाए, तो मानवजाति का अर्थपूर्ण अस्तित्व ही संशय का विषय हो जाएगा। (विज्ञान और आध्यात्मिकता, पृष्ठ-9)
- हमेशा यूरोप से सामाजिक तथा एशिया से आध्यात्मिक शक्तियों का उद्भव होता रहा है एवं इन दोनों शक्तियों के विभिन्न प्रकार के सम्मिश्रण से ही जगत का इतिहास बना है। वर्तमान मानवेतिहास का एक और नवीन पृष्ठ धीरे-धीरे विकसित हो रहा है एवं चारो ओर उसी का चिन्ह दिखाई दे रहा है। कितनी ही नवीन योजनाओं का उद्भव तथा नाश होगा, किन्तु योग्यतम वस्तु की प्रतिष्ठा सुनिश्चित है, सत्य और शिव की अपेक्षा योग्यतम वस्तु और हो ही क्या सकती है? (पत्रावली भाग-1, पृष्ठ-310)

स्वामी विवेकानन्द के अनुसार शब्द से सृष्टि का रहस्य

01. बृहत् ब्रह्माण्ड में भी ब्रह्मा, हिरण्यगर्भ या समष्टि महत् ने पहले अपने आप को नाम के, और फिर बाद में रुप के आकार में अर्थात् इस परिदृश्यमान जगत के आकार में अभिव्यक्त किया। (भक्ति योग, पृष्ठ-44)
02. यह सारा व्यक्त इन्द्रियग्राह्य जगत रुप है, और इसके पीछे है अनन्त अव्यक्त स्फोट। स्फोट का अर्थ-समस्त जगत की अभिव्यक्ति का कारण शब्द-ब्रह्म है। समस्त नामों अर्थात् भावों की नित्य समवायी उपादान स्वरुप यह नित्य स्फोट ही वह शक्ति है, जिससे भगवान इस विश्व की सृष्टि करते हैं। यही नहीं बल्कि भगवान पहले स्फोट रुप में परिणत हो जाते हैं और तत्पश्चात् अपने को उससे भी स्थूल इस इन्द्रियग्राह्य जगत के रुप में परिणत कर लेते हैं। (भक्ति योग, पृष्ठ-45)
03. इस स्फोट का एक मात्र वाचक शब्द है-"ऊँ"। और चूँकि हम किसी भी उपाय से शब्द को भाव से अलग नहीं कर सकते, इसलिए यह "ऊँ" भी इस नित्य स्फोट से नित्य संयुक्त है। (भक्ति योग, पृष्ठ-45)
04. एकमेव यह "ऊँ" ही इस प्रकार सर्वभावाव्यापी वाचक शब्द है, अन्य कोई भी इसके समान नहीं। स्फोट ही सारे भावों का उपादान है, फिर भी वह स्वयं पूर्ण रुप से विकसित कोई विशिष्ट भाव नहीं है। अर्थात् यदि उन सब भेदों को, जो एक भाव को दूसरे से अलग करते हैं, निकाल दिया जाय, तो जो कुछ बचा रहता है, वही स्फोट है। इसलिए इस स्फोट को "नादब्रह्म" कहते हैं। (भक्ति योग, पृष्ठ-45)
05. जो वाचक शब्द उसे सब से कम विशेषभावापन्न करेगा, पर साथ ही उसके स्वरुप को यथासम्भव पूरी तरह प्रकाशित करेगा, वही उसका सबसे सच्चा वाचक होगा। और यह वाचक शब्द है-एकमात्र "ऊँ" क्योंकि ये तीनों अक्षर अ, उ और म्, जिनका एक साथ उच्चारण करने से "ऊँ" होता है, समान शब्दों के साधारण वाचक के तौर पर लिये जा सकते हैं। (भक्ति योग पृष्ठ, पृष्ठ-46)
06. अक्षर "अ" सारे अक्षरों में सबसे कम विशेषभावापन्न है। इसीलिए भगवान श्रीकृष्ण गीता में कहते हैं-"अक्षरों में मैं "अ" कार हूँ। " (गीता,10/33) स्पष्ट रुप से उच्चारित जितने भी शब्द हैं, उनकी उच्चारण क्रिया मुख में जिह्वा के मूल से आरम्भ होती है और ओठों में आकर समाप्त हो जाती है। "अ" जिह्वा मूल अर्थात् कण्ठ से उच्चारित होता है, और "म" ओठों से होने वाला अन्तिम शब्द है। और "उ" उस शक्ति का सूचक है, जो जिह्वा मूल से आरम्भ होकर मुँह भर में लुढ़कती हुई ओठों में आकर समाप्त हो जाती है। यदि "ऊँ" का उच्चारण ठीक ढंग से किया जाय, तो इसके शब्दोच्चारण की सम्पूर्ण क्रिया सम्पन्न हो जाती है-दूसरे किसी भी शब्द में यह शक्ति नहीं। (भक्ति योग, पृष्ठ-46)
07. जिस प्रकार अल्पतम् विशेष भावात्मक तथा सार्वभौमिक वाचक शब्द "ऊँ" के सम्बन्ध में वाच्य और वाचक आपस में अभेद्य रुप से सम्बद्ध हैं उसी प्रकार वाच्य और वाचक का यह अविच्छिन्न सम्बन्ध भगवान और विश्व के विभिन्न खण्ड भावों पर भी लागू है, अतएव उनमें से प्रत्येक का एक विशिष्ट वाचक शब्द होना आवश्यक है। (भक्ति योग, पृष्ठ-47)
08. ये वाचक शब्द ऋषियों की गम्भीरतम आध्यात्मिक अनुभूति से उत्पन्न हुए हैं और वे भगवान तथा विश्व के जिन विशेष-विशेष खण्ड भाव के वाचक हैं, उन विशेष भावों को यथासम्भव प्रकाशित करते हैं। जिस प्रकार "ऊँ" अखण्ड ब्रह्म का वाचक है, उसी प्रकार अन्यान्य मंत्र भी उसी परम पुरुष के खण्ड-खण्ड भावों के वाचक हैं। ये सभी ईश्वर के ध्यान और प्रकृत ज्ञान की प्राप्ति में सहायक हैं। (भक्ति योग, पृष्ठ-47)
09. सृष्टि के पूर्व ब्रह्म शब्दात्मक बनते है, फिर ओंकारात्मक या नादात्मक होते है। तत्पश्चात पहले कल्पों के विशेष शब्द जैसे-भूः, भुवः, स्व-अथवा गो, मानव, घट, पट इत्यादि का प्रकाश उसी आंेकार से होता है। सिद्ध संकल्प ब्रह्म में क्रमश-एक-एक शब्द के होते ही उसी क्षण उन सब पदार्थो का भी प्रकाश हो जाता है और इस विचित्र जगत् का विकास हो उठता है। अब समझे न कि कैसे शब्द ही सृष्टि का मूल है। -स्वामी विवेकानन्द (विवेकानन्द जी के संग में पृष्ठ-62)
10. यह सारा व्यक्त इन्द्रिय ग्राह्य जगत रूप है, और इसके पीछे है अनन्त अव्यक्त स्फोट। स्फोट का अर्थ-समस्त जगत की अभिव्यक्ति का कारण शब्द-ब्रह्म। समस्त नामों अर्थात् भावों की नित्य समवायी उपादान स्वरूप यह नित्य स्फोट ही वह शक्ति है, जिससे भगवान इस विश्व की सृष्टि करते है। यही नहीं बल्कि भगवान पहले स्फोट-रूप में परिणत हो जाते है और तत्पश्चात अपने को उससे भी स्थूल इस इन्द्रिय ग्राह्य जगत् के रूप में परिणत कर लेते है। -स्वामी विवेकानन्द (राजयोग-पृष्ठ-45)

आचार्य रजनीश"ओशो" का कहना था-

- "श्रीकृष्ण का महत्व अतीत के लिए कम भविष्य के लिए ज्यादा है। सच ऐसा है कि कृष्ण अपने समय से कम से कम पाँच हजार वर्ष पहले पैदा हुये। सभी महत्वपूर्ण व्यक्ति अपने समय से पहले पैदा होते हैं और

सभी गैर महत्वपूर्ण व्यक्ति अपने समय के बाद पैदा होते हैं। बस महत्वपूर्ण और गैर महत्वपूर्ण में इतना फर्क है और सभी साधारण व्यक्ति अपने समय के साथ पैदा होते हैं महत्वपूर्ण व्यक्ति को समझना आसान नहीं होता। उसका वर्तमान और अतीत उसे समझने में असमर्थता अनुभव करता है जब हम समझने योग्य नहीं हो पाते तब हम उसकी पूजा शुरु कर देते हैं या तो हम उसका विरोध करते हैं। दोनों पूजाएं हैं एक मित्र की एक शत्रु की।"

- उसके लिए सब हंसी खेल है, सब लीला है। इसलिए हमने कृष्ण को पूर्णावतार कहा। राम गम्भीर हैं छोटी-छोटी बात का हिसाब रखते हैं। नियम मर्यादा से चलते हैं- मर्यादा पुरूषोत्तम हैं। कृष्ण अमर्याद हैं न कोई नियम है न कोई मर्यादा। कृष्ण के लिए जीवन लीला है।
- धर्म कोई विषय थोड़े ही है। धर्म की कोई सीमा थोड़े ही है। धर्म तो समस्त जीवन का नाम है। जीवन में जो कुछ भी समाविष्ट है, धर्म उस सभी के सम्बन्ध में वक्तव्य देने का हकदार है। राजनीतिज्ञ, धर्म के सम्बन्ध में वक्तव्य नहीं दे सकता क्योंकि राजनीति की सीमा है। लेकिन धार्मिक व्यक्ति, राजनीति के सम्बन्ध में वक्तव्य दे सकता है क्योंकि धर्म की कोई सीमा नही है धर्म असीम है, धर्म तो पूरे जीवन को घेरता है जैसे आकाश घेरता है। धर्म से तो कोई भी चीज छोड़ी नहीं जा सकती। धार्मिक व्यक्ति की दृष्टि तो सब सम्बन्धों में होगी।
- जो एक गुरू बोल रहा है, वह अनन्त सिद्धों की वाणी है। अभिव्यक्ति में भेद होगा, शब्द अलग होंगे, प्रतीक अलग होंगे मगर जो एक सिद्ध बोलता है, वह सभी सिद्धों की वाणी है। इनसे अन्यथा नहीं हो सकता है। इसलिए जिसने एक सिद्ध को पा लिया, उसने सारे सिद्धों की परम्परा को पा लिया। क्योंकि उनका सूत्र एक ही है। कुंजी तो एक ही है, जिसमें ताला खुलता है अस्तित्व का।
- "इस देश को कुछ बाते समझनी होगी। एक तो इस देश को यह बात समझनी होगी कि तुम्हारी परेशानियों, तुम्हारी गरीबी, तुम्हारी मुसीबतों, तुम्हारी दीनता के बहुत कुछ कारण तुम्हारे अंध विश्वासों में है, भारत कम से कम डेढ़ हजार साल पिछे घिसट रहा है। ये डेढ़ हजार साल पूरे होने जरूरी है। भारत को खिंचकर आधुनिक बनाना जरूरी है। मेरी उत्सुकता है कि इस देश का सौभाग्य खुले, यह देश भी खुशहाल हो, यह देश भी समृद्ध हो। क्योंकि समृद्ध हो यह देश तो फिर राम की धुन गुंजे, समृद्ध हो यह देश तो फिर लोग गीत गाँये, प्रभु की प्रार्थना करें। समृद्ध हो यह देश तो मंदिर की घंटिया फिर बजे, पूजा के थाल फिर सजे। समृद्ध हो यह देश तो फिर बाँसुरी बजे कृष्ण की, फिर रास रचे! यह दीन दरिद्र देश, अभी तुम इसमें कृष्ण को भी ले आओंगे तो राधा कहाँ पाओगे नाचनेवाली? अभी तुम कृष्ण को भी ले आओगे, तो कृष्ण बड़ी मुश्किल में पड़ जायेंगे, माखन कहाँ चुरायेगें? माखन है कहाँ? दूध दही की मटकिया कैसे तोड़ोगे? दूध दही की कहाँ, पानी तक की मटकिया मुश्किल है। नलों पर इतनी भीड़ है! और एक आध गोपी की मटकी फोड़ दी, जो नल से पानी भरकर लौट रही थी, तो पुलिस में रिपोर्ट दर्ज करा देगी कृष्ण की, तीन बजे रात से पानी भरने खड़ी थी नौ बजते बजते पानी भर पायी और इन सज्जन ने कंकड़ी मार दी। धर्म का जन्म होता है जब देश समृद्ध होता है। धर्म समृद्ध की सुवास है। तो मैं जरूर चाहता हूँ यह देश सौभाग्यशाली हो लेकिन सबसे बड़ी अड़चन इसी देश की मान्यताएं है। इसलिए मैं तुमसे लड़ रहा हूँ। तुम्हारे लिए।"

व्यक्ति-समाज-राज्य-विश्व की आवश्यकता, भविष्यवक्ताओं की भविष्यवाणीयां, ग्रहों के चालों, सूर्य व चन्द्र ग्रहण, सामाजिक-राजनीतिक विचारकों के विचार-सपनें-उम्मीद इत्यादि युग परिवर्तन की ओर दिशा निर्देश कर रहीं हैं। ऐसे में सृष्टि के लिए सार्वभौम सर्वोच्च अन्तिम अर्थों वाले शब्दों (जिसकी सूची अगले पृष्ठ पर दी गई है।) **पर चर्चा ही एक मात्र युग परिवर्तन का मार्ग है।**

वे सार्वभौम एकात्म शब्द जिसके बिना युग परिवर्तन सम्भव नहीं (सर्वोच्च, अन्तिम और दृश्य)

क्र.सं. विषय क्षेत्र	सम्बन्धित क्षेत्र से मुख्य नाम
01. विश्व क्षेत्र	विश्व संविधान/साहित्य/विचार/सिद्धान्त/प्रबन्ध/दर्शन/मत/मानव/एकता/शान्ति/विकास/स्थिरता/आत्मा / अभिनेता/बुद्धि/राजनीति/क्रांति
02. राज्य क्षेत्र	विश्व (राष्ट्र) ऐजेण्डा–2012+ (WORLD NATION AGENDA-2012+) विश्व व्यवस्था का अधिकतम एवं न्यूनतम साझा कार्यक्रम
03. समाज क्षेत्र	लोक/गण/जन ऐजेण्डा–2012+ (PUBLIC AGENDA-2000+)
04. धर्म क्षेत्र	वेदान्त धर्म स्थापना
05. साहित्य क्षेत्र	विश्व साहित्य–"विश्वभारत" समाहित "विश्वशास्त्र" साहित्य– आदर्श वैश्विक व्यक्ति चरित्र कथा साहित्य
06. सामाज शास्त्र	मानक/जन/गण/लोक शास्त्र
07. धर्मशास्त्र	धर्मयुक्त नाम – कर्मवेद: प्रथम, अन्तिम और पंचम वेद और आधारित उपनिषद् (व्यष्टि एवं समष्टि) सर्वधर्मसमभाव / धर्मनिरपेक्ष नाम – मन की गुणवत्ता का विश्व मानक : शून्य श्रृंखला (व्यष्टि एवं समष्टि)
08. मानक क्षेत्र	मन की गुणवत्ता का विश्व मानक : शून्य श्रृंखला
09. अदृश्य विज्ञान	दृश्य आध्यात्म विज्ञान
10. दृश्य विज्ञान	धर्म विज्ञान या एकात्म विज्ञान (Integration Science)
11. इंजीनियरिंग	सत्य सामाजिक अभियंत्रण (Real Social Engineering)
12. तकनीकी	सत्य सामाजिक तकनीकी (Real Social Technology) : WCM-TLM-SHYAM.C Technology
13. संविधान	विवादमुक्त तन्त्रों पर आधारित संविधान
14. राजनीति	सत्य राजनीति/राजनीति–2012+ (POLITICS-2012+)
15. संगठन	विश्व राजनीतिक पार्टी संघ (World Political Party Organisation- WPPO)
16. शिक्षा	पूर्णज्ञान/पूर्ण शिक्षा प्रणाली/शिक्षा -2012+ (EDUCATION-2012+)
17. राष्ट्र सम्बन्ध	आदर्श राष्ट्रीय नागरिक
18. वेदान्त	कर्म वेदान्त : वेदान्त की अन्तिम शाखा
19. मतवाद	एकात्म कर्मवाद : एकात्म मानवतावाद का व्यावहारिक रुप
20. दार्शनिक	विकास दर्शन (Development Philosophy)
21. क्रांति	संपूर्ण क्रांति (Complete Revolution) : प्रलय, स्थिति एवं सृष्टि
22. सांस्कृतिक	भोगेश्वर: भोग (पाश्चात्य) + ईश्वर (प्राच्य) = एकात्म या ईश्वरत्व भाव से भोग
23. मन	विश्व मन (WOLD MIND)
24. मानव	विश्वमानव (विश्वमन से युक्त)
25. मनु	8वें मनु – सावर्णि मनु
26. अवतार	भगवान विष्णु के 10वें और अन्तिम तथा भगवान शंकर के 22वें और अन्तिम संयुक्तावतार (निष्कलंक कल्कि एवं भोगेश्वर)
27. निराकार ब्रह्म	सार्वभौम सत्य–सिद्धान्त (UNIVERSAL TRUTH-THEORY) : विश्व–बन्धुत्व का सिद्धान्त
28. साकार ब्रह्म	लव कुश सिंह
29. पुनर्जन्म–सत् मार्ग से	बुड्ढा कृष्ण (कृष्ण भाग – 2 और अन्तिम) – कृष्ण की अगली और अन्तिम कड़ी
30. पुनर्जन्म–रज मार्ग से	स्वामी विवेकानन्द का पुनर्जन्म
31. पुनर्जन्म–तम मार्ग से	रावण की अगली कड़ी
32. आत्मा	दृश्य विश्वात्मा/ शिव/ ब्रह्म/ मैं
33. अभिनय	वास्तविक जीवन का अभिनेता (Real Life Actor)
34. बम	ज्ञान बम – आध्यात्मिक न्यूट्रान बम
35. अस्त्र	अनियन्त्रित पशुपास्त्र (नारायणास्त्र या सु–दर्शन चक्र व ब्रह्मास्त्र समाहित)
36. माया	योग माया समाहित भोगमाया
37. ज्ञान	एकात्म कर्मज्ञान (शास्वत) : व्यष्टि एवं समष्टि
38. बुद्धि	विश्व बुद्धि व चेतना या सत्य चेतना : पूर्व व्यक्त सत्य चेतना
39. ध्यान व योग	दृश्य सत्य–क्रियाकलाप–एकात्म योग व ध्यान (अन्तिम योग व अन्तिम ध्यान)
40. मिशन	प्राकृतिक सत्य मिशन (Natural Truth Mission)–सर्वोच्च और अन्तिम मिशन
41. धार्मिक नगर	एकात्म काशी– जीवनदायिनी सत्यकाशी : पंचम, अन्तिम तथा सप्तम काशी
42. शक्ति	आत्मशक्ति (SPIRIT POWER),मस्तिष्क शक्ति (BRAIN POWER), मन शक्ति (MIND POWER),सत्य शक्ति (TRUTH POWER)
43. जीवन कथा	विश्वमानव लीला/दर्पण : दो विपरीत दिशाओं के साथ प्रथम एवं अन्तिम कथा
44. प्रेम और कर्म	शास्वत प्रेम और कर्म
45. समन्वय	अन्तिम समन्वय–सिद्धान्त
46. आचार्य	अन्तिम समन्वयाचार्य
47. कला	विश्वमानव कला (कृष्ण कला समाहित)
48. परिचालन प्रणाली	अवतार का परिचालन प्रणाली : मानव–10 (Avatar's Operating System-AOS : Human-10)
49. शंकराचार्य पीठ	सत्यकाशी पीठ : पंचम और अन्तिम शंकराचार्य पीठ

भाग-8

केन्द्र या मध्य (भारत) में पांचवां और अन्तिम सत्यकाशी पीठ

सत्यकाशी पीठ: स्थान

सत्यकाशी पीठ: इतिहास और उद्देश्य

पाँचवाँ और अंतिम शंकराचार्य पीठ: इसकी विशेषता

"हिन्दू धर्म की जो पकड़ थी, वह इस समय कमजोर पड़ गयी है क्योंकि भारतीय स्वतंत्रता आन्दोलन के समय से राजनेताओं का वर्चस्व बढ़ा और उन्होंने धर्म रक्षकों को दबा दिया, जिसके परिणामस्वरूप 163 साल तक शंकराचार्य की पदवी खाली रही। इसलिए आवश्यक है कि शिक्षा के क्षेत्र में धर्म की स्थापना हो। स्वस्थ एवं श्रेष्ठ साहित्य का सृजन हो। महापुरूषों को घूम-घूम कर सनातन धर्म का प्रचार-प्रसार करना चाहिए जिससे लोगों के हृदय में भारतीय धर्म-शास्त्र के प्रति आस्था-विश्वास बढ़े।"

- स्वामी स्वरूपानन्द (द्वारिका पीठाधीश्वर जगद्गुरू शंकराचार्य)
साभार - दैनिक आज, समाचार पत्र, वाराणसी, दि0 10-5-1997

स्पष्टिकरण

सत्य से सार्वभौम सत्य-सिद्धान्त तक का मार्ग अवतारों का मार्ग है। सार्वभौम सत्य-सिद्धान्त की अनुभूति ही अवतरण है। इसके अंश अनुभूति को अंश अवतार तथा पूर्ण अनुभूति को पूर्ण अवतार कहते है। ग्रन्थों में अवतारों की कई कोटि बतायी गई है जैसे अंशाशावतार, अंशावतार, आवेशावतार, कलावतार, नित्यावतार, युगावतार इत्यादि, जो भी सार्वभौम सत्य-सिद्धान्त को व्यक्त करता है वे सभी अवतार कहलाते हैं। व्यक्ति से लेकर समाज के सर्वोच्च स्तर तक सार्वभौम सत्य-सिद्धान्त को व्यक्त करने के क्रम में ही विभिन्न कोटि के अवतार स्तरबद्ध होते हैं। अवतार मानव मात्र के लिए ही कर्म करते हैं न कि किसी विशेष मानव समूह या सम्प्रदाय के लिए। अवतार, धर्म, धर्मनिरपेक्ष व सर्वधर्मसमभाव से युक्त अर्थात एकात्म से युक्त होते है। इस प्रकार अवतार से उत्पन्न शास्त्र मानव के लिए होते हैं, न कि किसी विशेष मानव समूह के लिए। उत्प्रेरक, शासक और मार्गदर्शक आत्मा सर्वव्यापी है। इसलिए एकात्म का अर्थ संयुक्त आत्मा या सार्वजनिक आत्मा है। अवतारों के प्रत्यक्ष और प्रेरक दो कार्य विधि हैं। प्रत्यक्ष अवतार वे होते हैं जो स्वयं अपनी शक्ति का प्रत्यक्ष प्रयोग कर समाज का सत्यीकरण करते हैं। यह कार्य विधि समाज में उस समय प्रयोग होता है जब अधर्म का नेतृत्व एक या कुछ मानवों पर केन्द्रित होता है। प्रेरक अवतार वे होते हैं जो स्वयं अपनी शक्ति का अप्रत्यक्ष प्रयोग कर समाज का सत्यीकरण जनता एवं नेतृत्वकर्ता के माध्यम से करते हैं। यह कार्य विधि समाज में उस समय प्रयोग होता है जब समाज में अधर्म का नेतृत्व अनेक मानवों और नेतृत्वकर्ताओं पर केन्द्रित होता है।

इन विधियों में से कुल दस अवतारों में से प्रथम सात (मत्स्य, कूर्म, वाराह, नृसिंह, वामन, परशुराम, राम) अवतारों ने समाज का सत्यीकरण प्रत्यक्ष विधि के प्रयोग द्वारा किया था। आठवें अवतार (श्रीकृष्ण) ने दोनों विधियों प्रत्यक्ष ओर प्रेरक का प्रयोग किया था। नवें (भगवान बुद्ध) और अन्तिम दसवें अवतार की कार्य विधि प्रेरक ही है।

सनातन अद्वैत दर्शन के अनुसार यह जगत ही ईश्वर का दृश्य रूप है। ऐसे में सभी ईश्वर हैं। सभी ईश्वर के बहुरूप हैं और सभी में प्रकाशित वही ईश्वरीय सत्ता है। सार्वभौम एकात्म की ओर ले जाने वाले सभी प्रक्षेपित

मानक चरित्र सनातन हैं जैसे ब्रह्मा परिवार, विष्णु परिवार और महेश परिवार। इस सार्वभौम एकात्म की ओर विचार व्यक्त करने वाला अर्थात उसी का प्रचार-प्रसार व स्थापना करने वाला युगावतार तो नहीं हो सकता लेकिन वह अवतार अवश्य होता है क्योंकि उसने भी उस सार्वभौम सत्य-सिद्धान्त का साक्षात्कार किया है।

ईश्वर के मानवीयकरण व मानव के ईश्वरीयकरण के लिए आपके भौतिक शरीर से व्यक्त विश्वात्मा की इच्छा को धर्म क्षेत्र से नाम कर्मवेदः प्रथम, अन्तिम तथा पंचम वेद एवं धर्मनिरपेक्ष क्षेत्र से मन का विश्वमानकः शून्य श्रृंखला समाहित "विश्वशास्त्र-द नाॅलेज आॅफ फाइनल नाॅलेज" के रूप में पूर्ण किया जा चुका है। जिसमें पुराणों का धर्मनिरपेक्ष और सर्वधर्मसमभाव रूप भी सम्पूर्ण मानव जाति को स्पष्ट दृष्टिगत होगा। परिणामस्वरूप भारतीय धर्म शास्त्रों के प्रति विश्वव्यापी आस्था बढ़ना स्वाभाविक है। साथ ही अनेक सत्य-साहित्यों की रचना के लिए भी मार्ग प्रशस्त और रचना कर दिये गये हैं।

तीनों देवताओं ब्रह्मा, विष्णु और शिव-शंकर के मूल गुणों के आधार पर उनके वास्तविक रुप अर्थात् चार वेदों को व्यक्त करने वाले चार मुखों से युक्त सृष्टिकर्ता ब्रह्मा का रुप, चार भुजाओं से युक्त पालनकर्ता विष्णु का रुप तथा ब्रह्मा और विष्णु समाहित पाँचों वेदों को व्यक्त करने वाले पाँच मुखों से युक्त कल्याणकर्ता शिव-शंकर का अन्तिम रुप, तीनों देवताओं का दिव्यरुप कहलाता है। इसी अनुसार शिव-शंकर के अवतार ही केवल पंचमुखी होते हैं। इसी क्रम में पंचमुखी हनुमान और वेद माता मां गायत्री को भी दिखाया गया है। इस अनुसार पांचवें वेद और पांचवें शंकराचार्य पीठ की स्थापना ही युग परिवर्तन की प्रक्रिया का आरम्भ और सनातन विश्व की ओर कदम है।

**व्यक्ति-समाज-राज्य-विश्व की आवश्यकता, भविष्यवक्ताओं की भविष्यवाणीयां,
ग्रहों के चालों, सूर्य व चन्द्र ग्रहण, सामाजिक-राजनीतिक विचारकों के
विचार-सपनें-उम्मीद इत्यादि युग परिवर्तन की ओर दिशा निर्देश कर रहीं हैं।
ऐसे में सृष्टि के लिए सार्वभौम सर्वोच्च अन्तिम अर्थों वाले शब्दों
पर चर्चा ही एक मात्र युग परिवर्तन का मार्ग है।**

**आविष्कार उपयोगी होता है, आविष्कारक नहीं।
रचना अधिक समय तक रहती है रचनाकार अदृश्य हो जाता है और रचना के
आधार पर अन्य रचना भी होती रहती है।**

सनातन विश्व के लिए समस्त प्रक्रिया 150 पुस्तकों के रूप में वेबसाइट

www.64inch.com

पर उपलब्ध है और कार्य समाप्त होता है। व्यक्ति और नेतृत्वकर्ता

अपने धर्म

का पालन करें, समाधान उपलब्ध हो चुका है।

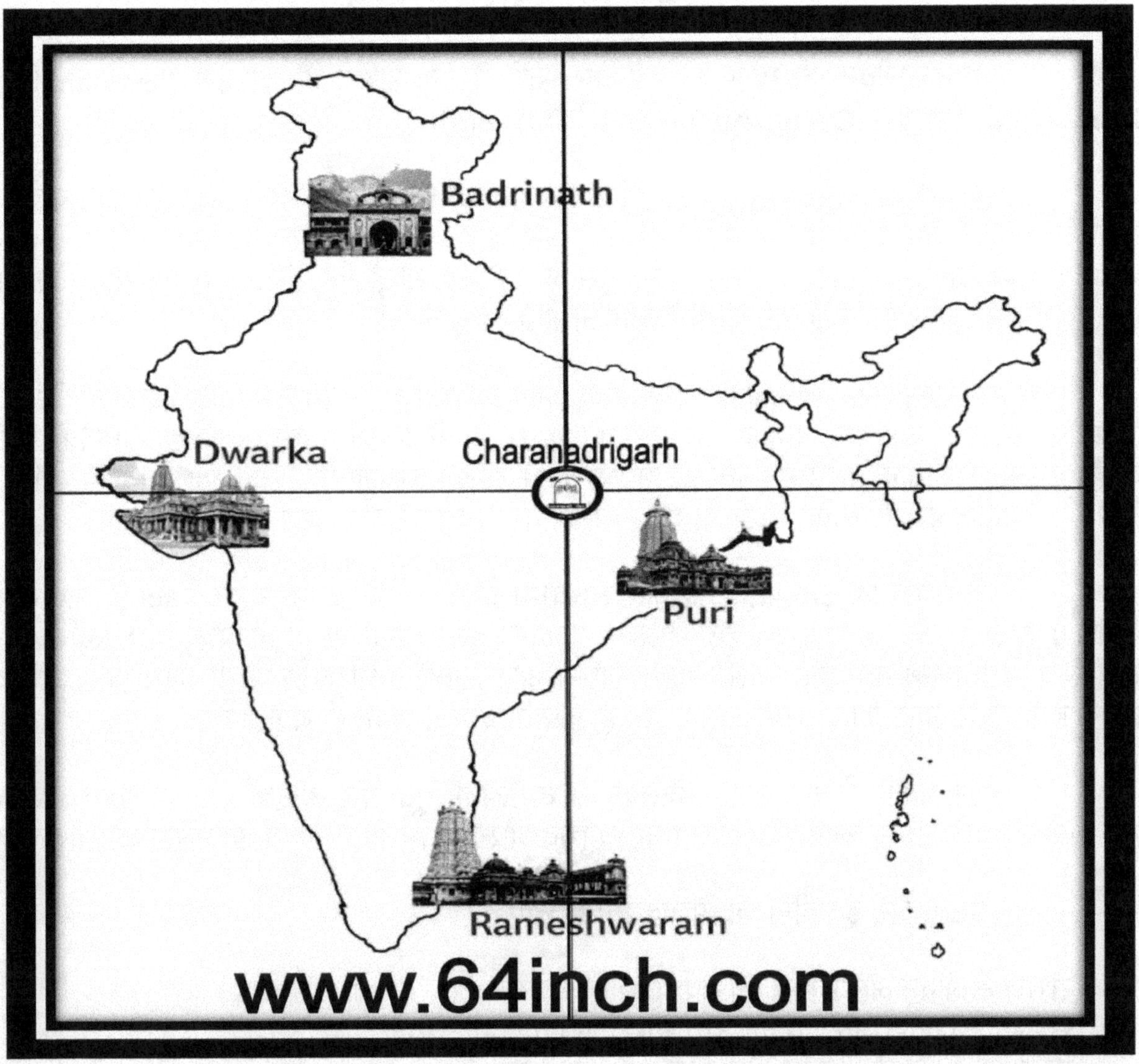

दिशा	पीठ का नाम/ स्थान	उद्देश्य	संबंधित वेद	महावाक्य	तत्व
उत्तर	बदरी ज्योतिर्मठ पीठ उत्तराखंड, जोशीमठ	ज्ञान और विवेक	अथर्ववेद	अयमात्मा ब्रह्म (यह आत्मा ब्रह्म है)	वायु
दक्षिण	श्रींगेरी शारदा पीठ कर्नाटक, श्रींगेरी	स्थिरता और परंपरा	यजुर्वेद	अहम् ब्रह्मास्मि (मैं ब्रह्म हूँ)	पृथ्वी
पूर्व	पुरी गोवर्धनमठ पीठ ओडिशा, पुरी	भक्ति और समर्पण	ऋग्वेद	प्रज्ञानं ब्रह्म (चेतना ब्रह्म है)	जल
पश्चिम	द्वारका शारदा पीठ गुजरात, द्वारका	कर्म और संकल्प	सामवेद	तत्त्वमसि (तू ब्रह्म है)	अग्नि
केन्द्र या मध्य	सत्यकाशी पीठ उत्तर प्रदेश, चरणाद्रिगढ़	चेतना और एकत्व	कर्मवेद	सर्वे ब्रह्म (सभी ब्रह्म हैं)	आकाश

क्षिति, जल, पावक, गगन, समीरा। पंच तत्व मिलि बनेहु शरीरा ।।

सत्यकाशी पीठ: स्थान

मानव जीवन की यात्रा को हम चार स्तरों में देख सकते हैं - **संभल (Shambhal), संभला (Shambhala), ज्ञानगंज (Gyanganj) और संगरीला (Sangrila)**

संभल (Shambhal) को हम भौतिक जगत का प्रतीक मान सकते हैं। यह धरती पर बसा हुआ वास्तविक नगर है, जहाँ लोग रहते हैं, संघर्ष करते हैं और जीवन की यात्रा करते हैं। धार्मिक मान्यता के अनुसार यहाँ भविष्य में कल्कि अवतार का जन्म होगा। इसका अर्थ यह भी है कि संभल हमें यह याद दिलाता है कि परिवर्तन और नवजागरण हमेशा इसी सांसारिक धरती से प्रारंभ होता है।

संभला (Shambhala) आध्यात्मिक जगत का प्रतीक है। यह उस आदर्श समाज और चेतना की ओर संकेत करता है, जहाँ धर्म, करुणा और सत्य का शासन है। बौद्ध ग्रंथों में इसे एक अदृश्य, पवित्र राज्य बताया गया है। इसका दार्शनिक अर्थ यह है कि हर मनुष्य के भीतर एक संभला है - एक ऐसा क्षेत्र जहाँ शांति, संतुलन और धर्म की शक्ति हमेशा जीवित रहती है। यह हमारे भीतर के आदर्श और परम लक्ष्य का रूप है।

ज्ञानगंज (Gyanganj) गूढ़ और रहस्यमय चेतना का प्रतीक है। यह वह क्षेत्र है, जहाँ अमर योगी और सिद्ध रहते हैं, और जो साधारण दृष्टि से छिपा हुआ है। इसका अर्थ यह है कि सत्य और सर्वोच्च ज्ञान कभी सतही रूप में उपलब्ध नहीं होते, बल्कि गहन साधना और आंतरिक परिवर्तन से ही प्राप्त किए जा सकते हैं। ज्ञानगंज हमें यह सिखाता है कि परम सत्य अदृश्य है, परंतु साधना से प्रकट हो सकता है।

इस प्रकार, ये चारों स्तर - **भौतिक, आध्यात्मिक, गूढ़ और आदर्श** - मानव जीवन और चेतना की समग्र यात्रा का प्रतिनिधित्व करते हैं, जहाँ साधना, अनुभव और ज्ञान मिलकर आत्मा को पूर्णता की ओर ले जाते हैं।

इस प्रकार, इन तीनों को मिलाकर देखा जाए तो:

- **संभल** = जीवन और समाज का यथार्थ (भौतिक जगत)
- **संभला** = आदर्श और धर्म का उच्च स्वरूप (आध्यात्मिक जगत)
- **ज्ञानगंज** = रहस्यमय सत्य और अमर ज्ञान (गूढ़ जगत)

ये तीनों मिलकर मानव जीवन की पूर्ण यात्रा का संकेत देते हैं - भौतिक से आध्यात्मिक और फिर गूढ़ एवं परम सत्य तक।

संगरीला (Sangrila/Shangri-La) एक कल्पित पर्वतीय स्थल है, जिसे आदर्श समाज और शांति का प्रतीक माना जाता है। यह जगह सामान्य दृष्टि से अदृश्य या दूरस्थ मानी जाती है, जहाँ जीवन सुखमय, स्वस्थ और सामंजस्यपूर्ण होता है। दार्शनिक रूप से इसे मानव चेतना के उच्चतम स्तर, आत्मा की शांति और आदर्श जीवन का प्रतीक माना जाता है। **संगरीला (Sangrila)** का अर्थ यह भी है कि सच्ची खुशी और संतुलन केवल भीतर की यात्रा और साधना से ही प्राप्त होते हैं, बाहरी समृद्धि से नहीं।

1. **शब्द-संदर्भ में**: "Sangrila" अक्सर "Shangri-La" का रूपांतर होता है, जो कि एक कल्पित, आदर्श, रहस्यमयी और शांति-पूर्ण स्थान है।
2. **दार्शनिक/आध्यात्मिक संदर्भ में**: इसे ज्ञानगंज या संभला जैसे गूढ़ और रहस्यमयी क्षेत्रों के समान माना जा सकता है।
3. **अन्य संदर्भ**: यदि यह किसी किताब, स्थान या परियोजना का नाम है, तो उसका अलग अर्थ हो सकता है।

पीठ (Peeth) स्थापित करने की योजना

उद्देश्य और दर्शन तय करना

- पहले यह स्पष्ट करें कि पीठ का उद्देश्य क्या होगा:
    - **अद्वैत वेदांत का प्रचार**
    - **साधकों का प्रशिक्षण और मोक्ष की ओर मार्गदर्शन**
    - **धार्मिक शिक्षा, योग और ध्यान केंद्रित करना**
- पीठ का नाम "Satyakashi" इसलिए चुना गया है क्योंकि यह **सत्य और ज्ञान के प्रकाश का प्रतीक** है।

गुरु या आध्यात्मिक मार्गदर्शक

- पीठ को वैध और आध्यात्मिक मान्यता प्राप्त करने के लिए **एक योग्य गुरु या शिष्य परंपरा वाला व्यक्ति** आवश्यक है।
- गुरु का कार्य होगा:
    - **साधकों का प्रशिक्षण**
    - **धर्म और वेदांत का प्रचार**
    - **पीठ की प्रतिष्ठा बनाना**

स्थान और इमारत का चयन

- स्थान चुनते समय ध्यान दें:
    - **शांत और आध्यात्मिक वातावरण**
    - **साधकों के लिए आवास और साधना स्थल**
    - **भक्तों और पर्यटकों के आने-जाने की सुविधा**
- इमारत में हो सकते हैं:
    - मुख्य मंदिर / पूजा स्थल
    - ध्यान और साधना कक्ष
    - वेदांत शिक्षण कक्ष
    - गुरुकुल या आश्रम

धार्मिक और आध्यात्मिक गतिविधियाँ

- नियमित क्रियाएँ:

   - **साधना, ध्यान और कीर्तन**
   - **वेदांत और शास्त्र अध्ययन**
   - **धार्मिक कार्यशालाएँ और प्रवचन**
- विशेष आयोजन:
   - **अस्थायी या वार्षिक उत्सव**
   - **अद्वैत वेदांत पर सेमिनार**
   - **साधक प्रशिक्षण शिविर**

समुदाय और साधकों का निर्माण

- पीठ केवल इमारत नहीं, **साधकों और भक्तों का केंद्र** होना चाहिए।
- इसके लिए करें:
   - सामाजिक और आध्यात्मिक गतिविधियों का आयोजन
   - साधकों के लिए निवास और शिक्षा सुविधाएँ
   - पीठ का प्रचार: पुस्तकों, वेबसाइट और सामाजिक मंचों के माध्यम से

आधिकारिक मान्यता और नेटवर्क

- भारत में शंकराचार्य परंपरा के मुख्य पीठों के साथ **संपर्क और मार्गदर्शन**।
- नए पीठ को स्थानीय प्रशासन और धार्मिक संस्थानों से **मान्यता और सहयोग** दिलाना।
- अन्य पीठों और गुरु परिषदों के साथ **संवाद और सहयोग**।

दीर्घकालीन योजना

- पीठ को स्थायी और प्रतिष्ठित बनाने के लिए:
   - नियमित साधना और शिक्षा कार्यक्रम
   - नए साधकों और भक्तों को जोड़ना
   - पीठ के **अध्यात्मिक, सामाजिक और शैक्षिक प्रभाव** को बढ़ाना

निष्कर्ष:

नया **Satyakashi Peeth** बनाया जा सकता है, लेकिन यह केवल इमारत नहीं, बल्कि **ज्ञान, साधना और आध्यात्मिक मार्गदर्शन का केंद्र** होना चाहिए। एक योग्य गुरु, साधक समुदाय और सही दृष्टिकोण इसके लिए अनिवार्य हैं।

अन्तिम अवतार कल्कि
का संभल (Shambhal), संभला (Shambhala), ज्ञानगंज (Gyanganj) और संगरीला (Sangrila) से सम्बन्ध

इसका उत्तर गहराई से समझा जाए तो यह केवल भूगोल या कथा का नहीं, बल्कि चेतना के विकास का रहस्य है।

1. संभल (Shambhal) - अवतार का धरातल

हिन्दू ग्रन्थों में कहा गया है कि **कल्कि अवतार का जन्म 'संभल' नामक स्थान पर होगा।** यह स्थान भौतिक जगत में मौजूद है - उत्तर प्रदेश का एक नगर, परंतु प्रतीक रूप से यह मानवता के भीतर जन्म लेती दिव्यता का संकेत है। जब धर्म क्षीण होता है, तब वही संभल - अर्थात् "संभलने का बिंदु" - अवतार का आधार बनता है।

संभल = पृथ्वी पर दिव्यता का उद्भव बिंदु।

2. संभला (Shambhala) - धर्मराज्य या दिव्य व्यवस्था

बौद्ध और हिन्दू दोनों परम्पराओं में **Shambhala** को धर्म का गुप्त राज्य माना गया है। बौद्ध ग्रंथ 'कालचक्र तंत्र' में कहा गया है कि जब अधर्म चरम पर होगा, तब Shambhala से एक राजा प्रकट होगा जो अधर्म का अंत करेगा - यह प्रतीक रूप से **कल्कि अवतार का ही वर्णन** है।

संभला = दिव्य शासन या धर्मराज्य, जहाँ से कल्कि की प्रेरणा उठती है।

3. ज्ञानगंज (Gyanganj) - सिद्धों का अदृश्य लोक

ज्ञानगंज को अमर योगियों का क्षेत्र कहा जाता है, जहाँ से विश्व के आध्यात्मिक प्रवाह को दिशा मिलती है। कई सिद्ध परंपराएँ मानती हैं कि कल्कि का आध्यात्मिक मार्गदर्शन इन्हीं योगियों द्वारा किया जाएगा।

ज्ञानगंज = दिव्य ऊर्जा और योगिक शक्ति का स्रोत, जहाँ से कल्कि को आत्मिक बल प्राप्त होगा।

4. संगरीला (Sangrila / Shangri-La) - आदर्श समाज या चेतना का चरम स्वरूप

संगरीला का विचार पश्चिमी और तिब्बती रहस्य परंपराओं में आता है - एक अमर, शांति-पूर्ण, आदर्श स्थान, जहाँ कोई रोग, संघर्ष या अधर्म नहीं होता। यह उस अवस्था का प्रतीक है जो **कल्कि युग के बाद की सृष्टि** होगी - अर्थात सत्ययुग का पुनर्स्थापन।

संगरीला = वह दिव्य युग या चेतना का चरम, जो कल्कि अवतार के कार्य का परिणाम है।

सारांश (संक्षेप में सम्बन्ध)

स्तर	प्रतीक	सम्बन्ध कल्कि से
संभल (Shambhal)	भौतिक जन्मभूमि	कल्कि अवतार का पृथ्वी पर अवतरण
संभला (Shambhala)	दिव्य धर्मराज्य	धर्म का पुनःस्थापन करने की शक्ति का उद्गम
ज्ञानगंज (Gyanganj)	गूढ़ योगिक लोक	कल्कि को आत्मिक दिशा और सिद्ध शक्ति का आधार
संगरीला (Sangrila)	आदर्श चेतना का युग	कल्कि कार्य का अंतिम परिणाम - पुनः सत्ययुग

अर्थात् -

संभल में कल्कि अवतरित होते हैं, संभला से उन्हें धर्म की प्रेरणा मिलती है, ज्ञानगंज से योगिक शक्ति, और संगरीला उनके कार्य का लक्ष्य है - सत्य और शांति का पुनर्स्थापन।

सत्यकाशी पीठ: योग्य स्थान

इस संसार को अन्तिम सन्देश देने से पहले आपको उस क्षेत्र से परिचय कराना चाहता हूँ जिस क्षेत्र से यह सन्देश देने का साहस किया गया है क्योंकि कोई भी क्रिया बिना कारण के नहीं होती।

समस्त मूल कार्य जिस क्षेत्र से सम्पूर्ण हुआ, उस क्षेत्र को सत्यकाशी क्षेत्र कहता हूँ और जिस ग्राम का निवासी हूँ वह काशी (वाराणसी) के चौरासी कोस यात्रा तथा सत्यकाशी क्षेत्र का उभय क्षेत्र में स्थित है। इसलिए जितना काशी (वाराणसी) का हूँ उतना ही सत्यकाशी का हूँ। इस प्रकार यह सन्देश काशी-सत्यकाशी का संयुक्त सन्देश है।

सत्यकाशी क्षेत्र जो काशी (वाराणसी), विन्ध्याचल, शिवद्वार और सोनभद्र के बीच का क्षेत्र है, एक पौराणिक-आध्यात्मिक और साधना के लिए उपयुक्त क्षेत्र के रूप में प्राचीन काल से आकर्षण में रहा है। इस क्षेत्र का हृदय क्षेत्र चुनार है। चुनार का किला राजा विक्रमादित्य ने अपने भाई भर्तहरि के तपस्या में हिंसक जानवरों द्वारा व्यवधान न उत्पन्न हो इसके लिए बनवाया था। ये राजा विक्रमादित्य वही हैं जिनके नाम से विक्रम सम्वत् कैलेण्डर स्थापित है। चुनार ईश्वर के पाँचवें अवतार-वामन अवतार का क्षेत्र है जिनसे समाज की शक्ति का प्रथम जन्म हुआ था।

सत्यकाशी क्षेत्र के चारों कोण पर स्थित

1. काशी (वाराणसी) का अपना प्राचीन और पुरातन इतिहास है जो सर्वविदित है।
2. विन्ध्याचल, जो शिव-शक्ति के उपासना का अद्भुत केन्द्र है। यशोदा से उत्पन्न पुत्री (जिनके बदले श्रीकृष्ण प्राप्त हुये थे) महासरस्वती अष्टभुजा देवी के नाम से यहीं स्थापित हैं। भारत देश का मानक समय माँ विन्ध्यवासिनी धाम से तय होता है। पुराणों के अनुसार रावण ने भी इसे मानक समय स्थल मानकर यहाँ शिवलिंग की स्थापना की थी।
3. शिवद्वार, त्रिकोणीय तान्त्रिक साधना के लिए जगत विख्यात था और साधना की राजधानी था। इसे ही मीरजापुर गजेटियर में गुप्तकाशी की संज्ञा से अभिकल्पित किया गया है।
4. सोनभद्र, सोन संस्कृति की पौराणिक पृष्ठभूमि वैदिककालीन सभ्यता की पराकाष्ठापरक ऐतिहासिकता से सम्बद्ध है। सन्त परम्पराओं का एक महत्वपूर्ण परिव्रजन इस क्षेत्र में हुआ जिसमें शैव व शाक्त प्रमुख थे। शैव सम्प्रदाय से जुड़े अघोर तन्त्र ने इसे बहुत सराहा और इसे अपनी कर्मभूमि बना लिया। सोन नद के तट पर शव छेदन क्रिया की भी प्रशिक्षा आयुर्वेद के जिज्ञासुओं को दी जाती थी। शैव तन्त्र से प्रभावित अघोर तन्त्र शव-साधना में सिद्धहस्त था और शव में इकार की प्राण प्रतिष्ठा का जीवन्त रूप शिव को दे देना इनकी अलौकिक साधना का चरमोत्कर्ष है। अघोरपन्थी नाम के पश्चात् "राम" का प्रयोग करते थे। इस क्षेत्र में सवर्ण वर्ग में प्रायः ब्राह्मण वर्ग भी राम का प्रयोग अपने नाम में करता है। इस क्षेत्र में पाशुपात तन्त्र के महान साधक लोरिक का नाम विशेष है।

उपरोक्त तो अति संक्षिप्त परिचय है विस्तार से "विश्वशास्त्र" के अध्याय-दो में प्रकाशित है, जिस क्षेत्र से ये विश्व ऐतिहासिक अन्तिम, अपरिवर्तनीय और अटलनीय सन्देश देने का साहस किया गया है।

भौतिक रूप से सत्यकाशी पीठ के लिए योग्य स्थान सत्यकाशी क्षेत्र ही है। सत्यकाशी पीठ उसी अद्वैत वेदान्त पर आधारित है। जिस के आधार पर आदि शंकाराचार्य द्वारा चार पीठों की स्थापना की थी। युग परिवर्तन के लिए आदि शंकाराचार्य द्वारा स्थापित चार पीठों के वर्तमान शंकाराचार्यों का यह दायित्व है कि वे इस श्रृंखला को आगे बढ़ाते हुये धर्म के वैश्विक स्थापना के लिए आगे आयें।

सत्यकाशी पीठ: इतिहास और उद्देश्य

भारत का इतिहास केवल राजाओं और युद्धों का इतिहास नहीं है,
बल्कि यह **चेतना के विकास का इतिहास** है।
हर युग में जब धर्म और राजनीति के बीच संतुलन बिगड़ता है,
तो कोई न कोई पीठ उस संतुलन को पुनर्स्थापित करने के लिए जन्म लेती है।

ऐसा ही एक अद्वितीय उदय है -
"सत्यकाशी पीठ" का,
जो मानवता के अगले अध्याय की भूमिका बन चुका है।

"जहाँ ज्ञान शासन को दिशा देता है,
वहीं शासन धर्म का साधन बन जाता है।"

काशी से सत्यकाशी तक: चेतना की यात्रा

प्राचीन काशी को "मोक्षभूमि" कहा गया,
क्योंकि वहाँ ज्ञान और मृत्यु - दोनों के रहस्य सिखाए जाते थे।
पर सत्यकाशी - ज्ञान का अगला आयाम है।
यह मृत्यु से मुक्ति नहीं, बल्कि **अज्ञान से मुक्ति** की भूमि है।

तीन चरणों में यह यात्रा समझी जा सकती है:

1. **काशी** - व्यक्तिगत मुक्ति का केंद्र।
2. **महाकाशी** - सार्वभौमिक चेतना का केंद्र।
3. **सत्यकाशी** - वैश्विक एकत्व और अद्वैत शासन का केंद्र।

"काशी आत्मा की दीक्षा है,
सत्यकाशी आत्मा का शासन है।"

स्थापना का उद्देश्य

सत्यकाशी पीठ का जन्म केवल धार्मिक नहीं,
बल्कि आध्यात्मिक-राजनीतिक समन्वय की आवश्यकता से हुआ।
विश्व में बढ़ती भौतिकता, असमानता, और नैतिक संकट के बीच
इस पीठ का उद्देश्य है -

1. **धर्म और शासन के बीच अद्वैत संबंध पुनः स्थापित करना।**
2. **राजनीति को आत्मा से जोड़ना।**
3. **विज्ञान, धर्म, और समाज - तीनों का एक समग्र मॉडल प्रस्तुत करना।**

इसके चार प्रमुख सूत्र:

- **धर्म = चेतना की नीति**
- **राजनीति = सेवा की क्रिया**
- **अर्थनीति = संतुलन की व्यवस्था**
- **विज्ञान = सत्य की खोज**

सत्यकाशी की परंपरा और वंश

सत्यकाशी पीठ किसी व्यक्ति द्वारा स्थापित संस्था नहीं है -
यह **ब्रह्म परंपरा का विस्तार** है।
आदि शंकराचार्य ने चार दिशाओं में चार पीठें स्थापित कीं -
पूर्व, पश्चिम, उत्तर, दक्षिण -
जो वेद, धर्म और आत्मज्ञान के केंद्र बने।

परंतु कालान्तर में जब राजनीति धर्म से अलग और धर्म समाज से अलग हुआ,
तो **पाँचवीं पीठ** की आवश्यकता पड़ी -
जो अद्वैत दर्शन को शासन की नीतियों में उतार सके।

"चार पीठों ने धर्म को जीवित रखा,
पाँचवीं पीठ उसे जीवन में उतारेगी।"

सत्यकाशी का उद्देश्य – धर्म का पुनर्निर्माण, शासन का पुनर्जागरण

आज की मानवता धर्म को या तो संप्रदाय मानती है या अनुष्ठान।
पर सत्यकाशी कहता है -

"धर्म = जीवन की वैज्ञानिक व्यवस्था।"

इस पीठ का उद्देश्य है -
धर्म को **व्यवहार में**, राजनीति को **सेवा में**,
और विज्ञान को **चेतना में** बदलना।

इसके तीन प्रमुख लक्ष्य:

1. **आध्यात्मिक शासन (Spiritual Governance):**
   जहाँ नीतियाँ करुणा और सत्य पर आधारित हों।
2. **चेतना आधारित शिक्षा (Conscious Education):**
   जहाँ बच्चों को ज्ञान नहीं, आत्मा से जोड़ने की विधि सिखाई जाए।
3. **वैश्विक समरसता (Global Oneness):**
   जहाँ राष्ट्रवाद का स्थान "मानववाद" ले ले।

सत्यकाशी और मानवता का भविष्य

सत्यकाशी केवल एक धार्मिक केंद्र नहीं,
बल्कि मानवता का भविष्य मॉडल है।

यह वह स्थान है जहाँ -

- विज्ञान और वेदांत मिलते हैं,
- राजनीति और करुणा जुड़ते हैं,
- और व्यक्ति स्वयं में "राजऋषि" बनता है।

"जब शासक साधक बन जाएगा,
तब ही पृथ्वी पर धर्मराज्य स्थापित होगा।"

निष्कर्ष

सत्यकाशी पीठ का इतिहास कोई कालखंड नहीं,
बल्कि एक **युग की उद्घोषणा** है।
यह उस समय का प्रतीक है
जब ब्रह्मज्ञान शासन का केंद्र बनेगा,
और शासन ब्रह्म की सेवा बन जाएगा।

"सत्यकाशी केवल एक स्थान नहीं -
वह चेतना की वह ज्योति है
जो युगों से अंधकार में जलती रही है।"

पाँचवाँ और अंतिम शंकराचार्य पीठ: इसकी विशेषता

आदि शंकराचार्य ने चार दिशाओं में चार पीठों की स्थापना की -
उत्तर में **ज्योतिर्मठ (बद्रीनाथ)**,
दक्षिण में **श्रृंगेरी पीठ**,
पूर्व में **गौड़पीठ (पुरी)**,
और पश्चिम में **द्वारका शारदापीठ**।

इन चारों पीठों ने धर्म की लौ को जलाए रखा -
ज्ञान, भक्ति, कर्म और योग - चारों मार्गों के संतुलन से।
परंतु जैसे-जैसे युग आगे बढ़ा,
मानवता की चुनौती केवल धर्म रक्षा नहीं रही,
बल्कि **धर्म को शासन, विज्ञान और समाज में जीवित रखना** बन गई।

इसी आवश्यकता से जन्म लेता है -
पाँचवाँ और अंतिम शंकराचार्य पीठ - "सत्यकाशी पीठ।"

"चार पीठों ने धर्म को सुरक्षित रखा,
पाँचवाँ पीठ धर्म को सार्वभौमिक बना देगा।"

पाँचवाँ पीठ क्यों आवश्यक हुआ

शंकराचार्य का कार्य केवल धार्मिक पुनर्जागरण नहीं था;
वह चेतना की क्रांति थी।
उनकी परंपरा ने अद्वैत का सिद्धांत दिया -
कि **सभी भिन्नताएँ एक ही परमसत्य की लहरें हैं।**

परंतु आधुनिक युग में -

- धर्म राजनीति से अलग हुआ,
- ज्ञान आस्था से अलग हुआ,

- और मनुष्य स्वयं अपने अस्तित्व से अलग हो गया।

ऐसे समय में आवश्यक था
कि अद्वैत केवल दर्शनशास्त्र न रह जाए,
बल्कि राजनीति और जीवन का सिद्धांत बन जाए।
इसी हेतु स्थापित हुआ -
सत्यकाशी पीठ - पाँचवाँ और अंतिम शंकराचार्य पीठ।

इसकी स्थापना का प्रतीकात्मक अर्थ

चार पीठें **चार तत्वों (पृथ्वी, जल, अग्नि, वायु)** से संबंधित हैं,
जबकि पाँचवाँ पीठ **आकाश तत्व** का प्रतीक है -
अर्थात् सर्वव्यापक चेतना।

दिशा	पीठ	तत्व	उद्देश्य
पूर्व	पुरी (गौड़)	जल	भक्ति और समर्पण
पश्चिम	द्वारका	अग्नि	कर्म और संकल्प
उत्तर	ज्योतिर्मठ	वायु	ज्ञान और विवेक
दक्षिण	श्रृंगेरी	पृथ्वी	स्थिरता और परंपरा
केंद्र	**सत्यकाशी**	**आकाश**	**चेतना और एकत्व**

"आकाश सबको जोड़ता है -
उसी तरह सत्यकाशी सभी परंपराओं को एक चेतना में जोड़ता है।"

पाँचवाँ पीठ - अद्वैत का आधुनिक रूप

सत्यकाशी पीठ का लक्ष्य अद्वैत को केवल ध्यान या उपनिषद तक सीमित नहीं रखना,
बल्कि उसे शासन और समाज की नीतियों में उतारना है।

इसका सार है -
"अद्वैत शासन" = ऐसा तंत्र जहाँ आत्मा और राज्य में कोई विभाजन न हो।
यह पीठ आत्मा-केन्द्रित राजनीति का सिद्धांत प्रस्तुत करती है -
जहाँ सत्ता साधना है,
शासन सेवा है,
और नेतृत्व तप है।

सत्यकाशी पीठ की पाँच विशेषताएँ

1. अद्वैत का संस्थागत रूप

यह पीठ अद्वैत को केवल तत्वज्ञान नहीं,
बल्कि संस्थागत चेतना बनाती है।
धर्म, शिक्षा, राजनीति, अर्थ और विज्ञान -
सभी को एकसूत्र में बाँधती है।

2. राजऋषि परंपरा का पुनर्जागरण

आदर्श शासक वही है जो साधक भी हो।
सत्यकाशी इस परंपरा को पुनर्जीवित करता है -
जहाँ राज्य का मार्गदर्शन ऋषियों द्वारा होता है।

3. विज्ञान और अध्यात्म का संगम

यह पीठ "Consciousness Studies" और "Spiritual Technology"
को एक साथ लाकर मानव चेतना के विकास को वैज्ञानिक दृष्टि देती है।

4. वैश्विक धर्म - Beyond Religion

सत्यकाशी का धर्म किसी संप्रदाय का नहीं,
बल्कि "मानवता की आत्मा" का है।
यह कहता है -

"जो सत्य को खोजता है, वही सनातन है।"

5. राज्य और आत्मा का समन्वय

यह पीठ बताती है कि शासन तंत्र तभी स्थायी है
जब वह आत्मिक अनुशासन पर आधारित हो।
यह "राजनीति का आध्यात्मिकीकरण" है,
जिसे भविष्य की सभ्यता का आधार माना गया है।

"अंतिम शंकराचार्य पीठ" क्यों कहा गया

चार पीठें धर्म की दिशा का प्रतीक थीं,
पाँचवाँ पीठ **धर्म की दिशा से परे उसकी पूर्णता** का प्रतीक है।
यह अब किसी भौगोलिक क्षेत्र के लिए नहीं,
बल्कि पूरे विश्व की चेतना के लिए है।

"जब मनुष्य का धर्म मानवता होगा,
तब सत्यकाशी पाँचवाँ ही नहीं, अंतिम पीठ सिद्ध होगा।"

सत्यकाशी पीठ का दार्शनिक आधार

इस पीठ की जड़ें तीन सूत्रों पर टिकी हैं -

1. **ब्रह्म सत्यम्** - सत्य सर्वत्र है।
2. **जगत् मिथ्या** - भेद, संप्रदाय और हिंसा केवल अज्ञान की छाया हैं।
3. **जीवो ब्रह्मैव नापरः** - प्रत्येक व्यक्ति ब्रह्म का ही अंश है।

यही दर्शन राजनीति में यह रूप लेता है -

दर्शन	राजनीतिक रूप
ब्रह्म सत्यम्	राज्य का आधार सत्य और नीति
जगत मिथ्या	जाति, रंग, धर्म से ऊपर समानता
जीवो ब्रह्मैव	प्रत्येक नागरिक में दिव्यता का सम्मान

निष्कर्ष

**सत्यकाशी पीठ शंकराचार्य की परंपरा का समापन नहीं,
बल्कि उसका परिपूर्ण रूप है।
यह धर्म, राजनीति, और चेतना -
तीनों के संगम से एक** नया युग **आरंभ करता है।**

**"पहले चार पीठों ने दिशा दी,
पाँचवें ने दिशा को प्रकाश बना दिया।"**

**सत्यकाशी पीठ इसलिए अंतिम है -
क्योंकि यह अद्वैत को सिद्धांत नहीं,
बल्कि जीवित अनुभव बना देता है।**

भाग-9

सत्यकाशी पीठ के कार्य

धारा-उद्धार: धर्म की पुनर्स्थापना

मनुष्य चेतना का रूपांतरण

साधना, दीक्षा और आध्यात्मिक अनुष्ठान

वैश्विक कार्य: मानवता के लिए संदेश

शिव-तत्व और कल्कि-तत्व का मिलन

"सार्वभौम सत्य-सिद्धान्त" पर आधारित "युग परिवर्तन श्रृंखला" के नवयुग के शास्त्र-साहित्य

धारा-उद्धार: धर्म की पुनर्स्थापना

सत्यकाशी पीठ का प्रथम और सर्वोपरि कार्य है-**धारा-उद्धार**, अर्थात वह दिव्य धारा जो युगों से मलीन, विभ्रांत या विकृत हो चुकी है, उसे पुनः शुद्ध स्वरूप में प्रवाहित करना। "धर्म" शब्द यहाँ किसी संप्रदाय, पद्धति या विचारधारा का नाम नहीं; धर्म का अर्थ है-**जगत की अंतर्निहित समरसता, सत्य और सृष्टि-नियम**।

जब युग बदलता है, धर्म की धारा अवरुद्ध हो जाती है।
सत्य केवल ग्रंथों में रह जाता है, इसके प्रयोग का बल खो जाता है।
लोग अनुष्ठान तो करते हैं, पररस के बिना;
मंत्र तो बोलते हैं, पर अर्थ के बिना;
धर्म का नाम तो लेते हैं, पर धर्म का जीवन नहीं जीते।

सत्यकाशी पीठ इस जड़ता को तोड़ता है।

यह धारा-उद्धार तीन प्रकार से होता है:

1. सत्य-दृष्टि का पुनर्जागरण

लोगों में सत्य को पहचानने और जीने की क्षमता पुनः सक्रिय होती है।
यह क्षमता बिना किसी प्रवचन-केवल चेतना-संक्रमण से जगती है।

2. धर्म का प्रयोगशाला-रूप

सत्यकाशी पीठ धर्म को जीवन के केंद्र में स्थापित करता है।
धर्म यहाँ सिद्धांत नहीं-व्यवहार और चरित्र का प्रवाह है।

3. युग-धर्म की घोषणा

हर युग का धर्म अलग होता है।
कलियुग से सतयुग में प्रवेश के लिए जो धर्म आवश्यक है-योग, करुणा, सत्य, उच्च चेतना, मानव-एकत्व-उसका पुनःस्थापन पीठ के मुख्य कार्यों में है।

इस प्रकार, धारा-उद्धार वह बीज है जिससे नए युग की पूरी फसल अंकुरित होती है।

मनुष्य चेतना का रूपांतरण

युग परिवर्तन का मूल आधार मनुष्य की बाहरी परिस्थितियाँ नहीं-उसकी **भीतर की चेतना** है। सत्यकाशी पीठ का दूसरा मुख्य कार्य इसी रूपांतरण से जुड़ा है।

मनुष्य आज बुद्धि में प्रबल है, पर चेतना में सुप्त।
ज्ञान बहुत है, पर विवेक कम।
सूचना बहुत है, पर अनुभूति नहीं।
असंतोष बहुत है, पर दिशा नहीं।

पीठ का उद्देश्य मनुष्य को बाहरी उपलब्धियों से हटाकर भीतर की यात्रा में प्रवेश कराना है।

रूपांतरण के चार चरण

1. जागरण (Awakening)

मनुष्य स्वयं से पहला प्रश्न पूछता है-"मैं कौन हूँ?"
यह प्रश्न जन्म देता है।

2. शुद्धि (Purification)

पुराने संस्कार, भय, भ्रम और अहंकार टूटने लगते हैं।

3. विस्तार (Expansion)

चेतना शरीर-मन से आगे बढ़कर सूक्ष्म और कारण-स्तरों को अनुभव करने लगती है।

4. परिणति (Realization)

मनुष्य अपने भीतर स्थित दिव्य-सत्ता को पहचान लेता है।
यही "नया मनुष्य" है-युग परिवर्तन का वाहक।

पीठ का कार्य प्रत्येक साधक को इन चार चरणों के मार्ग से गुज़ारना है-धीरे, सहज, और सामूहिक ऊर्जा के साथ।

साधना, दीक्षा और आध्यात्मिक अनुष्ठान

हर परिवर्तन की जड़ अनुशासन और साधना है।
सत्यकाशी पीठ में साधना केवल ध्यान या मंत्र नहीं-यह एक पूर्ण जीवन-शास्त्र है।

1. साधना (Spiritual Practice)

- आंतरिक शांति
- चेतना का विस्तार
- ऊर्जा का स्थिरीकरण
- स्मृति-शोधन
- आत्म-प्रकाश

पीठ की साधना आधुनिक मन के अनुसार सरल, गहरी और प्रभावकारी है।
यह शरीर, मन, प्राण और चेतना-सभी स्तरों पर काम करती है।

2. दीक्षा (Initiation)

दीक्षा बाहरी कर्म नहीं-ऊर्जा का आंतरिक स्थानांतरण है।
यह वह क्षण है जब साधक की चेतना में युग-ऊर्जा का बीज रोपा जाता है।
यह बीज धीरे-धीरे जागता है और साधक स्वयं एक "चेतना-केंद्र" बन जाता है।

3. अनुष्ठान (Rituals)

अनुष्ठान ब्रह्मांडीय ऊर्जा को पृथ्वी पर स्थिर करने के उपकरण हैं।
सत्यकाशी पीठ में अनुष्ठान प्राचीन और आधुनिक दोनों हैं-
वे बाहरी प्रतीकों से अधिक आंतरिक परिवर्तन पर आधारित हैं।

अनुष्ठान केवल पूजा नहीं-वे प्रकाश का आह्वान हैं।

वैश्विक कार्य - मानवता के लिए संदेश

सत्यकाशी पीठ का कार्य किसी एक देश, संस्कृति या समुदाय तक सीमित नहीं।
युग परिवर्तन हमेशा वैश्विक होता है-इसलिए उसका संदेश भी वैश्विक होता है।

आज मानवता कई स्तरों पर विभाजित है-
भाषा, धर्म, राजनीति, अर्थव्यवस्था, जाति, विचार।
पर चेतना का सत्य इन सभी से ऊपर है।

सत्यकाशी पीठ का वैश्विक संदेश यही है:

1. मानव एक है

भिन्नता केवल बाहरी है; भीतर सबमें एक ही प्रकाश विद्यमान है।

2. पृथ्वी हमारा साझा आश्रम है

मानवता को पृथ्वी-चेतना के साथ सुसंगत होना होगा।

3. धर्म संघर्ष नहीं-एकता का मार्ग है

सभी पवित्र परंपराएँ एक ही सत्य के भिन्न द्वार हैं।

4. विज्ञान और अध्यात्म एक-दूसरे के पूरक हैं

दुनिया का नया युग तभी जन्म लेगा जब विज्ञान चेतना को समझेगा, और अध्यात्म विज्ञान को अपनाएगा।

5. कल्कि-ऊर्जा सार्वभौमिक है

यह ऊर्जा किसी राष्ट्र का, पंथ का, या समूह का स्वामित्व नहीं;
यह सम्पूर्ण मानवता का जन्मसिद्ध अधिकार है।

सत्यकाशी पीठ का उद्देश्य इसी संदेश को विश्व तक पहुँचाना है-शब्द, कला, ध्यान, साधना, विज्ञान और ऊर्जा के माध्यम से।

शिव-तत्व और कल्कि-तत्व का मिलन

युग परिवर्तन का अंतिम रहस्य दो महाशक्तियों के मिलन में निहित है-
शिव-तत्व और **कल्कि-तत्व**।

शिव-तत्व

संहार, मौन, तत्त्व-ज्ञान, समाधि और शून्य का प्रतिनिधि।
यह सभी रूपों का विसर्जन है-स्रोत में लौटना।

कल्कि-तत्व

नव-सृष्टि, धर्मस्थापन, ऊर्जा का उत्थान और युग-चक्र का पुनर्मूल्यांकन।
यह समय को पुनः संतुलित करने वाली शक्ति है।

दोनों का मिलन तब होता है जब:

- पुराना युग समाप्त हो रहा हो
- नया युग जन्म ले रहा हो
- पृथ्वी अपनी चेतना बदल रही हो
- मानवता परिवर्तन की पुकार कर रही हो

शिव-तत्व पुरातन को शून्य करता है,
और उसी शून्य में कल्कि-तत्व नया ब्रह्मांडीय क्रम स्थापित करता है।

सत्यकाशी पीठ इसी मिलन का केंद्र है-
जहाँ **शिव का मौन** और **कल्कि का उदय**
एक साथ कार्य करते हैं।

यही मिलन युग के नये चक्र की शुरुआत है-
यहीं से सतयुग का नया सूर्योदय होता है।

"सार्वभौम सत्य-सिद्धान्त" पर आधारित "युग परिवर्तन श्रृंखला" के नवयुग के शास्त्र-साहित्य

विभिन्न सम्प्रदाय (धर्म), जाति, मत, दर्शन इत्यादि में विभाजित इस मानव समाज में वर्तमान तथा आने वाले भविष्य के समय की मूल आवश्यकता है- मानव के मनो का एकीकरण अर्थात मानव मन का भूमण्डलीकरण एवं ब्रह्माण्डीयकरण। इसकी आवश्यकता इसलिए भी है क्योंकि मानव अपने विज्ञान व तकनीकी ज्ञान से प्राप्त संसाधनो का प्रयोग करते हुये, एक तरफ तो ब्रह्माण्ड की ओर चल पड़ा है तो दुसरी तरफ विध्वंस के लिए अनेक हथियारों का भी निर्माण कर चुका है। ऐसी स्थिति में हमें निश्चित रूप से ऐसे एकीकरण की आवश्यकता है जिससे हम इस पृथ्वी से मानसिक स्तर के विवादों को समाप्त कर सकें।

माया सभ्यता के अनुसार विश्व के मानव समाज यह भी मान रहें हैं कि 21 दिसम्बर, 2012 को दुनिया का अन्त हो जायेगा। जबकि हिन्दू धर्म शास्त्र विष्णु पुराण, भागवत पुराण, अग्नि पुराण, गरूड़ पुराण, पद्म पुराण इत्यादि में भगवान के दसवें और महाअवतार "कल्कि" का होना अभी शेष है। जिनसे कलियुग के अंधकार व विनाश को समाप्त करने का कार्य सम्पन्न होगा, साथ ही सत्ययुग का आरम्भ होगा। सिक्ख धर्म के पवित्र ग्रन्थ "दशम् ग्रन्थ" में भी "कल्कि अवतार" का वर्णन मिलता है।

सृजन और विनाश, का स्तर शारीरिक, आर्थिक व मानसिक होता है। जो एक व्यक्ति, समाज, देश और विश्व राष्ट्र के लिए होता है। व्यक्ति पर हुये शारीरिक, आर्थिक व मानसिक सृजन और विनाश को व्यक्ति ही अनुभव करता है परन्तु समाज, देश और विश्व राष्ट्र पर हुये शारीरिक, आर्थिक व मानसिक सृजन व विनाश को सार्वजनिक रूप से सभी देखते है। समाज, देश और विश्व राष्ट्र पर शारीरिक व आर्थिक सृजन और विनाश वर्तमान में तो चल ही रहा है जिसे सार्वजनिक रूप से मानव समाज देख रहा है।

भौतिकवादी पश्चिमी संस्कृति किसी भी सृजन व विनाश को मानसिक स्तर पर सोच ही नहीं सकता क्योंकि वह समस्त क्रियाकलाप को बाह्य जगत में ही घटित होता समझाता है जबकि वर्तमान समय मानसिक स्तर पर विनाश व सृजन का है। इस आधार पर यह कहा जा सकता है कि माया सभ्यता के अनुसार 21 दिसम्बर, 2012 को जो विनाश व सृजन होगा, वह मानसिक स्तर का ही होगा। जिसके परिणामस्वरूप सभी सम्प्रदाय, मत, दर्शन एक उच्च स्तर के विचार या सत्य में विलीन अर्थात विनाश को प्राप्त करेगा। फलस्वरूप उच्च स्तर के विचार या सत्य में स्थापित होने से सृजन होगा। कुल मिलाकर माया सभ्यता के कैलेण्डर का अन्त तिथि 21 दिसम्बर, 2012, दुनिया के अन्त की तिथि नहीं बल्कि वह वर्तमान युग के अन्त की अन्तिम तिथि का अनुमान है जिसके बाद नये युग का आरम्भ होगा।

ईश्वर भी इतना मूर्ख व अज्ञानी नहीं है कि वह स्वयं को इस मानव षरीर में पूर्ण व्यक्त किये बिना ही दुनिया को नष्ट कर दे। इसके सम्बन्ध में हिन्दू धर्म शास्त्रों में सृष्टि के प्रारम्भ के सम्बन्ध में कहा गया है कि- "ईश्वर ने इच्छा व्यक्त की कि मैं एक हूँ, अनेक हो जाऊँ"। इस प्रकार जब वही ईश्वर सभी में है तब निश्चित रूप से जब तक सभी मानव ईश्वर नहीं हो जाते तब तक दुनिया के अन्त होने का कोई प्रश्न ही नहीं उठता। और विकास क्रम चलता रहेगा।

21 दिसम्बर, 2012 के बाद का समय नये युग के प्रारम्भ का समय है जिसमें ज्ञान, ध्यान, चेतना, भाव, जन, देश, विश्व राष्ट्र, आध्यात्मिक जागरण, मानवता इत्यादि का विश्वव्यापी विकास होगा। परिणामस्वरूप सभी मानव को ईश्वर रूप में स्थापित होने का अवसर प्राप्त होगा। और यही विश्व मानव समाज की मूल आवश्यकता है। प्राचीन वैदिक काल में समाज को नियंत्रित करने के लिए ज्ञानार्जन सबके लिए खुला नहीं था परन्तु वर्तमान और भविष्य की आवश्यकता यह है कि समाज को नियंत्रित करने के लिए सभी को पूर्ण ज्ञान से युक्त कर सभी के लिए ज्ञान को खोल दिया जाय। यही कारण था कि वेद को प्रतीकात्मक रूप में लिख कर गुरू-शिष्य परम्परा द्वारा उसकी व्याख्या की जाती रही थी जिससे राजा और समाज को नियंत्रण में रखा जा सके।

सभी मानव को ईश्वर रूप में स्थापित होने के लिए जो माध्यम चाहिए वह है-"एकात्म विज्ञान" व "ईश्वर शास्त्र" विषय से मानव को शिक्षित करना और शिक्षा पाठ्यक्रम में अनिवार्य रूप से अध्ययन के लिए शामिल कराया जा सके।

"सार्वभौम सत्य-सिद्धांत"पर आधारित "युग परिवर्तन श्रृंखला" मानवता के अगली पीढ़ी के उदय के लिए

"नये युग" में "नये भारत" के लिए "नवीन मान-राग-प्राण" पर आधारित क्रियान्वयन प्रणाली (Operation System)-मानव-10 (MANAV-10) की पुस्तकें

यह नई पीढ़ी (Gen-Z) के लिए "विकसित भारत" और "मानव-10 प्रणाली" (MANAV-10 System) को प्रोत्साहित करने वाली श्रृंखला का हिस्सा है। अर्थात् यह पुस्तक किसी धर्म, जाति या मत से ऊपर उठकर "Universal Truth Principles" की ओर संकेत करती है।

मुद्रित (Printed Hard Copy) पुस्तक के लिए लिंक(Link)

https://notionpress.com/author/lava_kush

E_Book के लिए

www.64inch.com

द्वापर युग में आठवें अवतार श्रीकृष्ण द्वारा प्रारम्भ किया गया कार्य नवसृजन के प्रथम भाग सार्वभौम ज्ञान के शास्त्र "गीता" के बाद कलियुग में द्वितीय और अन्तिम भाग "सार्वभौम कर्मज्ञान" और "पूर्णज्ञान का पूरक शास्त्र"

विश्व युद्ध के पहले
दिव्य दृष्टि
सत्यकाशी पीठ
पांचवां और अन्तिम शंकराचार्य पीठ

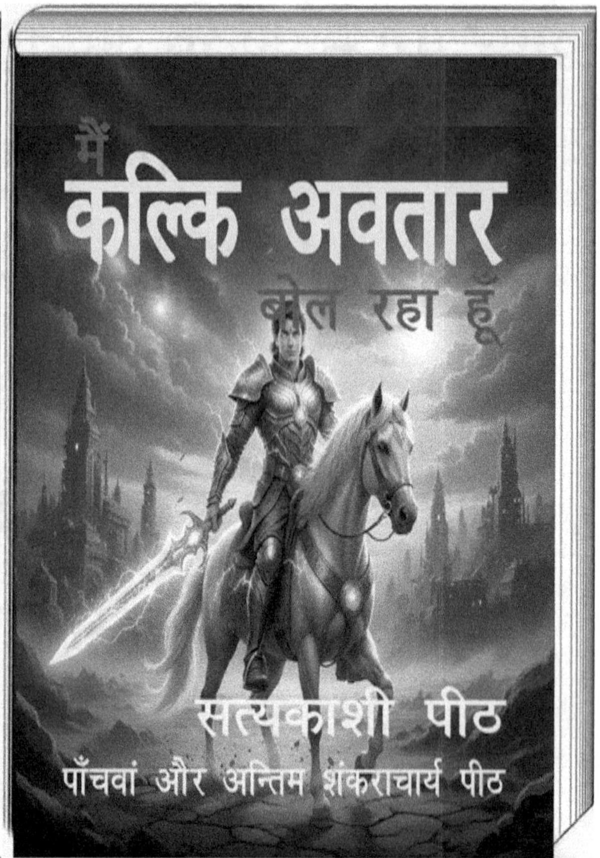
मैं
कल्कि अवतार
बोल रहा हूँ
सत्यकाशी पीठ
पाँचवां और अन्तिम शंकराचार्य पीठ

समष्टि गीता
सत्यकाशी पीठ
पाँचवां और अन्तिम शंकराचार्य पीठ

फिल्म स्क्रीप्ट राइटिंग
IDEAS
You are the writer of your life
FRESH Ideas
Writing is designing with words
Creative THINKING
LIGHTS CAMERA ACTION
Short Films.
लव कुश सिंह "विश्वमानव"

प्रारम्भिक सत्य
अन्तिम
दृष्टि
सत्यकाशी पीठ
पाँचवां और अन्तिम शंकराचार्य पीठ

सत्य धर्म
युग परिवर्तक
दृष्टि
सत्यकाशी पीठ
पाँचवां और अन्तिम शंकराचार्य पीठ

सत्य दार्शनिक-दर्शन
और
कर्म वेदान्त-विकास
दर्शन
सत्यकाशी पीठ
पाँचवां और अन्तिम शंकराचार्य पीठ

सत्य शास्त्र
एवं
पुराण रहस्य
महर्षि व्यास
कला
सत्यकाशी पीठ
पाँचवां और अन्तिम शंकराचार्य पीठ

संत एवं गुरु
और
विश्व संत एवं गुरु
सत्यकाशी पीठ
पाँचवां और अन्तिम शंकराचार्य पीठ

समाज और
ईश्वरीय समाज
सत्यकाशी पीठ
पाँचवां और अन्तिम शंकराचार्य पीठ

सत्य शास्त्र और
विश्वशास्त्र
सत्यकाशी पीठ
पाँचवां और अन्तिम शंकराचार्य पीठ

कृति
और
विश्व
कृति
सत्यकाशी पीठ
पाँचवां और अन्तिम शंकराचार्य पीठ

भारत माता मन्दिर
और
विश्वधर्म मन्दिर
सत्यकाशी पीठ
पाँचवां और अन्तिम शंकराचार्य पीठ

महाभारत
और
विश्वभारत
सत्यकाशी पीठ
पाँचवां और अन्तिम शंकराचार्य पीठ

संविधान और
विश्व संविधान
सत्यकाशी पीठ
पांचवां और अन्तिम शंकराचार्य पीठ

शिक्षा और
पूर्ण शिक्षा
सत्यकाशी पीठ
पांचवां और अन्तिम शंकराचार्य पीठ

देवता और सार्वभौम देवता
कल्कि
सत्यकाशी पीठ

माँ कल्कि

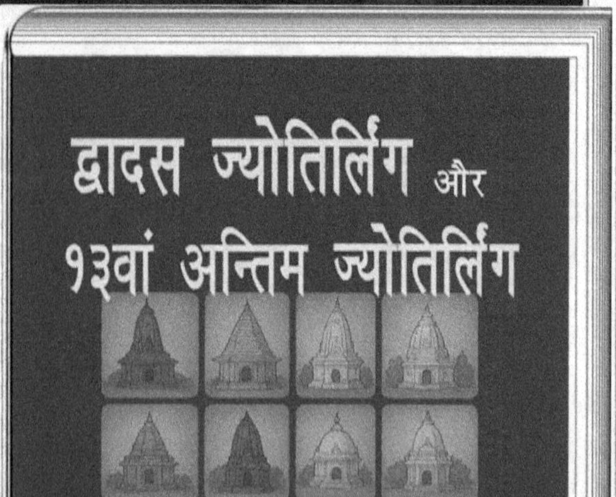
द्वादस ज्योतिर्लिंग और
१३वां अन्तिम ज्योतिर्लिंग
सत्यकाशी पीठ
पाँचवां और अन्तिम शंकराचार्य पीठ

काशी
मोक्षदायिनी
और
जीवनदायिनी

सत्यकाशी
स्वर्णयुग
का
तीर्थ

काशी
रहस्योद्घाटन
सत्यकाशी पीठ
पांचवां और अन्तिम शंकराचार्य पीठ

2020
सत्यकाशी पीठ
पाँचवां और अन्तिम शंकराचार्य पीठ

ईश्वर
का
संक्षिप्त इतिहास
सत्यकाशी पीठ
पाँचवां और अन्तिम शंकराचार्य पीठ

अवतार
अन्तिम सत्य दृष्टि
सत्यकाशी पीठ
पाँचवां और अन्तिम शंकराचार्य पीठ

भविष्यवाणियाँ
और
कल्कि अवतार
सत्यकाशी पीठ
पाँचवां और अन्तिम शंकराचार्य पीठ

स्वामी विवेकानन्द
और
कल्कि अवतार
सत्यकाशी पीठ
पाँचवां और अन्तिम शंकराचार्य पीठ

मनु, मनवन्तर
और
कल्कि अवतार
सत्यकाशी पीठ
पाँचवां और अन्तिम शंकराचार्य पीठ

व्यास, शास्त्र
और
कल्कि अवतार
सत्यकाशी पीठ
पाँचवां और अन्तिम शंकराचार्य पीठ

ऋषि, ऋषि परम्परा
और
कल्कि अवतार
सत्यकाशी पीठ
पाँचवां और अन्तिम शंकराचार्य पीठ

दूसरा आगमन
या
अन्तिम आगमन
सत्यकाशी पीठ
पाँचवां और अन्तिम शंकराचार्य पीठ

परिवर्तन
काल, मनु, युग,
व्यास और शास्त्र
सत्यकाशी पीठ
पाँचवां और अन्तिम शंकराचार्य पीठ

राम, रावण
और
सार्वभौम एकात्म
सत्यकाशी पीठ
पाँचवां और अन्तिम शंकराचार्य पीठ

मैं
व्यक्तिगत या सार्वभौम
सत्यकाशी पीठ
पाँचवां और अन्तिम शंकराचार्य पीठ

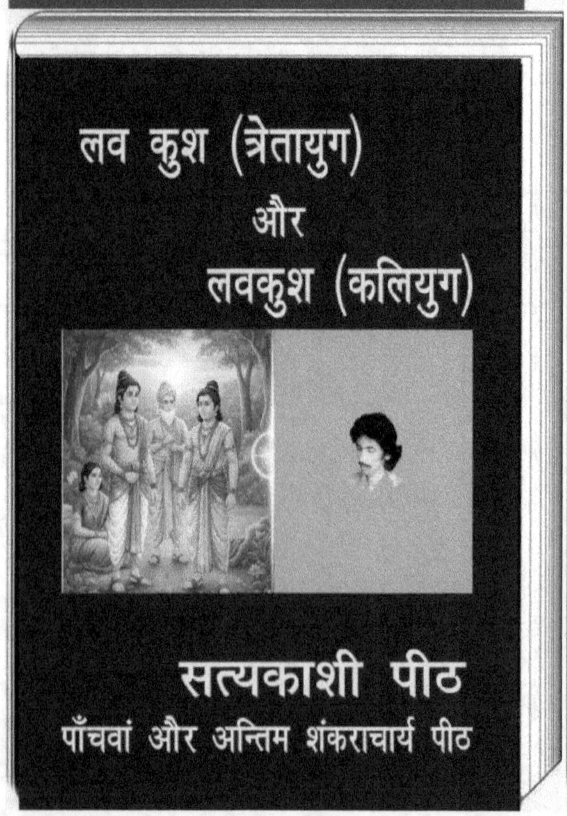
लव कुश (त्रेतायुग)
और
लवकुश (कलियुग)
सत्यकाशी पीठ
पाँचवां और अन्तिम शंकराचार्य पीठ

कल्कि महावतार
आ चुके हैं
(ACTION PLAN)
सत्यकाशी पीठ
पाँचवां और अन्तिम शंकराचार्य पीठ

लव कुश सिंह
(कल्कि महावतार)
जीवन, ज्ञान, कर्म और विश्वरूप
सत्यकाशी पीठ
पाँचवां और अन्तिम शंकराचार्य पीठ

वैश्विक बुद्ध
बुद्ध का
भाग-दो
और अन्तिम
सत्यकाशी पीठ
पाँचवां और अन्तिम शंकराचार्य पीठ

बुड्ढ़ा कृष्ण
कृष्ण का
भाग-दो
और अन्तिम
सत्यकाशी पीठ
पाँचवां और अन्तिम शंकराचार्य पीठ

सम्पूर्ण क्रान्ति
अन्तिम कार्य योजना
64
सत्यकाशी पीठ
पांचवां और अन्तिम शंकराचार्य पीठ

सम्पूर्ण क्रान्ति
वेबसाइट मार्गदर्शन
विवरणिका
सत्यकाशी पीठ
पाँचवां और अन्तिम शंकराचार्य पीठ

पुनर्निर्माण
(RENEW)
समस्या, समाधान
और
राष्ट्र निर्माण की योजना
सत्यकाशी पीठ
पाँचवां और अन्तिम शंकराचार्य पीठ

पुनर्निर्माण
(RENEW)
ग्राम एवं नगर वार्ड
प्रेरक
सत्यकाशी पीठ
पाँचवां और अन्तिम शंकराचार्य पीठ

द्वापर युग में आठवें अवतार श्रीकृष्ण द्वारा प्रारम्भ किया गया कार्य "नवसृजन" के
प्रथम भाग "सार्वभौम ज्ञान" के शास्त्र "गीता" के बाद कलियुग में
द्वितीय और अन्तिम भाग "सार्वभौम कर्मज्ञान" और "पूर्णज्ञान का पूरक शास्त्र"
।। विश्वशास्त्र ।।
द नॉलेज ऑफ फाइनल नॉलेज
परिचय
- लव कुश सिंह "विश्वमानव"

एन्टायर पालिटिक्स
पूर्ण पाठ्यक्रम
सत्यकाशी पीठ
पाँचवां और अन्तिम शंकराचार्य पीठ

वसुधैव
कुटुम्बकम्
सत्यकाशी पीठ
पाँचवां और अन्तिम शंकराचार्य पीठ

॥कर्मवेद॥
प्रथम, अन्तिम तथा पंचम
सत्यकाशी पीठ
पांचवां और अन्तिम शंकराचार्य पीठ

आठवें अवतार
श्रीकृष्ण
सत्यकाशी पीठ
पांचवां और अन्तिम शंकराचार्य पीठ

अयोध्या नहीं,
मुंगेर है
राम जन्मभूमि
सत्यकाशी पीठ
पाँचवां और अन्तिम शंकराचार्य पीठ

विश्वमानव
भूतपूर्व नेतृत्वकर्ताओं
का
स्पष्टिकरण
सत्यकाशी पीठ
पाँचवां और अन्तिम शंकराचार्य पीठ

विश्वमानव
वर्तमान नेतृत्वकर्ताओं
का
स्पष्टिकरण
सत्यकाशी पीठ
पाँचवां और अन्तिम शंकराचार्य पीठ

विश्वमानव
वार्ता, वक्तव्य
एवं
वाणीयाँ
सत्यकाशी पीठ
पाँचवां और अन्तिम शंकराचार्य पीठ

विश्वमानव
पत्रावली, प्रसारण
और
अन्तिम पत्र
सत्यकाशी पीठ
पाँचवां और अन्तिम शंकराचार्य पीठ

सत्य जनहित
आह्वान
सत्यकाशी पीठ
पाँचवां और अन्तिम शंकराचार्य पीठ

विश्व शान्ति
अन्तिम सत्य दृष्टि
सत्यकाशी पीठ
पाँचवां और अन्तिम शंकराचार्य पीठ

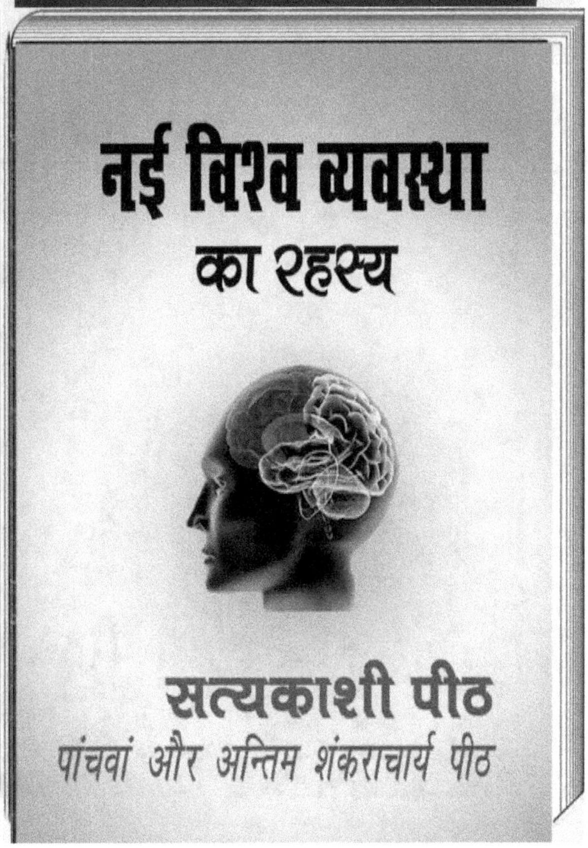
नई विश्व व्यवस्था
का रहस्य
सत्यकाशी पीठ
पांचवां और अन्तिम शंकराचार्य पीठ

समाजवाद
ब्रह्माण्डीय विकास का अवतारी मार्ग
सत्यकाशी पीठ
पांचवां और अन्तिम शंकराचार्य पीठ

भारतवाद
राष्ट्रवाद की मुख्यधारा
सत्यकाशी पीठ
पांचवां और अन्तिम शंकराचार्य पीठ

100 वर्षीय संयुक्त राष्ट्र
को अग्रिम सन्देश
सत्यकाशी पीठ
पांचवां और अन्तिम शंकराचार्य पीठ
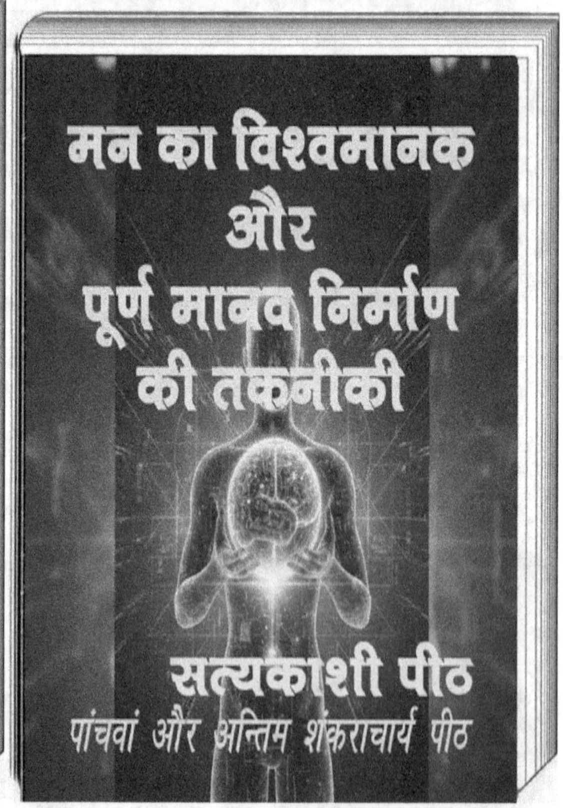
मन का विश्वमानक
और
पूर्ण मानव निर्माण
की तकनीकी
सत्यकाशी पीठ
पांचवां और अन्तिम शंकराचार्य पीठ

गणराज्य, संघ,
मानकीकरण संगठन
और
सम्पूर्ण मानक
सत्यकाशी पीठ
पाँचवां और अन्तिम शंकराचार्य पीठ

व्यापार केन्द्र
दृश्य सत्य
सत्यकाशी पीठ
पाँचवां और अन्तिम शंकराचार्य पीठ

सार्वभौम एकात्म
नव विश्व निर्माण
सत्यकाशी पीठ
पांचवां और अन्तिम शंकराचार्य पीठ

मानक विपणन
प्रणाली
सत्यकाशी पीठ
पाँचवां और अन्तिम शंकराचार्य पीठ

स्वर्णयुग का मानक
आदर्श नागरिक
दिशा निर्देश
सत्यकाशी पीठ
पांचवां और अन्तिम शंकराचार्य पीठ

स्वर्णयुग का
विश्वधर्म
परिचय
सत्यकाशी पीठ
पांचवां और अन्तिम शंकराचार्य पीठ

मैत्रेय बुद्ध
की ओर
सत्यकाशी पीठ
पांचवां और अन्तिम शंकराचार्य पीठ

विशाल ज्ञान विज्ञान
सबका समाधान
सूर्योदय
जय जनता जय कानून
हम सब एक दूसरे से हैं और एक दूसरे के लिए हैं
सौजन्य से : सारे गैर सरकारी प्राणी : सरकारी प्राणी : इज्जतदार नेता और
सबका भविष्य विद्यार्थीगण........के लिए।

सार्वभौम सत्य-सिद्धान्त आधारित "युग परिवर्तक" श्रृंखला
कल्कि धाम
और
कल्कि परिचय
- लव कुश सिंह "विश्वमानव"

सार्वभौम सत्य-सिद्धान्त आधारित "युग परिवर्तक" श्रृंखला
चार शंकराचार्य पीठ
और
पांचवां-अन्तिम पीठ
सत्यकाशी पीठ
सत्यकाशी पीठ
सत्यकाशी पीठ
पांचवां और अन्तिम शंकराचार्य पीठ

कल्कि अमृत
महाकुम्भ
2025
FINAL KNOWLEDGE BOMB BLAST
सत्यकाशी पीठ
पांचवां और अन्तिम शंकराचार्य पीठ

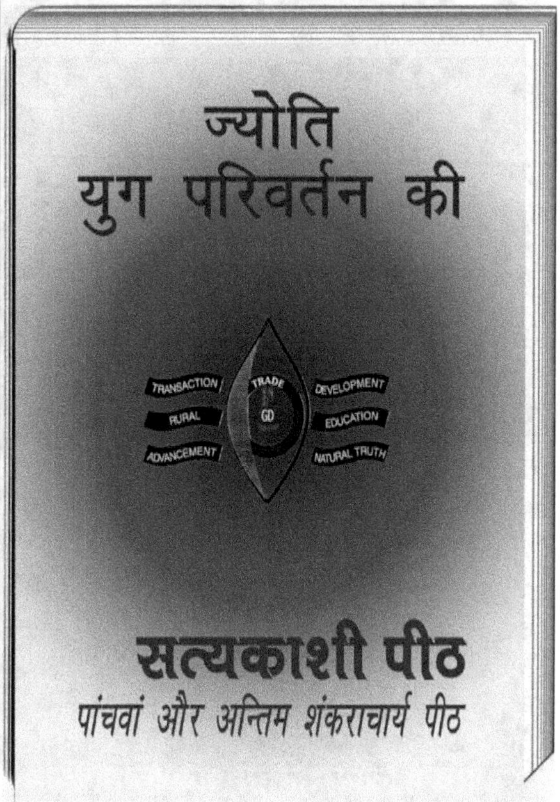
ज्योति
युग परिवर्तन की
TRANSACTION
TRADE
DEVELOPMENT
RURAL
GD
EDUCATION
ADVANCEMENT
NATURAL TRUTH
सत्यकाशी पीठ
पांचवां और अन्तिम शंकराचार्य पीठ

युग परिवर्तन
के
शब्द
सत्यकाशी पीठ
पांचवां और अन्तिम शंकराचार्य पीठ

विचारों का अंत
2025
सत्यकाशी पीठ
पांचवां और अन्तिम शंकराचार्य पीठ

विश्व सत्य घोषणा-पत्र
2025–मानव जाति तक
RSS
Rational Service
Society
सत्यकाशी पीठ
पांचवां और अन्तिम शंकराचार्यपीठ

वैश्विक युग परिवर्तन के लिए
विश्व राजनीतिक पार्टी
संघ
RSS
Rational Service
Society
सत्यकाशी पीठ
पांचवां और अन्तिम शंकराचार्यपीठ

क्रिप्टो करेंसी
और मोबाइल माइनिंग
–लव कुश सिंह "विश्वमानव"

पीढ़ी
मानवीय और ईश्वरीय
2 3 4 5 6 7 8 9 10
वात्सल्य त्रिपाठी

बुढ़ा कृष्ण
अन्तिम मिलन
वात्सल्य त्रिपाठी

अन्तिम लक्ष्य
वात्सल्य त्रिपाठी

पाँचवां-अन्तिम पीठ
सत्यकाशी पीठ
परिचय
वात्सल्य त्रिपाठी
पाँचवां और आंतिम शंकराचार्य पीठ

कबीर और
जेन-जी
नई चेतना, नया मानव
चेतना और नवयुग की संवाद यात्रा
वात्सल्य त्रिपाठी

कल्कि की
ज्योति
बिहार से
ज्योति राठौड़

एक बिहारी
धरती पर भारी
ज्योति राठौड़

कबीरा चला आकाश में दियो
ज्ञान-कर्मज्ञान फैलाय
जिसको जितना चाहिए
छांट-छांट ले जाये
KASHI AREA BRAIN INTEGRATION & RESEARCH CHARITABLE TRUST
KABIR
काशी-सत्यकाशी
मोक्षदायिनी-जीवनदायिनी

कुर्म वंश
और
चरणाद्रिगढ़
स्वामी रमेशानन्द

आर.एस.एस
नवयुग के लिए
वैश्विक व्यक्तिगत पुस्तकालय
RATIONAL SERVICE SOCIETY (RSS)
WORLD PERSONAL LIBRARY FOR NEW AGE
A GUIDE TO GLOBAL WISDOM & FUTURE THOUGHT
स्वामी रमेशानन्द

झोला उठने के बाद
सोशल मीडिया
के लिए
कन्टेन्ट बैंक
विस्तृत गाइड: विचार, रणनीतियाँ, और संसाधन
www.64inch.com
सत्यकाशी पीठ
पाँचवां और अन्तिम शंकराचार्य पीठ

झोला उठने के बाद
कल्कि
के तीन चरण
सत्यकाशी पीठ
पांचवां और अन्तिम शंकराचार्य पीठ

युग परिवर्तन के लिए:
विश्व पुस्तकालय बनाम कल्कि पुस्तकालय
www.64inch.com
बनाम
कल्कि पुस्तकालय
ज्ञान का महासंग्राम - भविष्य का निर्माण
सत्यकाशी पीठ
पांचवां और अन्तिम शंकराचार्य पीठ

व्हाट्सएप्प यूनिवर्सिटी
और
सु-इसु यूनिवर्सिटी
सत्यकाशी पीठ
पांचवां और अन्तिम शंकराचार्य पीठ

इंडिया
भारत का विश्वरूप
सत्यकाशी पीठ
पांचवां और अन्तिम शंकराचार्य पीठ

अधूरे सपनों का अन्तिम मार्ग
सत्यकाशी पीठ
पांचवां और अन्तिम शंकराचार्य पीठ

मानक संविधान
और
बहुजन
सत्यकाशी पीठ
पांचवां और अन्तिम शंकराचार्य पीठ

विकसित भारत
अन्तिम मुद्दे
-ईश्वरीय/मानवीय पीढ़ी-10 (GEN-10)
-व्यक्तिगत
-पारिवारीक
-सामाजिक
-धार्मिक
-राष्ट्रीय
-वैश्विक
सत्यकाशी पीठ
पांचवां और अन्तिम शंकराचार्य पीठ

एक नया
विकल्प
THREADS
सत्यकाशी पीठ
पांचवां और अन्तिम शंकराचार्य पीठ

विकसित भारत
शिक्षितों का अन्तिम ईश्वरीय मॉडल
सत्यकाशी पीठ
पांचवां और अन्तिम शंकराचार्य पीठ

विकास मॉडल
आसुरी
और
ईश्वरीय
सत्यकाशी पीठ
पांचवां और अन्तिम शंकराचार्य पीठ

युग परिवर्तन और 1000 वर्षों के लिए
सत्यकाशी पीठ
का सम्पूर्ण कार्य
कौन,
क्यों,
कैसे
कल्कि?
सत्यकाशी पीठ
पांचवां और अन्तिम शंकराचार्य पीठ

बैल बुद्धि
और
विकसित
भारत
सत्यकाशी पीठ
पांचवां और अन्तिम शंकराचार्य पीठ

सत्यकाशी पीठ
पांचवां और अन्तिम शंकराचार्य पीठ

एक्सट्रा
टु ए बी
समान नागरिक व्यापार ज्ञान संहिता (CCTKC)
सत्यकाशी पीठ
पांचवां और अन्तिम शंकराचार्य पीठ

एक्सट्रा
टु ए बी
समान नागरिक आर्थिक संहिता (UCEC)
सत्यकाशी पीठ
पांचवां और अन्तिम शंकराचार्य पीठ

अंध भक्ति
से मुक्ति की ओर
मुक्ति मंत्र
"जिसने अंधभक्ति दिया
वही मुक्ति देगा"
सत्यकाशी पीठ
पांचवां और अन्तिम शंकराचार्य पीठ

VISHVABHARAT
न मो
नारायण
सत्यकाशी पीठ
पांचवां और अन्तिम शंकराचार्य पीठ

अगला स्तर
फिल्म और राजनीति पर
विचारों का संगह
सत्यकाशी पीठ
पांचवां और अन्तिम शंकराचार्य पीठ

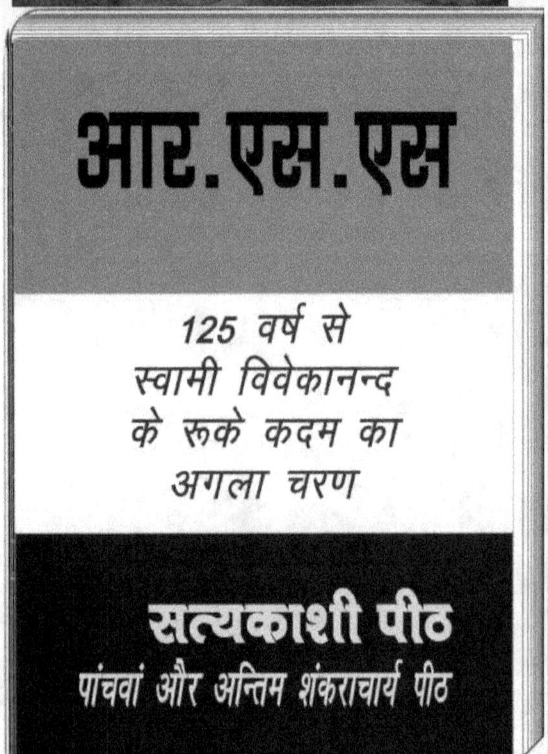
आर.एस.एस
125 वर्ष से
स्वामी विवेकानन्द
के रूके कदम का
अगला चरण
सत्यकाशी पीठ
पांचवां और अन्तिम शंकराचार्य पीठ

आर.एस.एस
रहस्योद्घाटन
सत्यकाशी पीठ
पांचवां और अन्तिम शंकराचार्य पीठ

125 वर्ष बाद
स्वामी विवेकानन्द
का अगला चरण

सत्यकाशी पीठ

आत्मकथा
लेखन कला
का विश्वमानक
सत्यकाशी पीठ
पांचवां और अन्तिम शंकराचार्य पीठ

लुच्चा
पुराण
पौराणिक कथाओं
और पात्रों के
सत्य समझ की व्यास दृष्टि
सत्यकाशी पीठ
पांचवां और अन्तिम शंकराचार्य पीठ

आठवां
सावर्णि मनु स्मृति
सत्यकाशी पीठ
पांचवां और अन्तिम शंकराचार्य पीठ

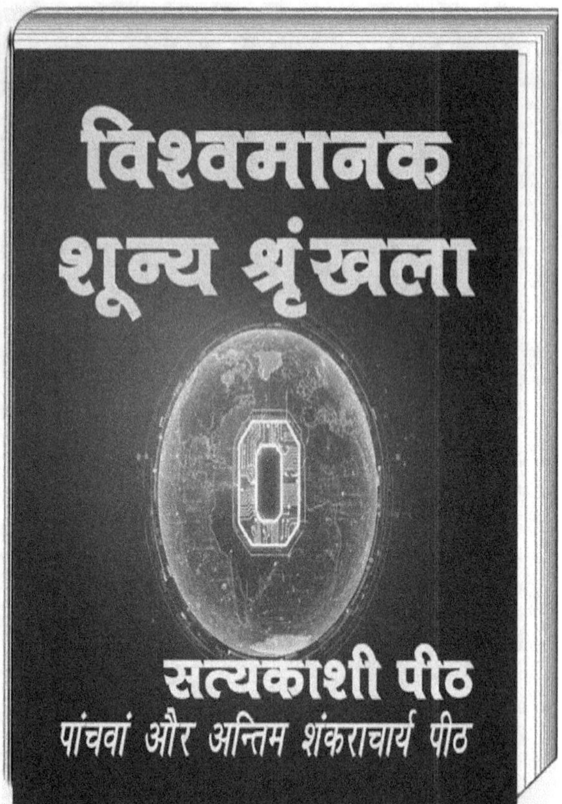
विश्वमानक
शून्य श्रृंखला
सत्यकाशी पीठ
पांचवां और अन्तिम शंकराचार्य पीठ

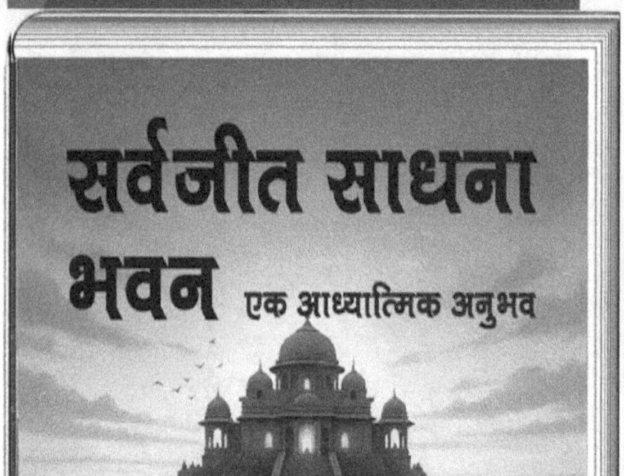
सर्वजीत साधना
भवन
एक आध्यात्मिक अनुभव
सत्यकाशी पीठ
पांचवां और अन्तिम शंकराचार्य पीठ

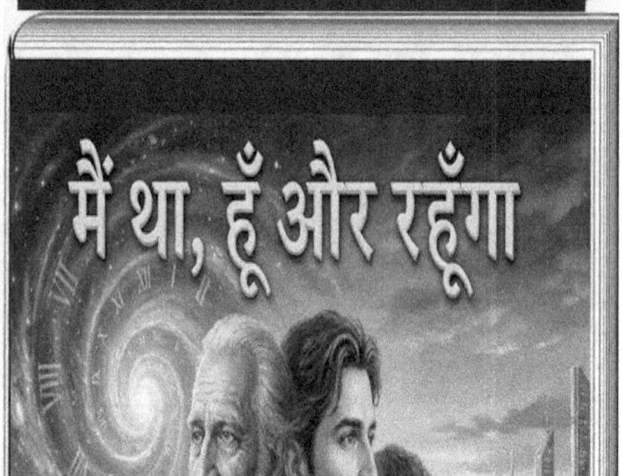
मैं था, हूँ और रहूँगा
सत्यकाशी पीठ
पांचवां और अन्तिम शंकराचार्य पीठ

लव
सत्यकाशी पीठ
पांचवां और अन्तिम शंकराचार्य पीठ

परब्रह्म,
प्रकृति,
अवतार
और वानर
सत्यकाशी पीठ
पांचवां और अन्तिम शंकराचार्य पीठ

संसार
दृश्य
और
अदृश्य
सत्यकाशी पीठ
पांचवां और अन्तिम शंकराचार्य पीठ

कर्मोपनिषद्
सत्यकाशी पीठ
पांचवां और अन्तिम शंकराचार्य पीठ

विश्वभारत
पुराण
सत्यकाशी पीठ
पांचवां और अन्तिम शंकराचार्य पीठ

एकात्म विज्ञान
सत्यकाशी पीठ
पांचवां और अन्तिम शंकराचार्य पीठ

मानक विज्ञान
सत्यकाशी पीठ
पांचवां और अन्तिम शंकराचार्य पीठ

ईश्वर शास्त्र
सत्यकाशी पीठ
पांचवां और अन्तिम शंकराचार्य पीठ

युगावतारों के प्रकटीकरण की कार्यविधि:
राम-कृष्ण-लवकुश
सत्यकाशी पीठ
पांचवां और अन्तिम शंकराचार्य पीठ

पुस्तक को देखो, लेखक को नहीं
आविष्कार को देखो, आविष्कारक को नहीं
शास्त्र को देखो, शास्त्राकार को नहीं
सत्यकाशी पीठ
पांचवां और अन्तिम शंकराचार्य पीठ

56 से 64
की ओर
सत्यकाशी पीठ
पांचवां और अन्तिम शंकराचार्य पीठ

मैं सत्यकाशी हूँ
कविता
सत्यकाशी पीठ
पांचवां और अन्तिम शंकराचार्य पीठ

पटेल
भारत के शारीरिक एकीकरण के बाद
मन का एकीकरण लक्ष्य
सत्यकाशी पीठ
पांचवां और अन्तिम शंकराचार्य पीठ

मन से
आत्मा तक
3 6 9 और 7
6
3
9
7
सत्यकाशी पीठ
पांचवां और अन्तिम शंकराचार्य पीठ

भारत
400 पार मुद्दा किसका
?
सत्यकाशी पीठ
पांचवां और अन्तिम शंकराचार्य पीठ

आर. एस. एस - पुस्तकालय
पढ़ो और कमाओ
शिक्षित समाज, समर्थ राष्ट्र
सत्यकाशी पीठ
पांचवां और अन्तिम शंकराचार्य पीठ

विश्वयुद्ध के पहले
विश्वगुरु भारत
का विश्व शान्ति और
पुनर्निर्माण का अन्तिम सन्देश
सत्यकाशी पीठ
पांचवां और अन्तिम शंकराचार्य पीठ

चुटिया पण्डित
वृन्दावन की सत्य घटना
स्वामी नन्दनानंद

कल्कि का
चुनार और वृन्दावन
से उठता प्रेम
स्वामी नन्दनानंद

कल्कि का
बेगुसराय और मीरजापुर
जन्म और कर्म क्षेत्र
स्वामी नन्दनानंद

सत्येश्वरोपनिषद्
सत्येश्वर
और
झूठेश्वर
वात्सल्य त्रिपाठी

अन्तिम अवतार
कल्कि
के लिए शेष कर्म
वात्सल्य त्रिपाठी

कल्कि अवतार
का मानव-10
विकसित भारत का प्रवेश द्वार
वात्सल्य त्रिपाठी

पप्पू-गप्पू
और
नागरिक झुलेलाल
वात्सल्य त्रिपाठी

ओपेन गेम
कभी-कभी नहीं,
अब कन्फर्म है
अपुन ही
भगवान है
(वेब सीरीज)
वात्सल्य त्रिपाठी

SATYAKASHI
THE END OF MIRZAPUR
सत्यकाशी पीठ
पांचवां और अन्तिम शंकराचार्य पीठ

अण्डरवर्ल्ड
सनातन से पुरूषों से छुपी महिलाओं की कहानी
(फिल्म स्क्रीनप्ले-रेडी टू शूट)
वात्सल्य त्रिपाठी

सोना और सोना
एवं
नारी सशक्तिकरण
वैदिक काल से वर्तमान तक
सत्यकाशी पीठ
पांचवां और अन्तिम शंकराचार्य पीठ

स्लम डॉग
गॉड
फिल्म स्क्रीनप्ले-रेडी टू शूट

उत्तर प्रदेश
का
उत्तर
वात्सल्य त्रिपाठी

अन्तिम समन्वयाचार्य
कल्कि
वात्सल्य त्रिपाठी

2026
2+0+2+6=10
पांचवां और अन्तिम शंकराचार्य पीठ

राम न आयेंगे
लवकुश आ रहें हैं
www.64inch.com
पांचवां और अन्तिम शंकराचार्य पीठ

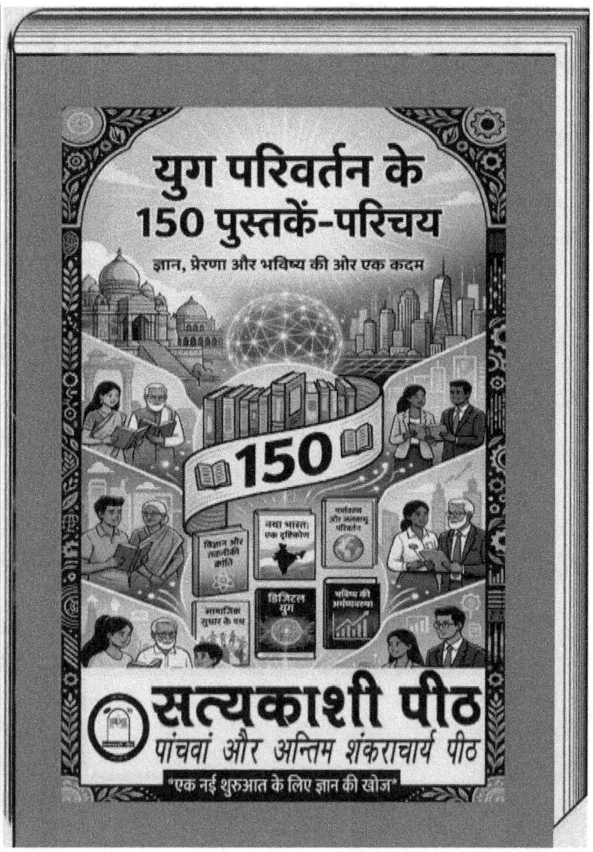
युग परिवर्तन के
150 पुस्तकें-परिचय
ज्ञान, प्रेरणा और भविष्य की ओर एक कदम
150
सत्यकाशी पीठ
पांचवां और अन्तिम शंकराचार्य पीठ
"एक नई शुरुआत के लिए ज्ञान की खोज"

जैसी तुम्हारी इच्छा वैसा करो

डॉ0 सर्वपल्ली राधाकृष्णन का जन्म 5 सितम्बर, 1888 को दक्षिण भारत के तिरूतनि स्थान पर हुआ था जो चेन्नई से 64 किमी उत्तर–पूर्व में है। डॉ0 सर्वपल्ली राधाकृष्णन भारत के उपराष्ट्रपति और दूसरे राष्ट्रपति सन् 1952 से 1962 तक में रहे। डॉ0 सर्वपल्ली राधाकृष्णन भारतीय समाजिक संस्कृति से ओत–प्रोत एक महान शिक्षाविद् महान दार्शनिक, महान वक्ता और आस्थावान हिन्दू विचारक थे। डॉ0 सर्वपल्ली राधाकृष्णन ने अपने जीवन के महत्वपूर्ण 40 वर्ष शिक्षक के रूप में व्यतीत किये। उनमें एक आदर्श शिक्षक के सारे गुण मौजूद थे। डॉ0 सर्वपल्ली राधाकृष्णन समस्त विश्व को एक शिक्षालय मानते थे। उनकी मान्यता थी कि शिक्षा के द्वारा ही मानव दिमाग का सद्उपयोग किया जाना सम्भव है इसलिए समस्त विश्व को एक इकाई समझकर ही शिक्षा का प्रबन्धन किया जाना चाहिए। उनके जन्मदिन को "शिक्षक दिवस" के रूप में मनाया जाता है।

इति ते ज्ञानमाख्यातं गुह्याद्गुह्यतरं मया।
विमृश्यैतदशेषेण यथेच्छसि तथा कुरू।।

(श्रीमद्भगवद्गीता, अध्याय–18, श्लोक–63)

अर्थात् – मैंने तुम्हें जो बताया, वह सब से बड़ा रहस्य है। इस पर भलीभाँति विचार कर तुम्हारी जैसी इच्छा वैसा करो।

"परमात्मा देखने में तटस्थ या निरपेक्ष दिखाई देता है, क्योंकि उसने चुनने का निर्णय अर्जुन के हाथ में छोड़ दिया है। उसकी यह निरपेक्षता ही अर्जुन के चिन्ता का कारण है। वह किसी पर भी दबाव नहीं डालता क्योंकि स्वतःस्फूर्त स्वतन्त्रता बहुत मूल्यवान होती है। भगवान अपना आदेश ऊपर से नहीं थोपता। वह स्वतन्त्र छोड़ देता है। परमात्मा की पुकार को स्वीकार करने या अस्वीकार कर देने के लिए हम हर समय स्वतन्त्र हैं। हम लड़खड़ाने लगें तो वह सहायता देने के लिए तैयार रहता है और प्रतीक्षा करने को तैयार है जब तक हम उसकी ओर उन्मुख न हों।

सब कुछ पहले से निर्धारित मानने वाले सिद्धान्त में टकराव के कारण यूरोप और भारत में काफी वाद–विवाद हुआ है। यूरोप का प्रमुख सिद्धान्त है कि संकल्प शक्ति और मानवीय प्रयत्न की स्वतन्त्रता का मनुष्य के उद्धार में बहुत बड़ा हाथ होता है। यद्यपि स्वयं संकल्प शक्ति को भी परमात्मा की कृपा के समर्थन की आवश्यकता पड़ सकती है। पहले से सब कुछ तय मानने वालों को अच्छे कार्यों और प्रार्थना के लिए यत्न करना होता है, क्योंकि वहाँ भी मानते हैं कि ये उपाय नियति को आगे बढ़ाने में सहायक तो हो सकते हैं लेकिन वे उसे रोक नहीं सकते। मनुष्य इस बात के लिए स्वतन्त्र है कि परमात्मा उन मनुष्यों पर कृपा करना चाहता है जो अपने आचरण से उस कृपा को ग्रहण करने के लिए तैयार करते हैं।

आध्यात्मिक नेता हम पर शारीरिक हिंसा, चमत्कार, प्रदर्शन के जरिये प्रभाव नहीं डालते। यदि सच्चा शिष्य कोई गलती कर भी बैठे, तो वह उसे केवल सलाह देगा। यदि शिष्य को चुनाव करने की स्वतन्त्रता पर आँच आती हो, तो वह उसे गलत रास्ते से भी वापस लौट आने के लिए विवश नहीं करेगा। गलती भी विकास की एक दिशा है।

कृष्ण केवल सारथी हैं। वह अर्जुन के आदेश का पालन करेगा। उसने कोई शस्त्र धारण नहीं किया हुआ है। यदि वह अर्जुन पर कोई प्रभाव डालता है तो वह उसे अपने उस सर्वजयी प्रेम के जरिए डालता है। जो कभी समाप्त नहीं होता।

अर्जुन को अपने लिए स्वयं विचार करना चाहिए और अपने लिए स्वयं ही मार्ग खोज करना चाहिए। अस्पष्ट मान्यताओं को अनिवार्य रूप से और भावुकतापूर्वक अपना लिए जाने के कारण फलस्वरूप कट्टर धर्मान्धता उत्पन्न हुई है और उनके कारण मनुष्यों को अकथनीय कष्ट उठाना पड़ा है। इसलिए यह आवश्यक है कि मन और विश्वासों के लिए कोई तर्क संगत और अनुभावात्मक औचित्य ढूंढ़े।

अर्जुन को एक वास्तविक अखण्डता की अनुभूति प्राप्त करनी होगी लेकिन उसके विचार अपने हैं। और गुरू के जरिये उस पर थोपे नहीं गये हैं। दूसरों पर अपने विचार थोपना शिक्षण नहीं हैं।"

– भगवद्गीता के आखिरी उपदेश पर भारतीय दर्शन के व्याख्याकार और दूसरे राष्ट्रपति डॉ0 राधाकृष्णनन का विवेचन

"यह विश्वशास्त्र, मनुष्यों पर थोपा नहीं जा रहा बल्कि वह मनुष्यों को, मनुष्यो के इस संसार मे जो वर्तमान है उसे और उसके आगे अनन्त मार्ग दिखा रहा है और सभी मार्गों के एकीकरण द्वारा, उस मार्ग को भी दिखा रहा है जो विश्व को सत्य–सुन्दर–शिव बना सकता है। फिर भी हे मनुष्यों जैसी तुम्हारी इच्छा वैसा करो। वर्तमान से योग कराने के लिए ही मैं व्यक्त होता हूँ।" – लव कुश सिंह "विश्वमानव"

सत्य मानक शिक्षा
(Real Standard Education)
64 Inch-BOOK
NOTICE - Software का Testing
Login?
Register now?
एक राष्ट्र
एक शास्त्र
विश्वशास्त्र
डिग्री और नौकरी
की शिक्षा
सरकार से
जीवन की "समझ और बुद्धि" की शिक्षा
रू0 1/– प्रतिदिन में यहाँ से
App-64inch-BOOK
सत्य मानक शिक्षा
App-64inch-BOOK

"सत्य मानक शिक्षा" का व्यापार-एक अन्तहीन व्यापार

एक नदी पर पुल था जिसे कोई व्यक्ति पैदल दो घण्टे में पार करता था। यह पुल पैदल यात्रीयों के लिए रोक दिया गया था जिसके लिए पुल के ठीक मध्य (एक घण्टे की यात्रा) पर एक गार्ड नियुक्त था। गार्ड एक घण्टे सोता था और एक घण्टे जागता था। एक चालाक व्यक्ति को पुल से नदी पार करना अतिआवश्यक था। इसलिए गार्ड जब सोया तब वह यात्रा प्रारम्भ किया जैसे ही गार्ड के जागने का समय आया, वह वापस लौटने लगा। गार्ड समझा कि वह दूसरे किनारे से आ रहा है इसलिए उसने उस यात्री को पकड़ा और दूसरी ओर भेज दिया। इस प्रकार यात्री नदी पार हो गया।

यदि हम में से किसी को तैरकर नदी पार करना हो और आधे से पहले ही हमारा हिम्मत टूटने लगे तो हम वापस ही आना चाहेंगे। यदि आधे से अधिक तैरने के बाद हिम्मत टूटने लगेगा तो हौसला बढ़ाकर आगे ही बढकर पार करना चाहेंगे।

इसी प्रकार मनुष्य के विकास क्रम में हम सब अद्दश्य विज्ञान (आध्यात्म) से द्दश्य विज्ञान (भौतिक) की ओर बढ़ गये हैं। नदी या पुल का एक किनारा अद्दश्य विज्ञान है तो दूसरा किनारा द्दश्य विज्ञान। वर्तमान का हमारा अधिकतम जीवन नदी के दूसरे किनारे द्दश्य विज्ञान की ओर है, हर पल। जन्म से ही हम अधिकतम वे सब वस्तुएँ प्रयोग कर रहे हैं जिसका कच्चा माल भले ही ईश्वरकृत हो परन्तु उपयोग का रूप मनुष्यकृत है और विज्ञान द्वारा निर्मित है। इस प्रकार मनुष्य निर्माता के रूप में अपना रूप व्यक्त कर ईश्वर की ओर ही बढ़ रहा है।

नदी के पुल पर बैठे उस गार्ड का काम और तैरने वाले का निर्णय "सत्य शिक्षा" है। वर्तमान में मनुष्य समाज अद्दश्य काल से चलकर द्दश्य काल में आ चुका है। आधे से वापस किनारे जाना "सत्य" को पाना है। और आधे से दूसरे किनारे पार हो जाना "सिद्धान्त" को पाना है। इन्हीं सिद्धान्त को पाने के बाद संविधान-नियम-कानून का जन्म होता है जिससे आज हम सभी संचालित व प्रभावित है। इस "सत्य-सिद्धान्त" की शिक्षा ही "सत्य मानक शिक्षा" है।

वर्तमान में जीने का अर्थ होता है-विश्व ज्ञान जहाँ तक बढ़ चुका है वहाँ तक के ज्ञान से अपने मस्तिष्क को युक्त करना। तभी डेढ़ हजार वर्ष पुराने हमारे मस्तिष्क का आधुनिकीकरण हो पायेगा। सिर्फ वर्तमान में तो पशु रहकर कर्म करते हैं। "सत्य मानक शिक्षा" मनुष्य के मस्तिष्क के आधुनिकीकरण की शिक्षा है या विज्ञान की भाषा में कहें तो मस्तिष्क के आधुनिकीकरण का साफ्टवेयर या माइक्रोचिप्स (Integrated Circuit-I.C) है। वर्तमान की अब नवीनतम परिभाषा है-"पूर्ण ज्ञान से युक्त होना" और कार्यशैली की परिभाषा है-"भूतकाल का अनुभव, भविष्य की आवश्यकतानुसार पूर्णज्ञान और परिणाम ज्ञान से युक्त होकर वर्तमान समय में कार्य करना।"

ज्ञान के इस युग में शिक्षा-विद्या-कला का व्यापार मनुष्य के धरती पर रहने तक रहेगा। ऐसी स्थिति में "सत्य मानक शिक्षा"का व्यापार भी उस समय तक के लिए स्थायित्व में है। शिक्षा-विद्या-कला कोई प्रापर्टी नहीं है कि पिता जी ग्रहण कर चुके हैं तो पुत्र को हिस्सा प्राप्त हो जायेगा। पुत्र को भी वहीं से अर्थात् अक्षर ज्ञान से शुरू होना पड़ेगा जहाँ से पिता ने शुरू किया था। इस प्रकार "सत्य मानक शिक्षा"का व्यापार एक अन्तहीन व्यापार है जो मनुष्य के पृथ्वी पर रहने तक चलता रहेगा।

स्कूल-कालेजों के जाल से शिक्षा के व्यापार का विकास होता है न कि शिक्षा का। शिक्षा का विकास तो शिक्षा पाठ्यक्रम पर निर्भर होता है जिससे शिक्षक और शिक्षार्थी दोनों निर्मित होते हैं। जब तक पूर्ण शिक्षा पाठ्यक्रम का निर्माण नहीं होता, शिक्षा का विकास नहीं हो सकता लेकिन शिक्षा के व्यापार का विकास होता रहेगा।

आध्यात्म और विज्ञान ने मानव सभ्यता के विकास में अब कम से इतना विकास तो कर ही चुका है कि अब हमें मन के एकीकरण के लिए कार्य करना चाहिए। और उस मन पर कार्य करने का ही परिणाम है-

सम्पूर्ण ब्रह्माण्ड में व्याप्त एक ही सत्य-सिद्धान्त द्वारा व्यक्तिगत व संयुक्त मन को एकमुखी कर सर्वोच्च, मूल और अन्तिम स्तर पर स्थापित करने के लिए शून्य पर अन्तिम आविष्कार WS-0 श्रृंखला की निम्नलिखित पाँच शाखाएँ है।

1. डब्ल्यू.एस. (WS)-0: विचार एवम् साहित्य का विश्वमानक
2. डब्ल्यू.एस. (WS)-00: विषय एवम् विशेषज्ञों की परिभाषा का विश्वमानक
3. डब्ल्यू.एस. (WS)-000: ब्रह्माण्ड (सूक्ष्म एवम् स्थूल) के प्रबन्ध और क्रियाकलाप का विश्वमानक
4. डब्ल्यू.एस. (WS)-0000: मानव (सूक्ष्म तथा स्थूल) के प्रबन्ध और क्रियाकलाप का विश्वमानक
5. डब्ल्यू.एस. (WS)-00000: उपासना और उपासना स्थल का विश्वमानक

और पूर्णमानव निर्माण की तकनीकी WCM-TLM-SHYAM.C (World Class Manufacturing – Total Life Maintenance – Satya-Heart-Yog-Ashram-Meditaion.Conciousness) है।

जो शिक्षा का नया माडल है। गरीबों की समस्या सुलझानें का नैतिक दायित्व है। देश में 25 वर्ष से कम उम्र के 55 करोड़ लोगों के लिए पुननिर्माण जैसी योजना हैं। उन्हें नौकरी और प्रशिक्षण की व्यवस्था है। रचनात्मकता, समन्वय, लीडरशिप, ग्लोबल तथा प्रोफेशनल विषयों को पढ़ने तथा सूचना तकनीक के जरिए पढ़ाई पर ध्यान केन्द्रित करने से युक्त है। हमारे देश में जो अध्यापक हैं, वे शोध नहीं करते और जो शोध करते हैं वे पढ़ाते नहीं, इसलिए शिक्षार्थी को ही शोध पत्र (विश्वशास्त्र) पढ़ाया जाय क्योंकि शिक्षक पढ़ने से तो रहे क्योंकि समान्यतः धन के आने की सुनिश्चितता के बाद लोग पढ़ना छोड़ देते हैं, यही नहीं कोशिश तो यह भी रहती है कि पढ़ाना भी न पड़े और उन्हें सेवा से हटाया भी नहीं जा सकता।

स्वामी विवेकान्द जी ने कहा था – "सुधारकों से मैं कहूंगा कि मैं स्वयं उनसे कहीं बढ़कर सुधारक हूँ। वे लोग इधर-उधर थोड़ा सुधार करना चाहते हैं- और मैं चाहता हूँ आमूल सुधार। हम लोगों का मतभेद है केवल सुधार की प्रणाली में। उनकी प्रणाली विनाशात्मक है और मेरी संघटनात्मक। मैं सुधार में विश्वास नहीं करता, मैं विश्वास करता हूँ स्वाभाविक उन्नति में।"

स्वाभाविक उन्नति तभी होती है जब संसाधन उपलब्ध हो। कार-मोटरसाइकिल घर में पहले से रहता है तो स्वाभाविक रूप से कम उम्र में ही घर के लोग चलाना सिख जाते हैं

जो व्यक्ति या देश केवल आर्थिक उन्नति को ही सर्वस्व मानता है वह व्यक्ति या देश एक पशुवत् जीवन निर्वाह के मार्ग पर है-जीना और पीढ़ी बढ़ाना। दूसरे रूप में इसे ऐसे समझा जा सकता है कि ऐसे व्यक्ति जिनका लक्ष्य धन रहा था वे अपने धन के बल पर अपनी मूर्ति अपने घर पर ही लगा सकते हैं परन्तु जिनका लक्ष्य धन नहीं था, उनका समाज ने उन्हें, उनके रहते या उनके जाने के बाद अनेकों प्रकार से सम्मान दिया है और ये सार्वजनिक रूप से सभी के सामने प्रमाणित है। पूर्णत्व की प्राप्ति का मार्ग शारीरिक-आर्थिक उत्थान के साथ-साथ मानसिक-बौद्धिक उत्थान होना चाहिए और यही है ही। इस प्रकार भारत यदि पूर्णता व विश्व गुरूता की ओर बढ़ना चाहता है तब उसे मात्र कौशल विकास ही नहीं बल्कि राष्ट्रीय बौद्धिक विकास की ओर भी बढ़ना होगा। बौद्धिक विकास, व्यक्ति व राष्ट्र का इस ब्रह्माण्ड के प्रति दायित्व है और उसका लक्ष्य है।

राष्ट्र के पूर्णत्व के लिए पूर्ण शिक्षा निम्नलिखित शिक्षा का संयुक्त रूप है-

अ-सामान्यीकरण (Generalisation) शिक्षा

ज्ञान के लिए- यह शिक्षा व्यक्ति और राष्ट्र का बौद्धिक विकास कराती है जिससे व्यक्ति व राष्ट्रीय सुख में वृद्धि होती है।

ब-विशेषीकरण (Specialisation) शिक्षा

कौशल के लिए- यह शिक्षा व्यक्ति और राष्ट्र का कौशल विकास कराती है जिससे व्यक्ति व राष्ट्रीय उत्पादकता में वृद्धि होती है।

स-सत्य नेटवर्क (REAL NETWORK)

समाज में प्रकाशित होने के लिए-क्योंकि कोई भी क्यों न हो उसे स्वयं अपना परिचय (BIO-DATA) देना पड़ता है तभी उसके अनुसार समाज उसका उपयोग करता है।

वर्तमान समय में विशेषीकरण की शिक्षा, भारत में चल ही रहा है और वह कोई बहुत बड़ी समस्या भी नहीं है। समस्या है सामान्यीकरण शिक्षा की। व्यक्तियों के विचार से सदैव व्यक्त होता रहा है कि-मैकाले शिक्षा पद्धति बदलनी चाहिए, राष्ट्रीय शिक्षा नीति व पाठ्यक्रम बनना चाहिए। ये तो विचार हैं। पाठ्यक्रम बनेगा कैसे?, कौन बनायेगा? पाठ्यक्रम में पढ़ायेंगे क्या?

एक पूर्ण मानव निर्माण प्रक्रिया में शिक्षा पाठ्यक्रम के स्वरूप का विश्वमानक निम्नवत् है। जो किसी विशेष देश-काल-पात्र पर निर्भर नही करता अर्थात् यह प्रत्येक देशों और व्यक्तियों के लिए शिक्षा का स्वरूप है। जिससे ब्रह्माण्डीय, वैश्विक और व्यक्तिगत संतुलन, स्थिरता, एकता, प्रबन्ध, विकास, शान्ति और सुरक्षा निर्धारित होती है।

1. प्राइमरी शिक्षा (कक्षा-5 तक)-भाषा ज्ञान आधारित:- क्षेत्रीय, देश, विश्व और विज्ञान की भाषा का ज्ञान, सामान्य विज्ञान, सामान्य ज्ञान, चित्र कला।

2. जूनियर हाई स्कूल (कक्षा-6 से 8 तक)-समाज ज्ञान आधारित:- क्षेत्रीय, देश, विश्व और विज्ञान की भाषा का ज्ञान, सामान्य विज्ञान, सामान्य ज्ञान, चित्र कला का विस्तार, खेल, संगीत, कृषि, समाज विज्ञान।

3. हाई स्कूल (कक्षा-9 से 10 तक)-सामान्यीकृत ज्ञान आधारित:- ज्ञान-कर्मज्ञान समाहित WCM-TLM-SHYAM.C (World Class Manufacturing – Total Life Maintenance – Satya-Heart-Yog-Ashram-Meditaion.Conciousness) प्रणाली अर्थात शिक्षा पाठ्यक्रम का विश्व मानक, कालानुसार विज्ञान, तकनीकी, व्यापारीक व प्रबन्धकीय ज्ञान की शिक्षा।

4. इण्टरमीडिएट (कक्षा-11 से 12 तक)-विशेषीकृत ज्ञान आधारित:- कौशल विकास की शिक्षा।

5. उच्च शिक्षा-इच्छानुसार विशेष क्षेत्र आधारित

"किसी देश का संविधान, उस देश के स्वाभिमान का शास्त्र तब तक नहीं हो सकता जब तक उस देश की मूल भावना का शिक्षा पाठ्यक्रम उसका अंग न हो। इस प्रकार भारत देश का संविधान भारत देश का शास्त्र नहीं है। संविधान को भारत का शास्त्र बनाने के लिए भारत की मूल भावना के अनुरूप नागरिक निर्माण के शिक्षा पाठ्यक्रम को संविधान के अंग के रूप में शामिल करना होगा। जबकि राष्ट्रीय संविधान और राष्ट्रीय शास्त्र के लिए हमें विश्व के स्तर पर देखना होगा क्योंकि देश तो अनेक हैं राष्ट्र केवल एक विश्व है, यह धरती है, यह पृथ्वी है। भारत को विश्व गुरू बनने का अन्तिम रास्ता यह है कि वह अपने संविधान को वैश्विक स्तर पर विचार कर उसमें विश्व शिक्षा पाठ्यक्रम को शामिल करे। यह कार्य उसी दिशा की ओर एक पहल है, एक मार्ग है और उस उम्मीद का एक हल है। राष्ट्रीयता की परिभाषा व नागरिक कर्तव्य के निर्धारण का मार्ग है। जिस पर विचार करने का मार्ग खुला हुआ है।"

"भारत का प्रत्येक नागरिक अपने जीवकोपार्जन के मार्ग व संघर्ष में अपने विषय का जानकार व अनुभव तो प्राप्त कर रहा है परन्तु कुछ पाने के क्रम में कुछ छूट भी जाता है इसलिए प्रत्येक नागरिक को अपने अहंकार को भूलकर यह स्वीकार करना होगा कि वह अपने विषय से हटकर अन्य विषय के विषय में कम या नहीं जानता है।"

अतः एक "आदर्श नागरिक" बनने के क्रम में न्यूनतम ज्ञान सभी को एक समान रूप से चाहिए।

NEW WORLD ORDER

"न्यू इण्डिया" का एक्शन प्लान
www.64inch.com
The Knowledge Equalizer

"सार्वभौम सत्य-सिद्धान्त" एवं "आध्यात्मिक सत्य" पर आधारित जीवन शास्त्र -"विश्वशास्त्र" की

"युग परिवर्तन" श्रृंखला की पुस्तकें

मुख्य शास्त्र

01. *विश्वशास्त्र – द नॉलेज आफ फाइनल नॉलेज*

सारांश के अनुसार

02. मैं सत्यकाशी से कल्कि महावतार बोल रहा हूँ
(समष्टि गीता – यथार्थ प्रकाश)

शीर्षक के अनुसार भाग

03. विश्वस्तरीय फिल्म लेखन कला
04. प्रारम्भिक सत्य – अन्तिम दृष्टि
05. सत्य धर्म – युग परिवर्तक दृष्टि
06. सत्य दार्शनिक–दर्शन और कर्म वेदान्त–विकास दर्शन
07. सत्य शास्त्र एवं पुराण रहस्य–महर्षि व्यास कला
08. संत एवं गुरू और विश्व संत एवं गुरू
09. समाज और ईश्वरीय समाज
10. सत्य शास्त्र और विश्वशास्त्र
11. कृति और विश्व कृति
12. भारत माता मन्दिर और विश्वधर्म मन्दिर
13. महाभारत और विश्वभारत
14. संविधान और विश्व संविधान
15. शिक्षा और पूर्ण शिक्षा
16. देवता और सार्वभौम देवता कल्कि
17. देवीयाँ और सार्वभौम देवी माँ कल्कि
18. द्वादश ज्योतिर्लिंग और 13वां अन्तिम ज्योतिर्लिंग
19. काशी – मोक्षदायिनी और जीवनदायिनी
20. सत्यकाशी – स्वर्णयुग का तीर्थ
21. काशी – रहस्योद्‌घाटन
22. 2020 – मन का नवीनीकरण
23. ईश्वर का संक्षिप्त इतिहास
24. अवतार – अन्तिम सत्य दृष्टि
25. भविष्यवाणियाँ और कल्कि अवतार
26. स्वामी विवेकानन्द और कल्कि अवतार
27. मनु, मनवन्तर और कल्कि महावतार
28. व्यास, शास्त्र और कल्कि महावतार
29 ऋषि, ऋषि परम्परा और कल्कि महावतार
30. दूसरा आगमन या अन्तिम आगमन
31. परिवर्तन–काल, मनु, युग, व्यास और शास्त्र
32. राम, रावण और सार्वभौम एकात्म
33. मैं, व्यक्तिगत या सार्वभौम
34. लव कुश (त्रेतायुग) और लवकुश (कलियुग)
35. कल्कि महावतार आ चुके हैं (ACTION PLAN)
36. लव कुश सिंह (कल्कि महाअवतार)–जीवन, ज्ञान, कर्म और विश्वरूप
37. वैश्विक बुद्ध – बुद्ध का भाग दो और अन्तिम
38. बुद्धा कृष्ण – कृष्ण का भाग दो और अन्तिम
39. सम्पूर्ण क्रान्ति–अन्तिम कार्य योजना
40. पुनर्निर्माण (RENEW)–समस्या, समाधान और राष्ट्र निर्माण की योजना
41. पुनर्निमाण (RENEW)– ग्राम एवं नगर वार्ड प्रेरक
42. विश्वशास्त्र द नालेज आफ फाइनल नालेज–परिचय
43. एन्टायर पालिटिक्स – पूर्ण पाठ्यक्रम
44. वसुधैव–कुटुम्बकम्
45. कर्मवेद : प्रथम, अन्तिम तथा पंचम वेद
46. आठवें अवतार श्रीकृष्ण के अनकहे संदेश
47. अयोध्या नहीं, मुंगेर है राम जन्मभूमि
48. विश्वमानव–भूतपूर्व नेतृत्वकर्ताओं का स्पष्टिकरण
49. विश्वमानव–वर्तमान नेतृत्वकर्ताओं का स्पष्टिकरण
50. विश्वमानव–वार्ता, वक्तव्य एवं वाणियाँ
51. विश्वमानव–पत्रावली, प्रसारण और अन्तिम पत्र
52. सत्य जनहित आह्वान
53. विश्व शान्ति–अन्तिम सत्य दृष्टि
54. नई विश्व व्यवस्था का रहस्य
55. समाजवाद – ब्रह्माण्डीय विकास का अवतारी मार्ग
56. भारतवाद – राष्ट्रवाद की मुख्यधारा
57. 100 वर्षीय संयुक्त राष्ट्र को अग्रिम सन्देश
58. सार्वभौम एकात्म–नव विश्व निर्माण
59. गणराज्य, संघ, मानकीकरण संगठन और सम्पूर्ण मानक
60. व्यापार केन्द्र (TRADE CENTRE)–दृश्य सत्य
61. मन का विश्वमानक और पूर्ण मानव निर्माण की तकनीकी (WCM-TLM-SHYAM.C)
62. मानक विपणन प्रणाली (3F:FUEL-FIRE-FUEL)
63. स्वर्णयुग का मानक आदर्श नागरिक–दिशा निर्देश
64. विश्वधर्म : परिचय (स्वर्णयुग का धर्म)

व्यक्ति और विभागीय स्तर पर सफाई–सुधार का पहला प्रारूप की पुस्तक – डा0 रमेश कुमार द्वारा लिखित "विशाल ज्ञान विज्ञान सबका समाधान" है

दर्शन, विचार एवं संपादन

लव कुश सिंह "विश्वमानव"

Search on Google -> Lava Kush Singh "vishwmanav"

पुस्तक उपलब्ध

notionpress.com
Book Store

www.ingramcontent.com/pod-product-compliance
Lightning Source LLC
LaVergne TN
LVHW080935071026
849535LV00013B/4209
* 9 7 8 1 6 3 6 0 6 0 1 5 6 *